Tansuo Fuzhou Gonglu Jianshe Jishi

探索——福州公路建设纪实

林著惠　编著

人民交通出版社

内 容 提 要

本书以福州公路发展为脉络，对区域性工程建设的重大科技成果进行了深入思考与总结，凸显了科技在我国公路桥梁现代化建设中的重要作用，对同行业科技工作者具有重要借鉴意义和参考价值。全书涉及道路、桥梁、隧道及区域经济发展研究的诸多领域，数据验证扎实，推理论断多有创新和突破。这些思想的火花，凝聚着公路科技工作者大量的心血和汗水。本书的出版，也是对福州公路乃至中国公路精神的又一次深刻诠释。

本书可供公路建设、运营管理人员参考使用。

图书在版编目(CIP)数据

探索：福州公路建设纪实/林著惠编著. --北京：人民交通出版社，2012.7

ISBN 978-7-114-09871-0

Ⅰ. ①探… Ⅱ. ①林… Ⅲ. ①道路施工—福州市 Ⅳ. ①U415

中国版本图书馆 CIP 数据核字(2012)第 127497 号

书　　名：探索——福州公路建设纪实
著 作 者：林著惠
责任编辑：曲　乐　周　宇
出版发行：人民交通出版社
地　　址：(100011) 北京市朝阳区安定门外外馆斜街 3 号
网　　址：http://www.ccpress.com.cn
销售电话：(010) 59757969，59757973
总 经 销：人民交通出版社发行部
经　　销：各地新华书店
印　　刷：北京市密东印刷有限公司
开　　本：787×1092　1/16
印　　张：12.75
字　　数：300 千
版　　次：2012 年 7 月　第 1 版
印　　次：2012 年 7 月　第 1 次印刷
书　　号：ISBN 978-7-114-09871-0
定　　价：48.00 元

序

得知《探索——福州公路建设纪实》将由人民交通出版社出版发行，我由衷地为著惠同志感到高兴。在这本书里，我们可以看到著惠同志从一名普通干部成长为一名地区公路部门的主要领导、从一名普通技术员成长为一名高级工程师的历程；可以感受到福州地区二十多年来交通事业蓬勃发展、公路技术日新月异的变化；可以触摸到时代的脉搏，感受我国最新、最现代化的路桥技术信息，可以说这是一本兼具路桥工程建设实际意义和理论意义的文集。

这本文集涉猎范围相当广泛，包括公路、桥梁、隧道以及区域经济发展研究的诸多领域。不论是公路还是桥梁，不论是刚性路面还是柔性路面，甚至于筑路设备的研发与应用，著惠同志的观点都独具匠心，运用科学的力量，收获丰硕的成果。

如在"改性沥青新型磨耗层在高等级路面上的应用"研究中，他就是根据对试验路的观察，得出了快速排水、增加摩阻力、改善路面功能等方面的数据，从而对解决路面龟裂、渗水、抗滑系数不足等问题提出了可资借鉴的方法。

本书中分量最重的一篇文章"超载作用下混凝土梁抗弯性能退化试验研究"，为桥梁超载能力评估提供了理论依据。作者通过大量桥梁抗弯超载试验，得出了多项重要的结论，比如极限承载力退化现象、超载造成的损伤、超载对结构承载力破坏的计算等，都具有很重要的实际应用价值。通过这些文章，我们看到著惠同志始终把自己的研究和探索建立在试验和实践的基础上，用数据验证推论，再把推论上升为理论，遵循着一套科学的思维方式和工作方法。

总之，这本关于福州公路工程的思考和技术总结的文集，虽然不能说篇篇珠玑，但从整体上看，大都具有一定的学术借鉴价值。著惠同志肩负繁重的行政工作，仍能如此高度重视科研工作、潜心钻研、锐意创新，这是十分难能可贵的。

中国交通企业管理协会秘书长：

2012 年 4 月 20 日

目　　录

第一部分　科 技 论 文

第二部分　研 究 报 告

第一部分　科 技 论 文

长乐市工业集中区建设若干思考

摘　要：长乐是全国的百强县市之一，工业集中区建设是长乐县域经济可持续发展的法宝之一。本文阐述了工业集中区的建设对长乐市乡镇企业具有的极其重要的意义，提出了工业集中区建设需要完善的措施。

关键词：县域经济　工业集中区　思考

1　概述

福建省是县域经济发展较好的省份之一，有七个百强县。福建省还是非公有制经济发展较为迅速的省份之一，特别是沿海县(市)，至2003年末，全省非公有制经济占国民经济的比重接近一半，民营经济的快速发展带动了全省经济的增长。有着悠久历史、人杰地灵，素有"海滨邹鲁"、"鱼米之乡"美誉的长乐市更是以民营经济为主导，具有"草根工业"之称。在改革开放之初，乡镇企业遍布全市各个乡镇，特别是金峰、潭头、鹤上三个乡镇几乎是村村有企业，家家户户办工厂。然而民营企业又是以"星星多、月亮少"为特征，从产业结构来看，传统产业比例大，技术含量和产品结构层次较低。通过二十多年的改革开放，在党和政府的正确领导下，长乐人以"敢为天下先"的开拓精神，创造了"草根"成"大树"的工业发展神话，突破了资本积累、产业升级、机制创新的"瓶颈"制约，促进长乐市国民经济和社会事业协调发展。这些从量到质的变化，主要得益于近几年来长乐市委市政府大力推动工业集中区建设和发展。现已建成滨海工业集中区、金峰工业集中区和闽江口工业集中区，三大工业集中区进驻有经纬纺织、吴航钢铁、鑫海特钢、金纶化纤、泰源纺织、台泥水泥等大型股份制企业，使得长乐民营企业有了自己的拳头产品，产生了品牌效益。同时，也促进了长乐市纺织、化纤、钢铁产品产业链迅速发展壮大，创造了百亿纺织城、百亿钢铁城的规模工业。

2　工业集中区的建设对长乐市乡镇企业发展的意义

工业集中区的规划建设特点如下：

(1)工业集中区是长乐市政府根据城市发展规划、工业布局和企业发展的需要，从改革投资环境入手，把小型及分散的工业通过合理的规划布局，以标准厂房建设、厂房联建等形式在一定地域实现集中。

(2)工业集中区的建设，在一定程度上可以优化和调整城镇的产业结构，改善企业的生产经营条件，并为企业提供社会化服务，形成各具特色、专业分工的"小企业、大集群"，从根本上改变乡镇中小企业在发展过程中出现"村村点火、户户冒烟"的状况和浪费资源、危及安全、污染环境等负面影响。长乐市正计划在三大工业集中区建设三个污水处理厂，以此来解决众多印染、钢铁企业对长乐地下水及地表水造成的污染，使污水可以集中处理，便于监督管理，达到节约成本的效果。

工业集中区建设对乡镇企业发展的意义如下：

(1)有利于为乡镇企业发展营造良好的环境。经过二十多年的改革开放，以工业为主的中小企业日益成为县域经济发展的主体。兴建工业集中区可以在软件、硬件等各方面改善进入工业集中区中小企业的投资环境，更重要的是可以冲破传统观念和传统体制的束缚，进行体制和机制创新，营造最适宜中小企业成长发展的环境。例如，长乐市历史上的乡镇企业都是以家族式企业为主，造成了管理模式落后、信息流通不畅、恶性竞争激烈的局面，筹集资金主要靠高利贷，这些都严重制约了企业发展壮大。随着三大工业集中区的建设发展，新型的现代化企业即股份制企业不断地入驻工业区内，使企业不断发展壮大，提升了企业的市场竞争力和管理水平。

(2)有利于集聚生产要素、节约土地资源、保护环境。长乐市乡镇企业是以"草根"为主发展起来的，在一定程度上存在生产要素配置低效、土地资源浪费严重、生态环境日益恶化的现象。通过三大工业集中区的建设，使企业向区内集中，不仅可以提高基础设施的共享程度，还可以为企业之间开展横向联系提供便利条件，促进社会分工和协作的发展，降低生产成本、交易成本乃至行政成本，产生集聚效益和规模效益。例如，滨海工业集中区就集聚了以纺织、化纤为主的一大批股份制企业，使得产业链迅速发展。此外，由于企业相对集中，还可节约宝贵的土地资源，提高土地使用率，控制污染源的产生，加强了对工业污染的监管和整治。

(3)有利于提升小城镇功能，加快农村的城市化步伐。工业集中区的不断壮大，能加快所在区域的城市化、城镇化，实现工业化和城镇化的良好互动。就此而言，小城镇功能不可缺少。从我国的国情出发，发展小城镇仍不失为推动我国广大农村地区加快发展的重要动力，但是原有模式已经日益明显地暴露出其负面效应：一是城镇太小导致基础设施及相应服务无法形成规模，不具备城镇功能。二是星罗棋布的小城镇会造成耕地的大量流失，大量亦工亦农人口的存在还会阻碍农业规模经营的进程。三是分散人气，难以形成县域范围内的经济中心、市场中心、信息中心。消除上述缺陷，关键在于小城镇应有一定的规模。通过建设工业集中区，可以集聚人流、物流、信息流、资金流，进而在此基础上形成县域的市场中心、信息中心、文化教育中心，从而提升小城镇功能，使农民在小城镇也能享受到城市的物质和文化生活，推进农村和农业现代化。

(4)有利于促进政府职能的转变。从国内外已有的实践经验来看，工业集中区建设和有效运行需要政府采取一系列行之有效的手段和方法，改变传统的管理模式，对区内的企业采取更为特殊的政策。对我国而言，十分重要的一点就是要减少政府对微观经济直接进行行政干预，采取经济手段、法律手段，提供更为有效的服务。这一点在我国加入WTO后的今天显得尤为重要。长乐市三大工业集中区的建设就是在乡镇企业新一轮发展腾飞的需要形势下形成的，工业集中区坚持以服务为本，按照国际惯例和市场经济体制相适应的要求，实施了"包办制"服务，吸引了一批高速成长的民营企业在集中区内设立和兴起，同时培育了一批素质较高的民营企业家。2003 年全市固定资产投资超过 30 亿元，项目审批使用土地 9 000 多亩(1 亩等于 666.6m^2)，为前五年的总和，这使得全市财税收入首度超过 10 亿元。

3 工业集中区的建设和发展还需要进一步完善的思考

(1)充分利用长乐市沿海、沿江岸线长的地理优势,其中有众多地方可以用于建设万吨级以上码头的港口。规划用于建设与工业集中区相配套的码头,可以利用长乐市民间资金雄厚的优势,进行股份制模式建设经营码头,使得三大工业集中区的发展后劲能得到充分的保障。目前在建的有马尾港洋屿作业区两万吨级的台泥码头,松下港七万吨级的康宏码头,以及正在计划建设的松下港两个三万吨级码头和洋屿作业区两个万吨级的杂货码头。这些码头的建设以及今后建设更多的股份制码头,都是长乐市工业集中区发展壮大的保障工程。

(2)充分利用完善发达的路网。长乐市虽然已建成有同三高速公路长乐市区开口和3条26m宽的一级公路,为三大工业集中区的人流、物流提供了保障,但还需要进一步完善公路网建设。建设201省道金峰至潭头段,可使金峰工业集中区的配套设施更加完善,同时还会促进长乐市历来经济最发达的金峰、潭头、梅花区域更具经济活力和发展后劲。建设长乐市区至玉田的龙玉线公路,使经济相对落后的玉田、首占两镇与工业区沟通联系更加密切,加快两镇城镇化建设步伐,还可以成为规划建设的福厦铁路玉田编组站配套公路,促进了全市物流的快速发展。

(3)要加快推进污水处理厂的建设步伐。现已通BOT方式建设城关地区污水处理厂;但还要加强招商引资力度,促进滨海工业集中区和金峰工业集中区的污水处理厂的建设步伐。避免造成工业发展日益壮大,污染源也继续大规模地扩散,使得今后环境处理成本大幅增加,更严重的后果是给今后的环境造成无法挽回和弥补的损害。

(4)工业集中区要向纵深地带发展。现有的工业项目基本上都是沿着公路主干道两侧建设,造成的不良后果有:一是交通安全隐患大大增加,已出现工业集中区路段每年事故成倍增长的趋势;二是整个供水供电线路被拉长,增加了建设成本;三是远离公路的土地造成了浪费,增加规划难度。因此要想办法加快工业集中区纵深主干道建设,完善配套设施如供水、供电、通信设施和其他服务功能设施,使其具有吸引力引进更多的企业进驻纵深地区,同时带动纵深地区的土地增值,达到合理配置资源的目的。

特大断面小净距隧道仰拱支护作用分析

摘　要:隧道的施工中,仰拱是衬砌施工中的重要组成部分。本文结合福州机场二期高速公路魁岐2号隧道工程,针对特大断面小净距隧道中有仰拱和无仰拱两种情况,对衬砌的受力特性进行了研究,并得出了衬砌中几个重要监测断面上受力与位移的变化规律。本文结尾指出了在Ⅴ级围岩的情况下,有必要施作临时仰拱来改善衬砌的整体受力状况。

关键词:特大断面　小净距　仰拱　衬砌支护

1　引言

隧道的施工中,仰拱是衬砌的一个重要组成部分,仰拱的设置对维护隧道整体稳定性有着重要作用。王明年等利用模型和有限元方法对有无仰拱时隧道的稳定性、仰拱力学效应的5个影响因素进行了分析;陈贵红从仰拱的形式对隧道稳定的影响进行了研究。这些研究都表明,仰拱除本身有结构支撑作用外,它与拱部及其他部分支护一样,对于保护围岩自支撑能力也有明显效果,是整个支护体系的组成部分,有时在一定程度上其作用更为重要。

隧道仰拱的作用总体上讲主要体现在仰拱能明显的提高支护结构的整体刚度,从而有效地约束围岩的变形,改善整个衬砌的受力状态,并减少隧道结构病害的发生。影响仰拱力学效应的因素较多,总体概括起来有以下几个:

(1)仰拱与边墙的接连形式;

(2)仰拱曲率;

(3)仰拱厚度;

(4)仰拱修筑时机;

(5)围岩性质与施工方法。

在设计及现场施工中,仰拱修筑的时机、仰拱曲率、与拱墙的连接方式、连结点位置的不同,都会导致结构受力不同。不合理的连接方式与曲率会在墙角部分形成应力集中区,使结构的整体性、力学特性受到很大影响,给施工及运营埋下安全隐患。

本文针对特大断面小净距隧道中的衬砌施工进行研究,对有仰拱与无仰拱两种情况进行分析,得到了衬砌结构关于仰拱的相关力学特性。

2　计算模型参数

本次研究以魁岐2号特大断面小净距隧道作为背景工程,选取魁岐2号隧道ZK11+480断面进行计算分析。隧道净宽2×17.25m,围岩级别为Ⅴ级,初次衬砌厚度按原设计方案选取为45cm,表1和表2分别为围岩和混凝土计算参数表。

V级围岩计算参数表 表1

名　　称	弹性模量 E(GPa)	泊松比 μ	重度 γ(kN·m^{-3})	黏聚力 c(kPa)	内摩擦角 φ(°)
V级围岩	1.0	0.35	23	150	25

初次衬砌计算参数表 表2

初次衬砌厚度(cm)	弹性模量 E(GPa)	重度 γ(kN·m^{-3})	横截面积(m^2)	惯性矩(m^4)
45	25	21	0.45	0.007 59

计算中采用"荷载—结构"法对有无仰拱两种情况下衬砌结构的受力进行分析，具体计算荷载见表3。同时对隧道的特征监测点进行分析，监测点布置如图1所示，模型图如图2和图3所示。

围岩弹性抗力系数及计算模式 表3

抗力系数 k (MPa/m)	垂直分步压力(kN/m^2)	有仰拱的压强 e_1 (kN/m^2)	无仰拱的压强 e_2 (kN/m^2)
195	219.01	131.72	193.79

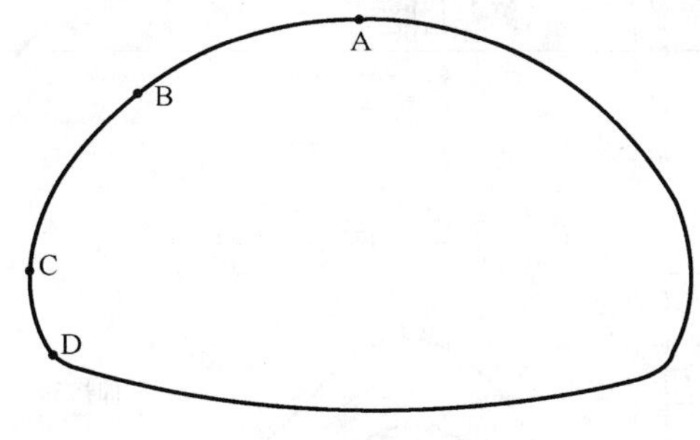

图1 监测点布置图

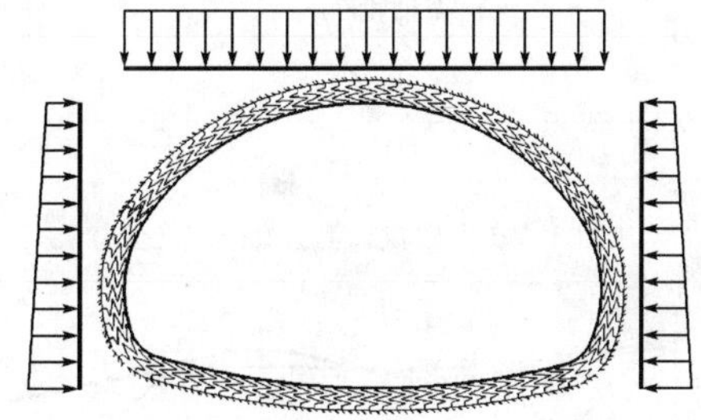

图2 有仰拱时模型图

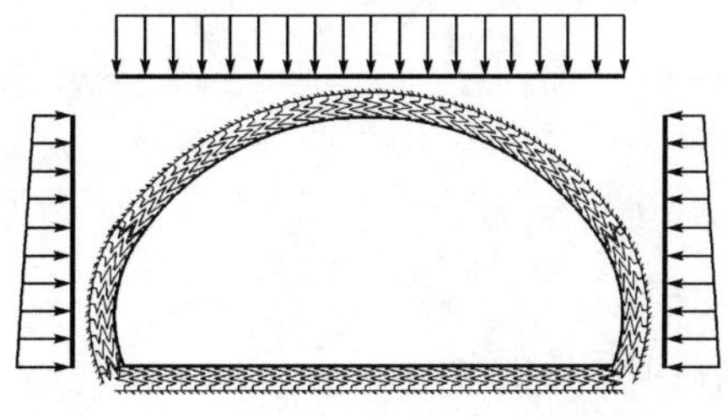

图3 无仰拱时模型图

3 计算结果分析

下面分别对有无仰拱情况下，初次衬砌支护结构的受力情况进行分析，以比较有无仰拱对隧道衬砌结构的影响。有无仰拱时监测点内力值见表4。

有无仰拱时监测点内力值　　表 4

监测点	有仰拱					无仰拱				
	水平位移 (mm)	竖直位移 (mm)	轴力 (kN)	弯矩 (kN·m)	安全系数	水平位移 (mm)	竖直位移 (mm)	轴力 (kN)	弯矩 (kN·m)	安全系数
A	0.13	21.90	2 050	165.58	4.08	0	30.35	2 020	207.36	4.04
B	5.57	7.91	2 228	−177.13	3.76	7.77	12.13	2 232	−244.46	3.65
C	2.31	7.92	2 271	68.49	3.76	3.77	12.67	2 252	30.77	3.80
D	0.44	6.97	2 450	−296.04	3.22	1.23	11.23	1 606	−870.33	0.65

将监测值绘制成曲线，可以更加清楚地看出仰拱对于隧道衬砌结构受力的作用。图 4 与图 5 为仰拱对监测点轴力与弯矩的影响，图 6 是安全系数的对比结果，图 7、图 8 则是各个监测点的位移变化情况。

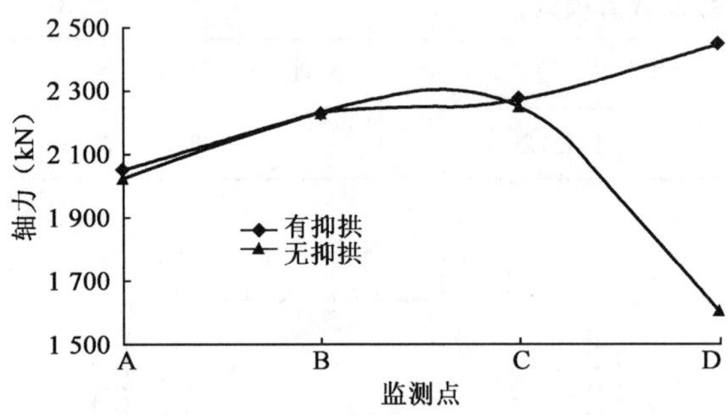

图 4　有无仰拱监测点轴力对比图

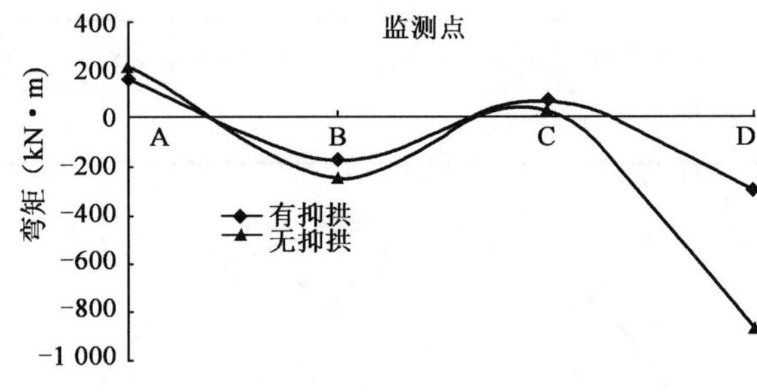

图 5　有无仰拱监测点弯矩对比图

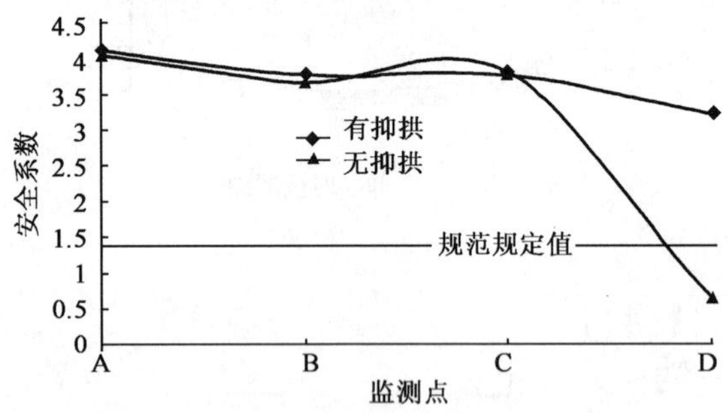

图 6　有无仰拱监测点安全系数对比图

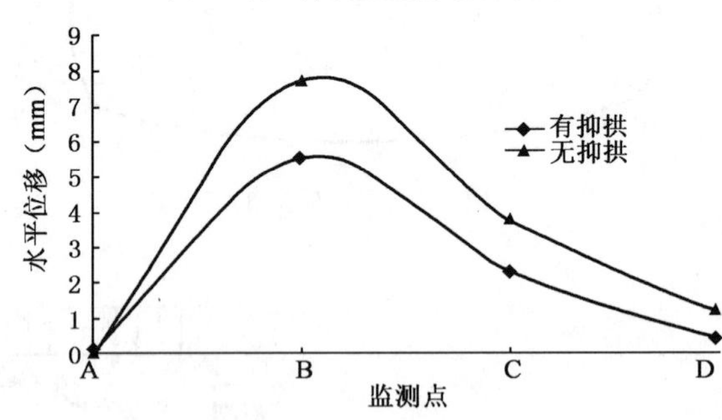

图 7　有无仰拱监测点水平位移对比图

通过分析上述图表可以发现：

（1）有仰拱时隧道衬砌结构所受的轴力比较均匀，拱脚处轴力有所增加，但是增加幅度不大；无仰拱时隧道的拱顶、拱腰和边墙处轴力的大小与有仰拱时差别不大，而拱脚处的轴力较有仰拱时有明显减少。

（2）隧道拱顶、拱腰和边墙处衬砌结构所受弯矩基本不受有无仰拱的影响，而对

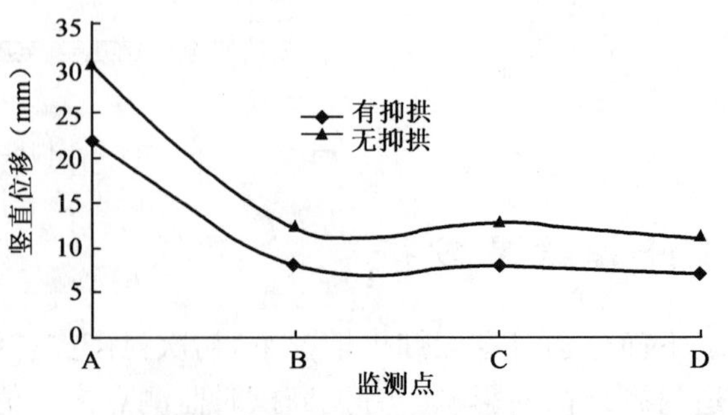

图 8　有无仰拱监测点竖直位移对比图

拱脚处弯矩有显著影响，无仰拱时拱脚处弯矩明显增加。

(3)有无仰拱时隧道拱顶、拱腰和边墙处安全系数基本相同，有仰拱时拱脚处安全系数有所减小，但此时仍满足《公路隧道设计规范》(JTG D70—2004)的要求，而无仰拱时拱脚处的安全系数减小明显，此时已不再满足该规范的要求。

(4)拱顶的水平位移基本不受有无仰拱的影响，而拱腰、边墙和拱脚处的水平位移无仰拱时明显大于有仰拱时。拱顶、拱腰、边墙和拱脚处的竖直位移无仰拱时都有明显地增大。

4 结论

从以上对有仰拱和无仰拱两种情况的分析中，可以得出以下结论：

(1)从衬砌结构受力特点方面考虑，有无仰拱时主要对隧道拱脚处有显著影响，而对拱顶、拱腰和边墙处影响不大。

(2)从衬砌位移角度考虑，拱顶的水平位移不受有无仰拱的影响，拱腰、边墙和拱脚无仰拱时水平位移明显增加，而隧道各点的竖直位移无仰拱时都明显大于有仰拱时，同时无仰拱时底鼓现象明显。

(3)Ⅴ级围岩条件下，无仰拱时隧道的屈服区域、衬砌结构的受力都明显大于有仰拱的情况，在隧道围岩条件欠佳的情况下有必要施加临时仰拱，以改善衬砌整体的受力性能。

参考文献

[1] 王明年，翁汉民，李志业. 隧道仰拱的力学行为研究[J]. 岩土工程学报，1996，18(1)：47-53.

[2] 王明年，关宝树. 仰拱对维护隧道整体稳定的力学行为的研究[J]. 隧道建设，1993(4)：11-18.

[3] 陈贵红. 仰拱型式对于隧道结构的影响[J]. 公路，2004(11)：145-148.

[4] 关宝树. 隧道工程设计要点集[M]. 北京：人民交通出版社，2003.

大跨度刚构桥施工监控

摘　要:通过对福州机场二期高速公路磨溪大桥施工特点的分析,结合有效的施工控制措施,介绍了大跨径刚构桥梁的施工监控方法,从而保证桥梁的施工安全,并使成桥状态趋于最优,结构线形符合设计要求。

关键词:刚构桥　施工监控　应力测试　线形控制

1　引言

预应力连续箱梁桥作为一种结构刚度大、跨越能力强的桥型,在近几十年得到了长足的发展。随着预应力混凝土工艺的不断完善,采用挂篮悬臂浇筑节段混凝土来建造大跨度混凝土梁桥,目前在国内技术已经相当成熟。梁的分段悬臂浇筑法是目前国内外大跨径预应力混凝土桥梁的主要施工方法,箱梁桥在施工过程中已完成的结构是无法事后调整的,而且在施工过程中还有温度效应、混凝土的收缩徐变,以及测量带来的误差等不利因素,都可能对最终的目标造成干扰,从而影响桥梁的最终合龙。为检验每一施工工况是否正常,确保施工安全和质量,尤其是保证成桥线形和受力状态与设计一致,必须对上部箱梁结构进行施工力学分析和现场监控。所以,为了确保桥梁施工安全,取得相对理想的结果,在施工中对桥梁进行监控是十分必要的。本文以福州机场二期高速公路 A2 合同段磨溪大桥为例,介绍监控在桥梁施工过程中的实施过程及作用。

2　工程概况

磨溪大桥位于马尾区快安村境内,为跨越磨溪及山间谷地的一座左右幅分离式大桥。左线桥起点桩号为 ZK6+430,终点桩号为 ZK6+771,桥梁全长 341m,共分三联,桥跨组合为 5×30m+(40+68+40)m+30m;右线桥起点桩号为 YK6+432.5,终点桩号为 YK6+769.5,桥梁全长 337m,共分三联,桥跨组合为 5×30m+(40+68+40)m+30m。第二联上部结构为(40+60+40)m 三跨 PC 变截面连续箱梁,由上下行分离的两个单箱单室箱形截面组成,采用纵、横、竖三向预应力体系。

磨溪大桥的仿真计算采用平面杆系程序——桥梁博士进行,计算的内容包括温度变化、施工临时荷载、混凝土收缩徐变、机构体系转换,以及后期的二期恒载和活载效应。在计算过程中采用实际的挂篮及模板自重,对于混凝土的材料重度及弹性模量则取用规范理论值。具体划分单元的情况如图 1 所示。

3　监测方法简述

施工控制过程是一个"施工—测量—误差分析—参数调整—预报"的循环过程,根据施工

单位制订的施工方案、施工步骤、施工工期、施工荷载以及现场外部条件变化等实际情况，结合施工监测的数据，以设计的线形和结构内力为目标，通过计算分析，提前预报施工阶段梁体的施工高程以指导施工。桥梁施工工程控制是一个系统工程，主要包括两部分：一部分是数据采集系统，另一部分是数据的分析处理系统，即监控。施工工程控制理论的发展是从简单逐步向复杂不断发展的过程，本项目采用最先进的自适应控制系统。

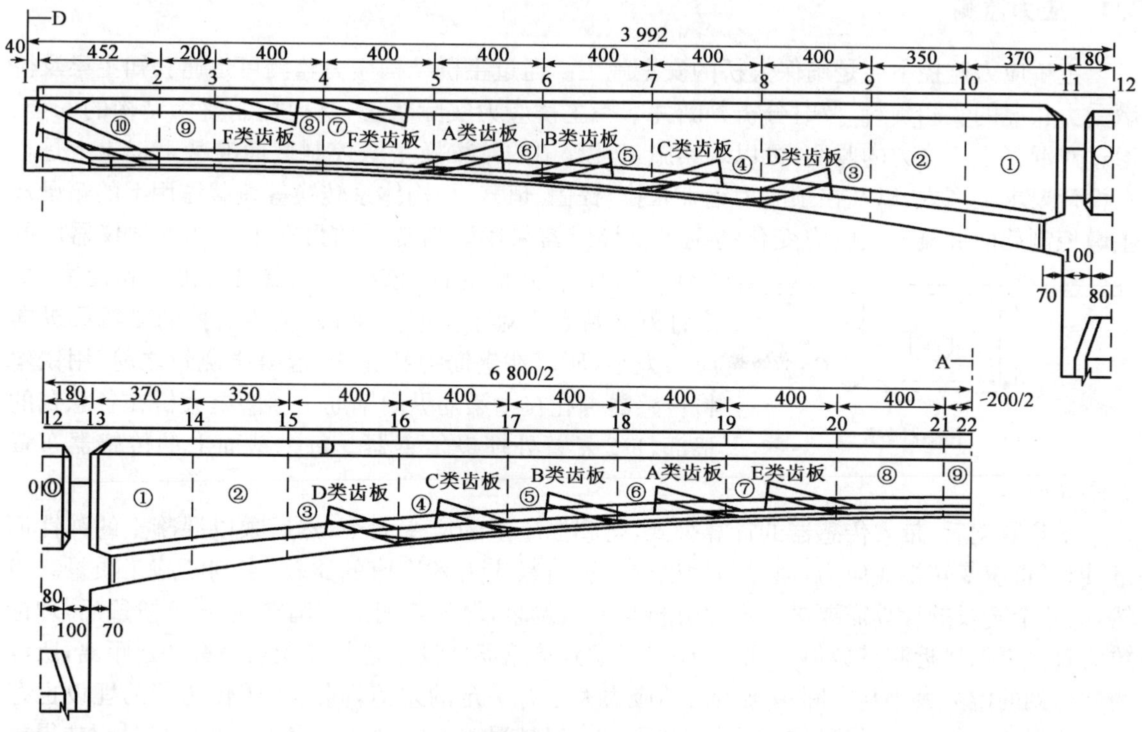

图 1 桥梁各跨单元划分(尺寸单位:cm)

自适应控制是指根据施工中每个工况的受力与变形状态对达不到设计状态所确定的理想目标的重要原因进行分析，修正有限元计算模型中的计算参数取值，包括混凝土的弹性模量、材料的相对密度、徐变系数等，这些设计中采用参数的偏差可能引起施工中的线形、内力变化，使之与实际结构有一定的差距。要得到比较准确的控制调整量，必须根据施工中实测得到的结构内力、线形变化修正计算模型中的相关参数值，以使计算模型与实际结构在一定的施工期后，自动适应结构的物理力学变化规律。

当结构测量到的受力状态与模型计算结果不相符时，把误差输入到辨识算法中计算模型参数的调节量，使模型的输出结果与实际测量到的结果相一致，这时参数的辨识过程结束。

得到修正的计算模型参数后，重新计算各施工阶段的理想状态，按反馈控制方法对结构进行控制。这样，经过几个工况的反复辨识后，计算模

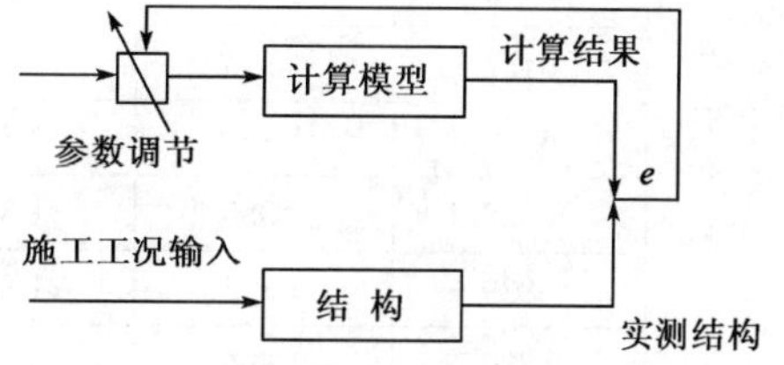

图 2 计算模型自适应的简明示意图

注：e 为在施工过程中，结构实际状态的测量值与模型计算结果的误差。

型就基本上与实际结构相一致了。在此基础上，还可以对施工状态进行更好地控制。图 2 为计算模型自适应的简要思路示意图。

4　监控内容

4.1　应力监测

主桥应力监控主要是确保大桥的安全施工。通过主桥结构应力监测可迅速获知主梁及桥墩受力状况的实测资料，及时分析判断并掌握主桥应力实际状态，从而控制整个结构的安全。通过对混凝土正应力的监测，可以观察施工过程中的箱梁及主墩控制截面混凝土正应力是否在设计要求范围内，以及在预应力钢束张拉、锚固、恒载、结构体系转换等荷载作用下的箱梁及主墩控制截面混凝土正应力变化情况等。传感器采用国内常用的丹东市三达测试仪器厂的GHB-3 型钢弦式应变计，该种传感器具有测试精度高、稳定性好等特点。对于混凝土梁桥，主要监控的是桥梁纵向应力大小，所以在钢筋绑扎完毕、混凝土浇筑之前，用铁丝将传感器绑扎在主梁的纵向钢筋上。磨溪大桥在各悬臂的根部，1/2 悬臂处埋设传感器。每个截面上的传感器布置如图 3 所示。

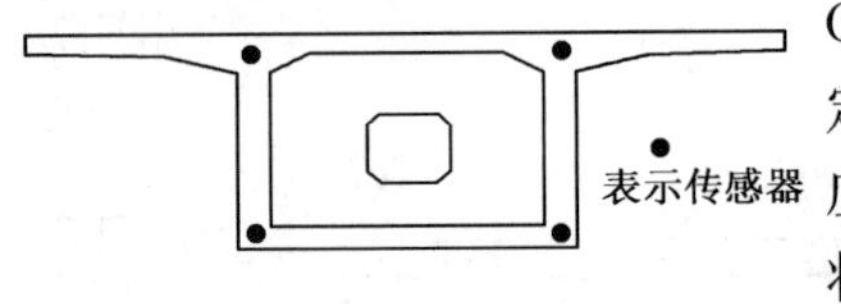

图 3　传感器布置图

采集数据后，带入传感器的计算公式，得到混凝土的应变大小，然后乘以混凝土的弹性模量，即可将应变转换成应力，通过与理论应力和材料应力容许值的比较，来判断施工质量。当然，前几个阶段的计算需要进行误差分析与参数调整，但随着测试与调整到 4～5 阶段后，理论数值就会更加接近测试数值。同时，还需考虑到传感器埋设位置与箱梁表面有一定距离，所以测试得到的应力大小与实际箱梁顶面的应力大小有一定的差值，同时由于传感器的埋设也存在一些误差，这就有可能导致实测值有所减小，但是误差不应过大。表 1 是在监控过程中得到的实测值与理论值的比较。

磨溪大桥某段施工阶段的应力情况表　　表 1

工　况	编　号	初始读数(Hz)	测量读数(Hz)	应变值($\mu\varepsilon$)	实测应力(MPa)	理论应力(MPa)	容许应力(MPa)
1 块混凝土浇筑后	6469	1 844	1 800	49.262	1.75	2.32	18.00
	6472	1 852	1 788	76.989	2.73	2.32	17.88
	6457	1 843	1 829	16.150	0.57	1.046	18.29
	6460	1 838	1 814	27.430	0.97	1.046	18.14
	6826	1 885	1 830	61.821	2.19	2.32	18.30
	6829	1 894	1 837	65.067	2.31	2.32	18.37
	6820	1 895	1 887	9.318	0.33	1.046	18.87
	6818	1 895	1 894	1.616	0.06	1.046	18.94

从表 1 中可以看出，虽然应力测试点的测试数值都小于理论数值，但也有个别应力较小的点有较大的误差。

4.2 线形监控

线形控制是大桥施工监控工作中的关键部分，线形控制的好坏关系到大桥能否顺利合龙，成桥后能否达到期望的目标线形。连续刚构桥挂篮施工中各部位平面位置比较容易控制，但由于梁段截面变化和自重应力作用下产生的挠度影响，使得梁段顶底面高程监控成为线形监控量测的难点和重点。

挠度观测资料是控制成桥线形最主要的依据。在纵桥向每个施工节段设一个测试截面，每个测试截面布置 4 个测点，这样不但可以测量箱梁的挠度，同时还可以观测箱梁是否发生扭转变形。为了能够很好地控制桥梁的线形，首先将有关工况、参数、施工荷载和二期恒载等输入该桥数值模型中，得到桥梁的初步设计挠度值，其大小分布如图 4 所示。

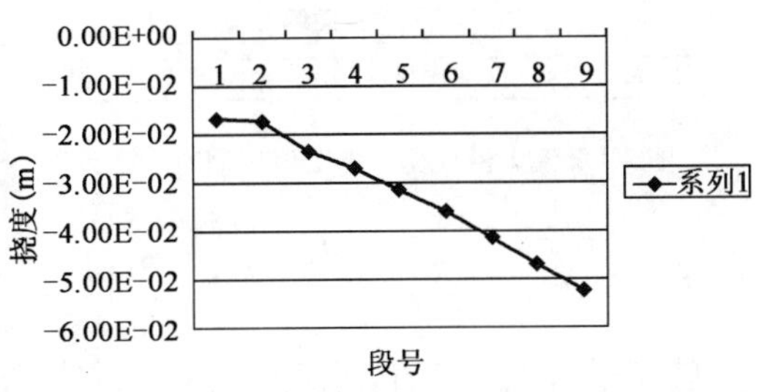

图 4 初步设计挠度分布情况

考虑到实际施工的后期阶段工况，在计算立模高程时，要通过分析最新实测高程与后期计算数据的关系，修改早期理论计算挠度值，得到适时修正的下一节段的立模高程。立模高程的计算公式如下：

$$H = H_0 + f_i + f_{挂篮} + 1/2 f_p$$

式中：H——待浇梁段主梁前端立模高程；

H_0——设计高程；

f_i——本施工阶段及以后各施工阶段对该点挠度影响值，该值包括恒载、移动荷载、徐变、体系转化、预加应力等影响；

$f_{挂篮}$——本节段的挂篮变形值，由加载试验提供；

f_p——使用阶段活载作用下产生的最大竖向挠度。

表 2 是一些代表性的节段端部截面，通过在施工过程中修改调整后得到的立模高程与施工预应力索张拉后的测量高程结果比较表。图 5、图 6 分别是磨溪大桥右线 6 号墩边跨、中跨的高程比较图。

通过调整后立模高程、施工测量高程的结果比较表(单位：m) 表 2

截面位置	成桥后的设计高程	总抬高量	本阶段张拉后控制高程	实际立模高程 h_1	张拉后实测高程 h_2	Δh=实测 h_2 −控制 h_0
8	48.069	0.013	48.082	45.314	48.075	−0.007
16	47.601	0.013	47.614	44.836	47.576	−0.038
7	48.141	0.014	48.155	45.655	48.149	−0.006
17	47.529	0.014	47.543	45.032	47.524	−0.019

从表格中的数据大小以及图示结果都可以看到，通过调整后的桥梁线形控制结果很理想，这对后期的桥梁合龙非常有利。

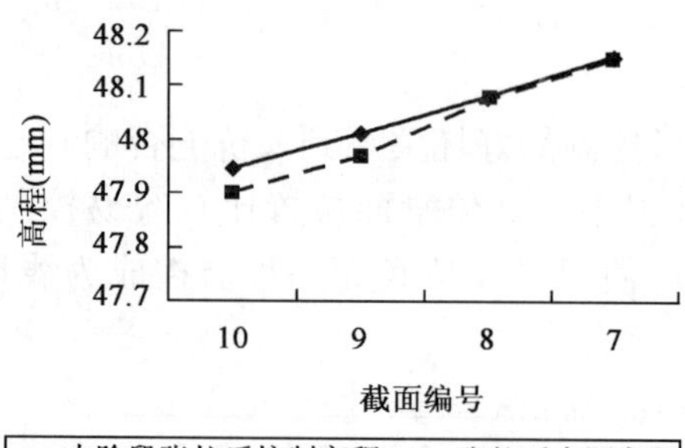

图 5 磨溪大桥右线 6 号墩边跨高程比较图

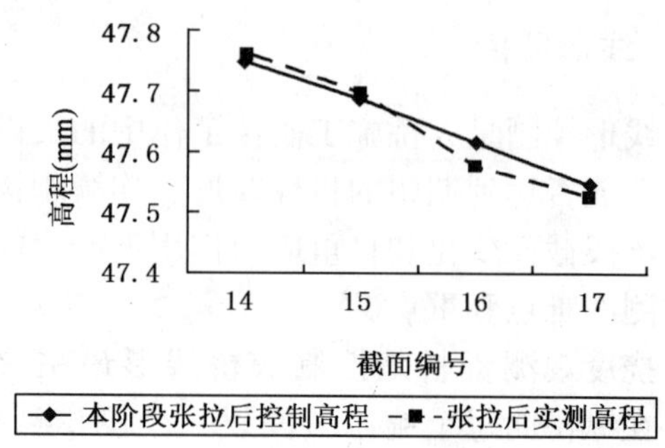

图 6 磨溪大桥右线 6 号墩中跨高程比较图

5 结语

施工过程监控对于悬臂浇筑施工的安全性具有重要的意义，它是保证桥梁建造质量的重要手段。通过施工过程监控，使施工工艺参数更具合理性，各节段立模高程的确定也更加合理准确，保证了桥梁结构内力和线形符合设计要求。施工过程监控可以掌握实际结构的真实应力状态，为桥梁的运营和养护提供基础资料。

参考文献

[1] 顾安邦，张永水. 桥梁施工监测与控制[M]. 北京：机械工业出版社，2005.
[2] 向中富. 桥梁施工控制技术[M]. 北京：人民交通出版社，2001.
[3] 姚辉光. 大跨度连续刚构桥悬臂施工监控方法[J]. 山西建筑，2008，34(11)：327-2328.
[4] 刘平. 浅谈如何进行桥梁的施工监控[J]. 科技情报开发与经济，2007，32(17)：268-2269.
[5] 徐君兰. 大跨度桥梁施工控制[M]. 北京：人民交通出版社，2000.
[6] 夏子金. 某高速公路连续刚构大桥的施工监控[J]. 山西建筑，2007，33(9)：312-2313.

改性沥青新型磨耗层在高等级路面上的应用

摘　要:本文从材料、适用范围、形成机理、经济分析、施工工艺五个方面,介绍改性沥青新型磨耗层在高等级路面上的应用,并通过试验路的观察表明,改性沥青新型磨耗层具有快速排水、增加摩阻力、愈合原路面微裂缝和较强抗磨耗的功能,是处治高等级路面上常有的龟裂、网裂、脱皮、露骨、抗滑系数不足、渗水等病害较具推广价值的新型施工工艺。

关键词:改性沥青　磨耗层应用　施工工艺

随着我国公路建设的飞速发展,高等级的沥青路面大量涌现。而沥青路面对气温、雨水和日照等自然因素十分敏感,其承载能力和防治病害、水害能力相对偏低,直接影响沥青路面的使用性能和耐久性。为了提高沥青路面的质量及路面使用性能,延长路面的使用寿命,保证车辆能安全舒适地行驶,近年来各种新型路用材料、新型施工工艺应运而生。在治理高等级路面上经常有的龟裂、网裂、脱皮、露骨、抗滑系数不足和渗水等病害方面,改性沥青新型磨耗层是一种经济适用的新型施工工艺。

所谓改性沥青新型磨耗层工艺,就是在出现病害的路面上,按规定的喷洒量,均匀地喷洒改性沥青,然后将单一规格的石料,按规定的撒布量,均匀地覆盖在改性沥青上并碾压成型的一种施工工艺。在省道 203 线长乐段,近年来龟裂、网裂、脱皮、露骨、抗滑系数不足和渗水等病害严重,假如进行全面整修,在公路养护经费上将面临难题。为节约养护经费,并达到治愈病害的目的,我们在 203 省道 K6＋500～K6＋700 路段进行了改性沥青新型磨耗层的试验铺设。

1　材料及其指标

1.1　改性沥青

根据规范《公路沥青路面施工技术规范》(JTG F40—2004)及福建省实际气候条件,本次试验路采用的改性沥青符合 SBS(I)I-D 等级技术要求,部分主要指标见表 1。

SBS 改 性 沥 青　　表 1

技术指标	针入度 (25℃,100g,5s)	软化点 T_{RB} (5℃/min)	延伸度 (5℃,5cm/min)	弹性恢复率 (25℃)
单位	0.1mm	℃	cm	%
实测值	53.1	80.3	34	97

1.2　集料

磨耗层实际是起到直接抵抗各种破坏路面的因素和增加摩阻力的作用。因此,对集料而言既要符合抗滑表层混合料的技术要求,又要具有高的压碎值,同时必须是坚韧、粗糙、有棱角、规格好的优质石料。为此，我们通过大量的选择试验，取用了目前在福泉高速公路抗滑层中所用的粗集料，其物理力学指标见表2。

石料物理力学检测指标　　表2

项　目	技术要求	实测结果
石料压碎值(%)	≤25	17.7
洛杉矶磨耗值(%)	≤30	25.8
视密度(g/cm³)	≥2.60	2.766
吸水率(%)	≤2.0	0.6
对沥青吸附性	≥4级	5级
针片状含量(%)	≤15	8.4
软石含量(%)	≤1	0.8
磨光值(BPN)	≥42	42.3

根据试验研究及查阅有关技术文献，并结合我省的实际地理位置，认为改性沥青磨耗层应能满足快速排水、增加摩阻力、愈合原路面微裂缝、有较强抗磨耗能力的要求。因此，在集料级配要求上，采用反击破砸石机生产的单一级配碎石，经试验选用4.75～9.5mm(沥青方孔筛)粒径范围的碎石。行车以后观察，发现碎石规格单一，粒径为9.5mm左右的碎石更佳，不能有扁平石料。

2　改性沥青新型磨耗层适用范围

工程项目必须满足经济性、适用性、安全性和可靠性。为此，根据使用的材料及所起的作用，认为该结构层适合使用的范围如下：

(1)出现龟裂、网裂、脱皮、露骨、渗水的高等级路面。

(2)路基强度满足要求，路面变形不大的路面。

(3)粗糙度不足的路面。

(4)路基完好，超期服役的高等级沥青路面。

3　结构层形成的机理与作用

改性沥青新型磨耗层形成机理是依靠改性沥青与集料较高的握裹力和黏结力来实现的。因此，要求材料应具有如下特性：

(1)选择具有较好黏韧性的改性沥青(建议选用SBS改性沥青或复合改性沥青)。

(2)黏结料在合理的温度范围内，易于喷洒施工。

(3)矿料规格必须是单一粒径的完好集料，扁平颗粒含量不得超过15%。

(4)集料强度必须满足表2的要求。

(5)集料表面要求干净，必要时应进行清洗。

根据形成机理，磨耗层的主要作用有：

(1)防止路面渗透水，起到封层作用。

(2)磨耗层的矿料级配比较单一，矿料间隙较大，能快速排除地表水。

(3)该结构层摩擦系数大,能有效保证汽车行驶安全。

(4)具有一定的强度,延长路面使用寿命。

4 工程造价经济指标

根据试验路的铺设情况,通过分析总结认为本类型磨耗层具有一定的经济使用价值,详细情况见表 3。

SBS 改性沥青新型磨耗层造价分析表 表 3

序 号	工 程 细 目			4~6mm 改性沥青新型磨耗层		
	数量			1		
	工、料、机名称	单位	单价(元)	定额	数量	金额(元)
1	人工	工日	17.1	21.15	21.15	368
2	碎石	m^3	100	7.5	7.5	750
3	改性沥青	t	4 000	1.5	1.5	6 000
4	4 500L 沥青洒布车	台班	750	0.5	0.5	375
5	8t 以内车载撒料车	台班	1 000	0.5	0.5	500
6	9~16t 轮胎式压路机	台班	1 000	0.5	0.5	500
7	其他材料费	元	1	500	500	500
8	小型机具使用费	元	1	538	538	538
9	工、料、机合计	元				9 531

注:材料运距在 1km 以内,数量以 1 000m^2 计算。

5 改性沥青磨耗层施工工艺

5.1 施工前的准备工作

(1)材料备置:把筛分好,清洗干净并晾干的集料集中堆放。

(2)机具准备:检查机械设备,保证施工机械正常运转。

(3)路面预处理:进行路况调查,对不符合要求的路段应事先进行处理,确保路况符合施工要求。

(4)路面保洁:清扫路面,保持路面整洁。

5.2 施工工序

经过上述施工前的准备工作后,可分段(宜选用 100~150m)进行机械铺设改性沥青磨耗层,并根据当日的交通情况,做好交通疏导指挥工作。施工主要步骤如下:

(1)用 4 500L 沥青洒布车均匀喷洒改性沥青,沥青温度宜控制在 180~200℃,喷洒量控制在 1.3~1.5kg/m^2 范围。

(2)将准备好的自动洒料车跟上沥青洒布车均匀洒铺矿料,矿料用量为 4.2~5.0m^3/1 000m^2。施工时要求紧凑,以防止改性沥青温度下降影响沥青与矿料的黏结。

(3)用 16t 轮胎式压路机紧随自动洒布车后面,由外向内重叠 1/3 轮进行碾压,直至路面平整、稳定、密实。

(4)完成施工后即可开放交通。

(5)在施工完成后的 3d 内应经常扫除多余的矿料,以防止路面脱皮。

6 结语

经过近一年的开放运行,该试验路段经受住了大流量(2 万车次以上)和超负荷(该路段重型车辆超限严重)交通的考验,认为改性沥青新型磨耗层在处治国道、省道等高等级公路路面上常有的龟裂、网裂、脱皮、露骨、抗滑系数不足、渗水等病害时,具有很强的针对性和极高的经济性,是一种较具推广价值的新型施工工艺。

废旧轮胎粉水泥混凝土填缝料研究

摘　要：废旧轮胎粉水泥混凝土填缝料，因其具有环保、节能的特点，越来越多地被用于公路、市政部门。本文从超细胶粉制造装备的研究、产品性能指标的选择和测试方法研究、技术指标的选取、课题产品技术指标四个方面，详细阐述了废旧轮胎粉水泥混凝土填缝料的研制过程。

关键词：废旧轮胎粉　水泥混凝土　填缝料

1　超细胶粉制造装备的设计研究

国际上，废旧轮胎胶粉制造和使用技术始见于1843年的英国，现代意义上的相关技术大约在20世纪40年代出现于美国。美国现有100多家收集并利用废橡胶的加工厂，其废轮胎的利用率达80%以上。近几年来，美国胶粉的增长率高达64%，需求量约3 200kt。目前，我国具有工业规模生产能力的厂家，其产品粒径基本在60～80目，偶见120目产品的商业报道，但是有关厂家对80目以上规格的产品基本上还停留在"有指标、不供货"的状态。究其原因，可能是因为高目数胶粉规模化生产还难以实现。此外，相关文献中提到了120～200目超细规格的试验室产品。据统计，全国目前废橡胶综合利用产业的企业总数约为300家，其中年产1～2万t规模以上的企业约有10家，主要分布于广东、四川、北京、天津、黑龙江等地。

目前废旧胶粉的制备技术可以分为冷冻法、常温干式研磨法和湿式研磨法。冷冻法是美国人率先发明的，其技术特征是先将废旧轮胎在－160～－60℃低温下脆化后再进行粉碎。冷冻研磨由于需用冷冻介质，因而增加了工艺成本，一般每1kg胶料消耗0.8～1.2kg液氮，可得到20～40目以上的胶粉。它的优点在于工艺简单、无污染，但废轮胎处理质量受制于液氮的供给量。

干式研磨在常温常压下进行，所制胶粉平均粒径大，但工艺成本较低，胶粉粒径为50～60目以下，因而难以形成精细胶粉的规模化生产。湿式研磨是将粗胶粉在化学药品或水中对其预处理后，再将物料投入圆盘式胶体研磨机进行粉碎加工制成细胶粉，所得胶粉一般需进行后续处理方能作为终端产品生产的基础原料。

根据上述现状，为了得到适合本课题的胶粉，由本行业的特点，课题组进行了一系列研磨装置的设计、加工、安装、调试和试验，并最终确定采用多辊研式研磨结构，其研磨头的基本结构如图1所示。

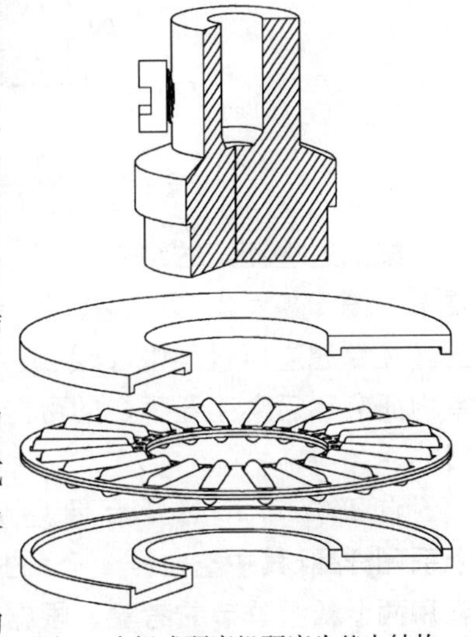

图1　多辊式研磨机研磨头基本结构

该结构的特点是制造成本低、结构紧凑、研磨间隙可自动调节。采用这种研磨装置所制备的超细胶粉，根据厦门大学的测试结果(图 2、图 3),其颗粒的粒径正态分布曲线的半高峰处于 25～65μm(约等于 250～600 目),最大峰值处于 40μm(约等于 350 目)。

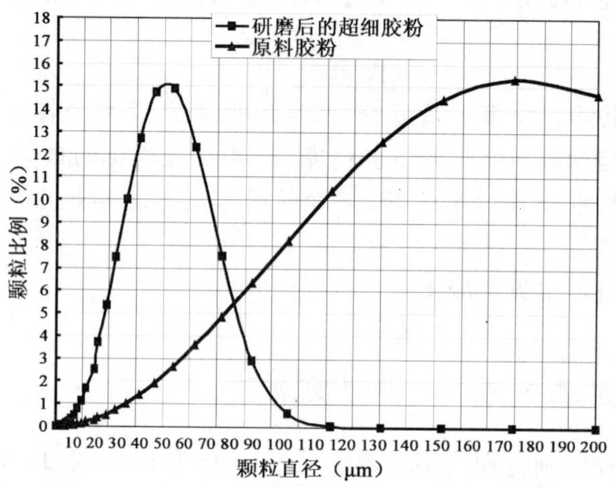

图 2　胶粉颗粒粒径分布测试结果

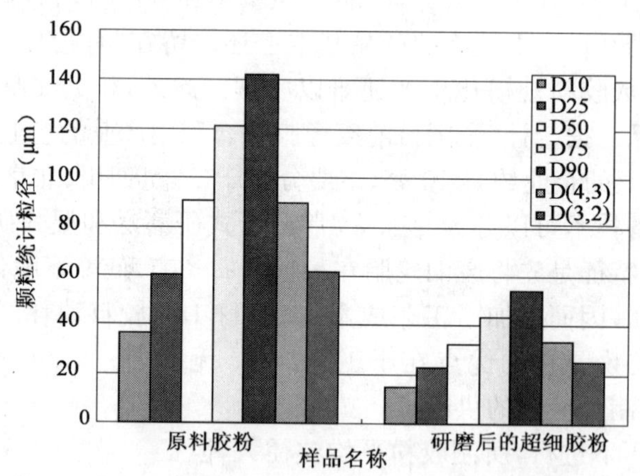

图 3　胶粉颗粒粒径测试结果(厦门大学化学系测试)

根据这些测试的结果,可以判定所设计的研磨设备基本满足颗粒细度达到 400 目以上的要求。图 4 显示出了原料胶粉与高剪切设备和本课题设备所制备胶粉的颗粒显微形态比较图。在课题进行过程中,课题组力求在装备设计、配方设计和过程条件研究上有所创新,并将室内研究和后继工业生产的可能性相结合,以研究结果能直接应用到实际生产过程中为最终目的。

自 2007 年 10 月开始,课题组在闽侯公路局的配合下,在国道马尾段进行了三个路段 10 个系列样品(其中空白样 1 个)的路段试验。截止至 2009 年 3 月,试验路段经受了两个高温季节和两个低温季节的考验。根据对试验路段的几次跟踪观察和分析,可以判断制备其中 4 个样品的技术性能已经达到了原先期望的要求。

为了能尽早将室内研究结果转化为生产力，课题组委托武汉的一家在相关技术领域具有一定资质和经验的企业进行放大设备的设计和加工，并在2009年6月将其运抵福州公路局进行试生产和相应技术经济指标的考核。

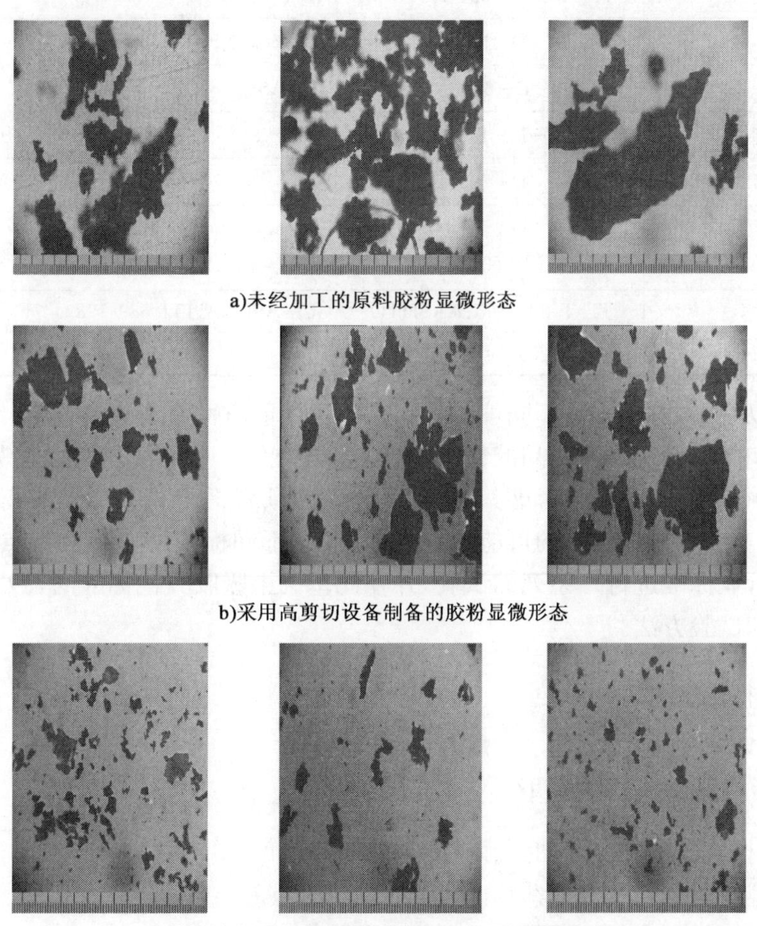

a)未经加工的原料胶粉显微形态

b)采用高剪切设备制备的胶粉显微形态

c)采用本课题多辊研式研磨机所得的颗粒显微形态

图4　原料胶粉与高剪切设备和本课题设备所制备胶粉的颗粒显微形态比较图

2　产品性能指标的选择和测试方法研究

在参照有关国内外填缝材料技术标准的基础上，结合我国现有商业化产品标准的调查和技术文献调研，在课题进行过程中，为了能准确、科学地检验课题产品的路用性能，课题组将产品性能指标的选择和测试方法列为本课题研究的主要内容之一，以便制订产品标准，并以此为依据规范后续规模化生产操作管理，控制产品质量，让用户了解产品性能。

根据所收集到的资料，现有填缝材料(包括密封腻子)主要有水泥混凝土路面填缝料、桥梁伸缩缝填缝料、机场水泥混凝土道面填缝料、建筑密封料、合金—玻璃门窗密封料等。表1给出了这些材料的常用技术指标的测试标准。

常见路桥填缝材料技术指标和测试方法标准　　表1

拉伸强度	ASTM—D—638、ASTM—D—412、ASTM—D—1190
撕裂强度	ASTM—D—624、ASTM—D—1004
针入度	ASTM—D5、JT/T 203-95、GB/T 4509、NF/T—66—004
延伸率	ASTN—D—638、ASTM—D—639、ASTM—D—412
胶黏强度	ASTM—D—4541
流值	ASTM—D—70、JT/T 203—95
密度	ASTM—D—70、ASTM—D—1298、ASTM—D—3142、AASHTO/T228、AASHTO/T227、DIN5200、NF/T66—007、NF/T66—014、GB/T 8928
弹性恢复率	JT/T 203—95、AASHTO—AGC—ARTBA、JTJ 589—98
拉伸量	JT/T 203—95

从表1可以看出，由于各种不同填缝材料在使用性能方面有较大的差异，因此很难用一种通用技术指标和测试反映某一产品的性能特点。事实上，一项标准的产生，特别是当新材料应用到某个新的领域后，除了必须考虑其科学性外，还必须考虑与相关标准的衔接、试验结果精度和复现性，以及试验方法实施的可能性。为此，根据不同标准的内容和特点，课题组首先围绕交通运输部行业标准进行一系列的试验，并在此基础上吸收其他标准的长处，提出本课题产品的技术指标和试验方法。

3　技术指标的选取

3.1　针入度指标测试方法的选取

针入度是材料在规定温度和时间内，附加一定质量的标准针垂直贯入试样的深度，是表征材料在夏季高温时对砂石及其他杂物嵌入的抵抗能力。

目前测试材料针入度的规范有几种，如ASTM—D5、《公路水泥混凝土路面接缝材料》(JT/T 203—95)、《沥青针入度测定法》(GB/T 4509—2010)、NF/T—66—004等。根据填缝材料的特点，选用《公路工程沥青及沥青混合料试验规程》(JTG E20—2011)中的T0604—2011测试方法对几种不同沥青基接缝料进行了反复测试，其结果如表2所示。

根据对表2数据的分析，课题组认为：用T0604—2011所规定的针入度试验方法对六种不同模拟填缝料进行25℃下的试验，其结果分别为34、41、39、52、27、54。这些结果表明该测试方法具有表征特异性强的特点，可以满足区别不同试样单项技术性能的要求。

从试验结果看，对于每单个平行试验，其最大的误差为不超过±9.52%；对于每组平行试验，其最大的误差为不超过±4.76%。一些数字虽然大于5%，但还在10%以内，因此就单项目测试的偶然误差而言，所选取检验分析方法的检测精度具有可行性。

试验过程误差统计的总样本数为18，误差算术平均值为－0.36，平均误差为－1.98%，标准偏差为1.979 2。结果误差的统计分析表明，所采取的检验分析方法具有可靠性。

六种不同模拟试样针入度指标测试结果误差分析

[《公路工程沥青及沥青混合料试验规程》(JTG E20—2011)中的T0604—2011方法]　表2

样品序号	测试结果	试验1				试验2				试验3				总平均
		平行1	平行2	平行3	平均	平行1	平行2	平行3	平均	平行1	平行2	平行3	平均	
1	针入度(0.01mm)	32	35	31	33	36	32	34	34	35	32	35	34	34
	误差(%)	−2.04	7.14	−5.10	−2.72	5.88	−5.88	0.00	1.32	2.94	−5.88	2.94	1.32	
2	针入度(0.01mm)	41	38	43	41	44	41	39	41	43	45	38	42	41
	误差(%)	0.82	−6.56	5.74	−1.64	6.45	−0.81	−5.65	0.00	2.38	7.14	−9.52	1.61	
3	针入度(0.01mm)	39	35	38	37	38	41	39	39	38	43	41	41	39
	误差(%)	28.00	31.00	31.00	−4.76	−3.39	4.24	−0.85	0.57	−6.56	5.74	0.82	3.98	
4	针入度(0.01mm)	52	51	49	51	53	51	51	52	50	53	54	52	52
	误差(%)	2.63	0.66	−3.29	−1.75	2.58	−1.29	−1.29	0.22	−4.46	1.27	3.18	1.51	
5	针入度(0.01mm)	26	28	29	28	29	28	26	28	28	28	25	27	27
	误差(%)	−6.02	1.20	4.82	0.80	4.82	1.20	−6.02	0.81	3.70	3.70	−7.41	−1.62	
6	针入度(0.01mm)	56	51	55	54	54	54	57	55	57	53	52	54	54
	误差(%)	3.70	−5.56	1.85	−0.62	−1.82	−1.82	3.64	1.23	5.56	−1.85	−3.70	−0.61	

3.2 流动度指标测试方法的选取

流动度指标原本是为了表征填缝材料在高温下的流动特征。在《水泥混凝土路面嵌缝密封材料》(JT/T 589—2004)中,要求将样品制作成60mm×40mm×4mm规格,将试件放置于与水平方向夹角成75°的位置,并在60℃±1℃下恒温保持5h后测试试件的流动长度。这种方法从原理上讲是可行的,因为其测试结果可以表征填缝料在特定温度下的耐热性能。为了考察该方法的适用性和测试精度,课题组按照《水泥混凝土路面嵌缝密封材料》(JT/T 589—2004)规范要求同样对六种试样进行了测试,其结果如图5所示。

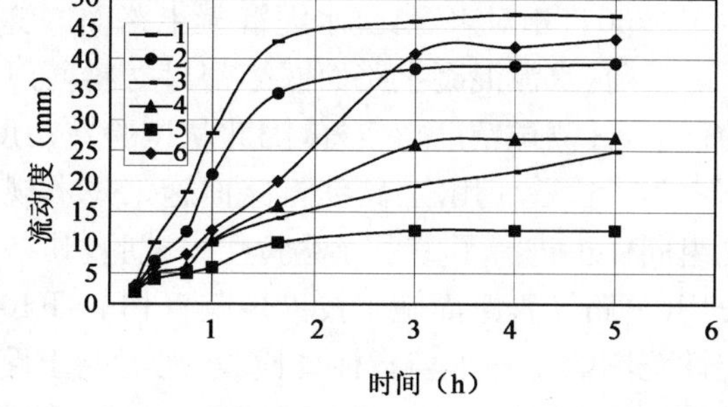

图5　六种不同模拟试样流动度指标测试结果误差分析[《水泥混凝土路面嵌缝密封材料》(JT/T 589—2004)]

根据对六种不同模拟试样流动度指标测试结果的误差分析,可以得出如下结论:

所有试样在60℃下受热30min后,其流动度都在5mm以上,这个数字大大超过了《公路水泥混凝土路面接缝材料》(JT/J 203—95)规范所规定的2~5mm的范围。

所有的试样在受热2~3h后,其流动度基本开始恒定。根据对试验过程的观察,产生恒定的原因是试样受热2～3h后表面开始结皮，影响试样继续下滑流淌。

根据《水泥混凝土路面嵌缝密封材料》(JT/T 589—2004)的规定，试样的尺寸必须为60mm×40mm×4mm，试样放置时与水平方向的夹角必须为75°。课题组发现这种试验不用说是60℃，即使是在室温条件下，其流动度也会大大超过规范所规定的2～5mm的范围。据此，课题组认为该规范不适用沥青基的填缝材料，并对该测试方法是否合理、准确提出质疑。

根据从事填缝施工和养护工作的实际经验，课题组认为作为填缝料流动度性能的测试，如果仅考虑60℃下的指标并不一定合理，因为现有的一些填缝料甚至在50℃时就开始出现流淌现象。因此，根据"八五"国家科技攻关专题《道路沥青及沥青混合料路用性能研究》的科研成果，课题组首次引入温度指数、当量脆点、塑性范围的概念，同时在实践的基础上，吸取了国内外同类产品标准的长处，提出了一项检验中间产品和终端产品路用性能的规范标准。

3.3 针入度指数、当量脆点和塑性范围指标

针入度指数、当量脆点和塑性范围指标原本是作为评价改性沥青温度敏感性的重要依据，这些指标是"八五"国家科技攻关项目研究成果的核心内容。为了检验本课题填缝产品的适用温度，根据以往的工作经验，经过反复论证之后，课题组开始尝试使用测定填缝料在不同温度下的针入度，然后通过计算求出针入度指数(PI)、当量脆点(T_{12})和塑性范围($T_{800}-T_{12}$)。之所以考虑采用《公路沥青路面施工技术规范》(JTG F40—2004)，主要原因如下。

本课题所研制的产品，其主要原料是沥青，这一点和改性沥青完全相同，符合《水泥混凝土路面嵌缝密封材料》(JT/T 589—2004)的适用范围。

在本课题的产品制备过程中，虽然其中的添加剂、助剂、填料和改性沥青不尽相同，但这些辅助原料对最终填缝料产品流体力学行为的影响基本上和改性沥青相接近。

《水泥混凝土路面嵌缝密封材料》(JT/T 589—2004)所测的流动度指标只能反映填缝料在特定温度(60℃)的温敏性，而按《公路沥青路面施工技术规范》(JTG F40—2004)所测试的指标结果可以反映某段温度区间内材料的流变性能。因此，《公路沥青路面施工技术规范》(JTG F40—2004)相对来说比《水泥混凝土路面嵌缝密封材料》(JT/T 589—2004)更加科学、合理。

目前《水泥混凝土路面嵌缝密封材料》(JT/T 589—2004)的测试方法已经成熟，也有现成的仪器，其测试精度也较好，因此从试验室角度上讲，采用这些指标简单易行。

为了检验使用《公路沥青路面施工技术规范》(JTG F40—2004)的实际效果和科学性，课题组同样也进行了一系列检验性的试验，其结果如表3所示。这些结果清楚地表明，不仅可以使用《公路沥青路面施工技术规范》(JTG F40—2004)所述针入度指数(PI)、当量脆点(T_{12})、塑性范围($T_{800}-T_{12}$)指标替代《水泥混凝土路面嵌缝密封材料》(JT/T 589—2004)的流动度指标，而且该法还具有对不同试样反应灵敏、测试精度高的特点。

六种不同模拟试样 PI、T_{12}、$T_{800}-T_{12}$ 指标测试结果

[《公路沥青路面施工技术规范》(JTG F40—2000)]　　表3

结果 指标 样品序号	针入度指数 PI	当量脆点 T_{12}(℃)	塑性范围 $T_{800}-T_{12}$(℃)
1	−2.81	−9.3	51.6
2	−0.62	−3.2	52.4

续上表

指标 结果 / 样品序号	针入度指数 PI	当量脆点 T_{12}(℃)	塑性范围 $T_{800}-T_{12}$(℃)
3	−0.96	−23.6	73.4
4	0.25	−14.1	69.7
5	−1.31	−5.9	47.3
6	0.13	−21.8	79.6

3.4　弹性恢复率指标

弹性恢复率是测定填缝料在不同温度下，特别是在低温环境下是否有弹性的指标。根据《水泥混凝土路面嵌缝密封材料》(JT/T 589—2004)的要求，课题组对六种模拟试样进行了测试，结果如表4所示。其测试结果的误差较大，在−35.9%～+37.1%。

六种不同模拟试样压缩弹性恢复率测试结果误差分析

[《水泥混凝土路面嵌缝密封材料》(JT/T 589—2004)]　　表4

样品序号	测试结果	试验1				试验2				试验3				总平均
		平行1	平行2	平行3	平均	平行1	平行2	平行3	平均	平行1	平行2	平行3	平均	
1	弹性恢复率(%)	28	52	51	44	38	24	36	33	37	28	51	39	38
	误差(%)	−35.88	19.08	16.79	12.21	16.33	−26.53	10.20	−14.78	−4.31	−27.59	31.90	0.87	
2	弹性恢复率(%)	16	23	23	21	25	18	33	25	43	31	28	34	27
	误差(%)	−22.58	11.29	11.29	−29.03	−1.32	−28.95	30.26	−5.00	26.47	−8.82	−17.65	27.50	
3	弹性恢复率(%)	36	42	52	43	48	36	54	46	53	34	41	43	44
	误差(%)	28.00	31.00	31.00	−1.54	4.35	−21.74	17.39	4.55	24.22	−20.31	−3.91	−3.03	
4	弹性恢复率(%)	9	16	10	12	11	9	16	12	20	16	19	18	14
	误差(%)	−22.86	37.14	−14.29	−20.00	−8.33	−25.00	33.33	−14.29	9.09	−12.73	3.64	30.95	
5	弹性恢复率(%)	73	69	74	72	65	82	73	73	85	72	71	76	74
	误差(%)	1.39	−4.17	2.78	−2.47	−11.36	11.82	−0.45	−0.60	11.84	−5.26	−6.58	3.01	
6	弹性恢复率(%)	53	41	55	50	53	47	68	56	55	42	61	53	53
	误差(%)	6.71	−17.45	10.74	−6.26	−5.36	−16.07	21.43	6.11	4.43	−20.25	15.82	−0.21	

这样大的误差，除了受试验操作者熟练程度因素的影响外，主要还是《水泥混凝土路面嵌缝密封材料》(JT/T 589—2004)所规定的测试方法引起的。目前，我国还没有与该规范相配套的测试仪器，《水泥混凝土路面嵌缝密封材料》(JT/T 589—2004)也只要求借用测试路用沥青针入度的仪器，配合手工操作进行。其主要手工步骤有"用手压杠，使球针在10s内匀速压入填缝料中10mm(低温5mm)，拉下齿杠，固定球针5s，将齿杆上推，再按压揿钮并提起球针，使试样表面自由复原20s后，按压揿钮，使球针与复原后的试样表面接触，拉下齿杆，读刻盘指针读数。"

这些手工操作引起的误差主要由下面两个部分组成。

要求用手工使球针在10s内匀速压入填缝料中10mm，这个操作执行起来相当困难。因为操作者手工既不能保证在准确的10s内完成上述过程，也不能保证过程是匀速的，即使上述两个要求都能达到，也无法保证压下的深度刚好是10mm。这里的误差分为3个部分，如果每部分误差为±5%，经过三次叠加放大后，其理论总误差就可能在－14.26%～＋15.76%范围内；如果每部分误差为±10%，总误差就可能在－23.05%～＋21.28%范围内。

此外，球针的直径为15.8mm，即半径7.9mm。如果按规范将球针压入试样10mm深，此时由于试验的胶黏性，试样已经将球针“包住”了。当再次将球针提起时，肯定会引起试样面层结构的不规则变形，而这种变形在某种程度上，又会引起结果误差的放大。

根据观察，当球针提起后，不同试样的复原形式并不相同。大部分试样复原后，在压入口部分的复原特别明显。因此当再次将球针放下后，球针最底部的面就不可能与试样表面接触。在这种情况下，所读取的高度数据就不是真实的数据，其结果又加大了测试误差。

综上所述，课题组认为《水泥混凝土路面嵌缝密封材料》(JTT 589—2004)所制定的操作方法，人为误差大，测试值易受环境温度影响，试验结果的精度和复现性差。

为此，课题组又按照《公路沥青路面施工技术规范》(JTG F40—2004)的要求进行拉伸弹性恢复率指标的测试。测试时，必须首先设定统一的试样保养温度。根据填缝材料的一般特点，温度越底，脆性性能越明显，弹性特征开始下降，因此低温下弹性恢复率是一个十分重要的指标。但温度低也有一个“度”的界限，因为温度太低，不仅测试难度大，而且结果误差也大。为此，根据经验，课题组选定10℃作为试件的保养温度，并将拉伸长度设定为150mm。事实上，测试时要求将试件在10℃下拉伸到150mm，这个要求本身就是比较苛刻的测试条件，因为有些填缝料在10℃时，其拉伸量不到150mm就发生脆性断裂，有的甚至还不到50～60mm就断了。

在设定养护温度之后，接下来就是确定弹性恢复时间。就测试结果区别能力而言，测试时间设定得越小，结果区别能力越大。但由于试件从剪断、起模、摆平到读数都需要一定的时间，如果时间设置得太短，势必影响结果精度。为此，课题组也进行了一系列的比较试验，结果如图6所示。该图表明在不同的时间区内，弹性恢复率发展速度不尽相同，在1～2min前后，其变化速度的差值比较大。综合试验精度、结果区别能力等各方面的因素，将测试时间设定为90s。

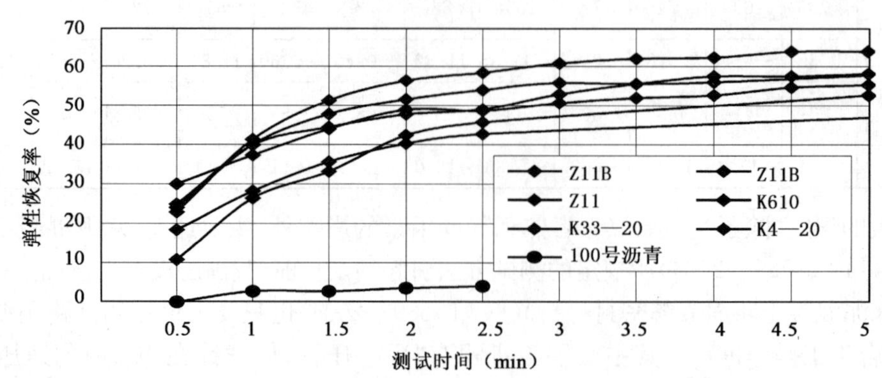

图6　六种不同模拟试样弹性恢复率测试过程拉伸时间的确定

[《公路沥青路面施工技术规范》(JTG F40—2004)]

为了检验拉伸弹性恢复率测试方法的实际使用效果，同样对六种模拟试样的沥青基填缝材料进行测试结果的误差分析，结果如表5所示。根据表5的数据，作如下分析。

依据《公路沥青路面施工技术规范》(JTG F40—2004)所规定的弹性恢复率试验方法对六种不同模拟料进行的试验，其结果分别为25%、29%、43%、10%、75%、52%。这些结果具有表征特异性强的特点，可以满足区别不同试样单项性能的要求。

六种不同模拟试样拉伸弹性恢复率指标测试误差分析

[《公路沥青路面施工技术规范》(JTG F40—2004)] 表5

样品序号	测试结果	试验1				试验2				试验3				总平均
		平行1	平行2	平行3	平均	平行1	平行2	平行3	平均	平行1	平行2	平行3	平均	
1	弹性恢复率(%)	26	23	27	25	24	24	26	25	23	26	26	25	25
	误差(%)	2.63	-9.21	6.58	1.32	-2.70	-2.70	5.41	-1.33	-8.00	4.00	4.00	0.00	
2	弹性恢复率(%)	31	29	30	30	28	29	28	28	32	28	27	29	29
	误差(%)	3.33	-3.33	0.00	2.96	-1.18	2.35	-1.18	-2.67	10.34	-3.45	-6.90	-0.38	
3	弹性恢复率(%)	40	42	39	40	46	41	43	43	44	48	41	44	43
	误差(%)	-0.83	4.13	-3.31	-5.79	6.15	-5.38	-0.77	1.56	-0.75	8.27	-7.52	3.91	
4	弹性恢复率(%)	9	12	10	10	10	9	8	9	8	9	11	9	10
	误差(%)	-12.90	16.13	-3.23	7.53	11.11	0.00	-11.11	-5.81	-14.29	-3.57	17.86	-2.33	
5	弹性恢复率(%)	71	71	69	70	81	78	73	77	72	83	77	77	75
	误差(%)	0.95	0.95	-1.90	-6.64	4.74	0.86	-5.60	3.11	-6.90	7.33	-0.43	3.11	
6	弹性恢复率(%)	47	52	44	48	52	54	47	51	56	56	62	58	52
	误差(%)	-1.40	9.09	-7.69	-9.56	1.96	5.88	-7.84	-2.34	-3.45	-3.45	6.90	11.06	

注：样品序号4由于弹性恢复率指标太低，在统计分析时被剔除处理。

从测试结果看(除试验4由于弹性恢复率指标太低，做样本剔除处理外)，对于每单个平行试验，其最大的误差为不超过±9.21%；对于每组平行试验，其最大的误差为不超过±11.06%。这些数字均大于5%，但就单项目偶然误差而言，所采取的检验分析方法的精度还是在可接受范围内的。

试验过程误差统计的总样本数为18，误差算术平均值为-2.28%，平均误差为-0.126 9%，标准偏差为5.138 8%。误差结果分析表明，所采取的检验分析方法具有可靠性。

截止至目前，FG903系列填缝产品在实际道路工程中已经使用了近19个月，其实际路用效果评价等级也基本上和所测结果相吻合。

4 课题产品技术指标

根据上文所述，在综合考虑指标意义、测试结果精度、指标测试方法可行性、数值表征能力和仪器等因素的同时，课题组吸收了不同规范的长处，制订了本课题产品的标准。根据该标准的规定，本课题FG903系列填缝产品各项技术指标如表6所示。

FG903系列填缝料产品技术指标　　表6

项目名称	单位	技术指标			产品实测结果		
		FG903G	FG903Z	FG903D	FG903G	FG903Z	FG903D
针入度	0.1mm	＜50	＜45	＜40	48	32	38
针入度指数	—	＞0.20	＞0.1	＞0.0	0.23	0.14	0.08
弹性恢复率	%	＞55	＞40	＞30	60	48	36
当量脆点	℃	＜−20	＜−18	＜−15	−22.6	−19	−17.5
塑性范围	℃	＞60	＞60	＞60	65	68	73
灌入温度	℃	140～180			140～210		

废旧轮胎粉改性沥青研磨机的研制

摘　要:用废旧轮胎粉生产改性沥青,既能变废为宝,又能极大地降低改性沥青的生产成本。本文着重介绍一种全新的废旧轮胎粉改性沥青研磨机的研制方法。

关键词:废旧轮胎粉　改性沥青　研磨机

随着我国公路建设的突飞猛进,特别是去年金融危机后国家采取了经济刺激政策,大量的投资涌入高速铁路、高速公路,使得我国的高速公路和环城快速通道平均以每年2 000km的进度建成通车,用于建设公路的重要建筑材料——沥青的年使用量突破500万t,其中,改性沥青的使用量接近300万t。

现有的改性沥青生产,添加剂基本上采用石油产品——热塑性弹性体SBS。其优点是作为添加剂的SBS质量稳定,但有两个致命的弱点:

(1)一般的SBS,其溶解温度大于等于180℃,而沥青加热温度要求不超过180℃,沥青加热温度一旦超过180℃,沥青会迅速老化,同时会冒出含苯的黄烟,对人体危害极大。因而用SBS作为添加剂生产改性沥青,生产条件极为苛刻。

(2)用SBS做添加剂生产改性沥青,生产成本较高。SBS的价格在16 000~26 000元之间,按4%的添加量计,每生产1t改性沥青,较基质沥青成本要上升640~1 040元。

而如果用废旧轮胎粉做改性剂生产改性沥青,正好可以弥补用SBS做改性剂生产改性沥青的弱点:

(1)一般的废旧轮胎粉,其溶解温度只需大于等于140℃,而沥青加热温度只要求不超过180℃,生产中有比较宽的温度调解范围。

(2)废旧轮胎粉市面价格在2 000元左右,按10%的添加量,每生产1t改性沥青,较基质沥青成本上升200元左右。

我国每年汽车的保有量以大于10%的速度增长,产生的大量废旧轮胎对环境保护是极其不利的。

本研究就是要发明一种设备,可以用废旧轮胎粉作为添加剂生产改性沥青。

现有的生产废旧轮胎粉改性沥青的研磨机中有代表性的是轴端齿盘的胶体磨。当物料进入齿缝时进行切割,不同的是切割的齿数和齿缝隙大小,使物料的颗粒度最终达到要求。但是它没有自吸能力,需要外部配备相同流量的输入泵才能工作,在工作中会产生很大的切割热,能耗很大,工艺配置成本增加,而且价格非常昂贵,根据流量的不同大约需要20万美元。

实际上在废旧轮胎粉改性沥青的生产中主要的生产难点是如何将废旧轮胎粉均匀地分散溶解在沥青中。细化的目的是要便于溶解,而并不是越细化溶解就越快。细化虽有一定的助溶效果,但废旧轮胎粉的溶解是需要一定时间的。换句话说,如果用很细的胶体磨也不能够磨后就直接装车使用,所以在生产中不需要将废旧轮胎粉磨得太细。当沥青达到140℃时,掺入的废旧轮胎粉在高温下已经是软化的橡胶体,对软化的橡胶体用太细缝隙的胶体磨会产生大量的切割热和极度拉伸,造成产品延度指标不稳定。

本研究的目的是提供一种废旧轮胎粉改性沥青的研磨机，它具有以下的优点：①低耗能，只需要1/3胶体磨的电力消耗；②具有自吸能力，无需另外配置输送泵，简化了生产工艺配置，降低了投资成本；③研磨器具采用市面上的成品轴承，价格极其低廉，只有普通胶体磨价格的1/10左右；④没有大量的切割热量产生。

本研究的技术方案是：一种废旧轮胎粉改性沥青研磨机，它包含高温电机、圆锥磙子轴承或圆柱磙子轴承或滚针轴承或向心推力轴承的一种、机泵外壳（套筒一、套筒二）、弹簧、挡圈、自吸叶片、推力杆、旋转轴、圆头导向平键、硅胶密封圈，轴承内圈连接在高温电动机旋转轴上，轴承外圈安装在推力杆上，机泵外壳上有进料口和出料口。其特征在于：离心自吸叶片连接在高温电动机旋转轴上，当高温电动机转动时，自吸叶片将物料压向轴承内外圈之间的滚动体，同时连接在高温电动机连接轴上的轴承内圈也高速旋转，带动轴承内外圈之间的滚动体高速旋转，从而将流经滚动体的高温沥青内的废旧轮胎粉不断研磨、细化，达到快速溶解的目的。

废旧轮胎粉改性沥青研磨机，包括压力调节部、轴承研磨部、驱动部、进料口、出料口和壳体，其特征在于以下几点。

(1)轴承研磨部位于壳体内中心位置处，利用轴承滚动体的转动，研磨流经轴承内外圈之间的废旧轮胎粉。

(2)壳体的前部是压力调节部，压力调节部利用弹性件调节其施加在轴承研磨部轴承上的压力，从而调节研磨效果。

(3)壳体的后部是驱动部，驱动部用于驱动轴承内圈的转动，从而完成研磨动作。

(4)进料口和出料口布置在壳体上，并形成壳体内部腔室与外部空间的连通。废旧轮胎粉和沥青通过进料口进入壳体内部腔室，在进行研磨后通过出料口排出。

(5)压力调节部的弹性件为弹簧，并且压力调节部还包括螺栓和推力杆，通过调节螺栓可控制弹簧的压缩程度，弹簧推压推力杆，推力杆再与轴承研磨部的轴承外圈连接。

(6)除轴承外，轴承研磨部还包括自吸叶片，自吸叶片同轴承的内圈一起被驱动部驱动。

(7)驱动部包括高温电机和旋转轴，自吸叶片和轴承的内圈一起被旋转轴带动。

(8)推力杆的前端为一轴部，后端为横截面为U形的U形部。前端的轴部上设置有圆头导向平键，用于防止推力杆发生转动。

(9)轴承的内圈固定在旋转轴上，轴承的外圈固定在推力杆的U形部内壁上。根据(1)～(6)任一项所述的废旧轮胎粉改性沥青研磨机，其特征在于：所述进料口和出料口位于壳体的同一侧，在壳体的另一侧具有两个清料口，两个清料口的位置与进料口和出料口的位置相对应。

(10)壳体包括前部的套筒一和后部的套筒二，螺栓位于套筒一的开口内，套筒二形成壳体内部腔室，在套筒二后部固定有高温电机。

有益的效果：这种废旧轮胎粉改性沥青研磨机主要是针对废旧轮胎粉改性沥青的生产特点而设计的，配合相应的生产工艺生产出来的废旧轮胎粉改性沥青不逊于胶体磨在实际生产中的应用效果，达到甚至超过了改性沥青相关的国家标准，效益和效果非常显著。

本研究根据废旧轮胎粉在高温沥青中溶解的过程和时间，将废旧轮胎粉研磨、细化到既能加快溶解过程又能避免大量的切割热和极度拉伸产生，从而达到节约能源、提高产量、稳定质量、节省投资的目的。

本研究实施例的结构示意图见图1。

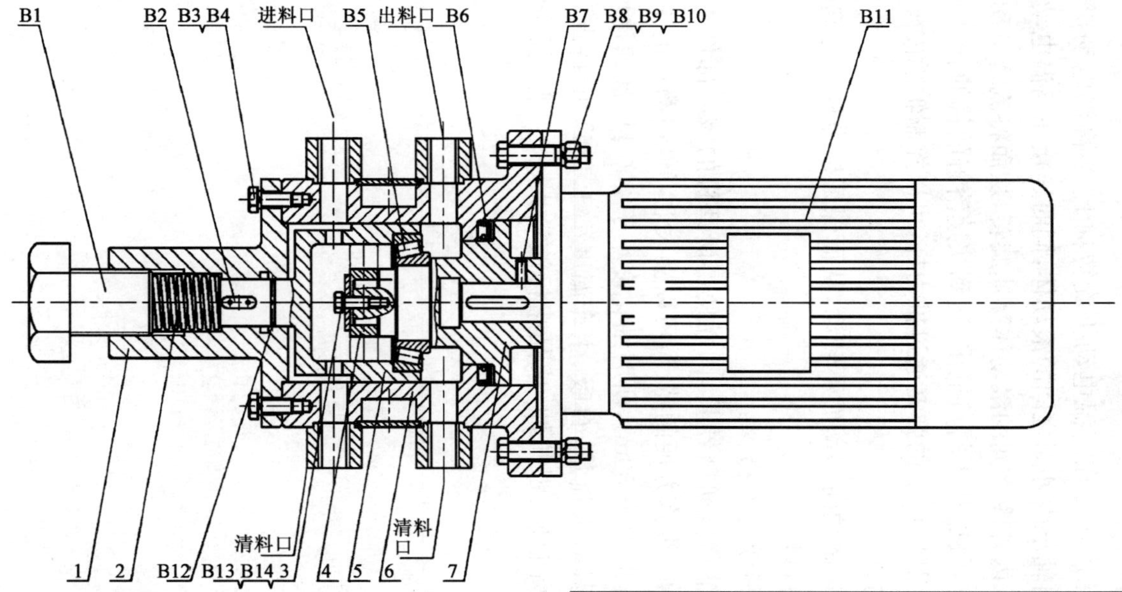

序号	代号	名称	材料	件数	质量（kg）每件	质量（kg）共计	备注
7	M01-6	旋转轴	45	1	3.6	3.6	
6	M01.1	套筒二	部件	1	25.32	25.32	
5	M01-5	推力杆	45	1	35	35	
4	M01-4	自吸风扇	45	1			
3	M01-3	挡圈	Q235—B	1	0.04	0.04	
2	M01-2	弹簧	65Mn	1			
1	M01-1	套筒一	45	1	6.3	6.3	

代号	标准	名称	材料	件数			
B14	GB/T-193—87	垫圈8	65Mn	1			
B13	GB/T-5783—2000	螺栓MB×20	8.8级	1			
B12	GB/T-3452.1—92	30×2.65G	成品	1			
B11		电动机YZ112M—4/3kW	成品	1			
B10	GB/T 93—87	垫圈12	65Mn	4			
B9	GB/T 6170—2000	螺母M12	8级	4			
B8	GB/T 5782—2000	螺栓M12×60	8.8级	4			
B7	GB/T 71—85	紧定螺栓M8×20	14H	1			
B6	GB 13871.1—2007	B90×120	成品	1			
B5	GB/T 297—94	圆锥磙子轴承32211	成品	1	1.15	1.15	
B4	GB/T 93—87	垫圈10	65Mn	4			
B3	GB/T 5783—2000	螺栓M10×25	8.8级	4			
B2	GB/T 1097—72	圆头导向平键8×25	45	1	0.008	0.008	
B1	GB/T 5782—2000	螺栓M48×60	8.8级	1			

标记	处数	更改文件号	签字	日期	碾磨器	第 张	质量	比例
设计		标准				共 张		1∶2.5
校对		电气			总图	M01		
审核		批准						
工艺		日期						

图1 本研究实施例结构示意图

1-套筒一；2-弹簧；3-挡圈；4-自吸叶片；5-推力杆；6-套筒二；7-旋转轴；B1-螺栓；B2-圆头导向平键；B3-螺栓；B4-垫圈；B5-轴承；B6-O型密封圈；B7-紧定螺栓；B8-螺栓；B9-螺母；B10-垫圈；B11-高温电机；B12-唇形密封圈；B13-螺栓；B14-垫圈

本研究实施例的废旧轮胎粉改性沥青研磨机包含高温电机、圆锥磙子轴承或圆柱磙子轴承或滚针轴承或向心推力轴承的一种、机泵外壳(套筒一、套筒二)、弹簧、挡圈、自吸叶片、推力杆、旋转轴、圆头导向平键、硅胶密封圈,轴承内圈连接在高温电动机旋转轴上,轴承外圈安装在推力杆上,机泵外壳上有进料口和出料口。

本研磨机的工作原理是:离心自吸叶片连接在高温电动机旋转轴上,当高温电动机转动时,自吸叶片将从进料口进入的物料压向轴承内外圈之间的滚动体,同时连接在高温电动机连接轴上的轴承内圈也高速旋转,带动轴承内外圈之间的滚动体高速旋转,从而将流经滚动体的高温沥青内的废旧轮胎粉不断研磨、细化,最后从出料口输出,达到快速溶解的目的。

通过调节螺杆可以控制弹簧的压缩程度,压缩的弹簧通过推力杆,可以控制轴承内外圈之间的压力,从而达到控制研磨效果的目的。

导向平键的作用主要是控制推力杆只做轴向移动而不转动,从而保证推力杆的进料口和出料口能够对准套筒二上的进料口和出料口。

清料口(排污口)用于排出多余的废料或污染物。

该研磨机采用工艺极其成熟的各种轴承做研磨器具,因而使得研磨机的核心部件——研磨器具具有做工精细、质量稳定、价格低廉、维修方便的特点,可以极大地降低研磨机的生产成本。实际使用中检测典型值为:每小时流量大于 50m^3,研磨细化度小于 200 目,且细化均匀,未见丝状或条状不溶性物质。该研磨机具有大流量、自吸、生产温度小于 185℃的特点,有效地避免了生产过程中的沥青老化,以及高能耗、强拉伸、成品指标波动大、产量低、投资大的缺陷。

改性沥青动态生产工艺研究

摘 要:伴随着公路网的建设,我国用于建设公路的重要材料——改性沥青的年使用量已突破300万t,现有的改性沥青生产技术已远远满足不了我国公路技术的需要。本文着重介绍一种全新的改性沥青连续生产工艺,以期能够大幅提高改性沥青的生产能力。

关键词:改性沥青 动态 生产工艺

随着我国公路网的建设,近十年来国内各省的高速公路和环城快速通道平均以每年200km的进度建成通车,使我国用于建设公路的重要材料——沥青的年使用量突破300万t,同时国家对路面的质量和使用寿命也非常的重视,那么如何提高路面的质量和使用寿命呢?专家们经过几十年的探索研究和论证,根据改性沥青在高速公路路面使用中所起的重要作用,确定了改性沥青是公路建设中必需的材料之一。由此,改性沥青的生产技术成为了各沥青供应商和科研机构研究的课题。

1 改性沥青生产动态投料工艺的研究

2009年6月上旬,课题组相继对浙江富润仓储有限公司(改性沥青生产厂家)、壳牌浙江公司(改性沥青生产厂家)、上海威宇集团(改性沥青设备生产厂家)、北京路翔集团(改性沥青设备生产厂家、改性沥青生产厂家)、黄石世友沥青产品有限公司(改性沥青设备生产厂家)进行了考察。通过考察,课题组对国内外现行的改性沥青生产工艺、技术参数、管理方式有了比较全面的了解,并对各种改性沥青生产工艺优缺点进行了比较,提出了如图1所示的改性沥青生产动态投料工艺概念。

改性沥青生产动态循环投料工艺步骤如下:

(1)先将膨化罐注满基质沥青并加温到180℃。

(2)开启膨化罐中的搅拌器。开启1号循环线沥青泵机,泵机的流量为6t/h。开启2号循环线磨机,使沥青在膨化罐和投料罐之间形成内循环。

(3)开启投料罐搅拌器并将改性剂(一般是SBS)逐步投入投料罐中。根据SBS的密度和上料器的效率决定上料时间,通常情况下,投料速度越慢越好,但速度太慢会影响产量,较佳的时间是50~80min。

(4)投料完成后,关闭1号循环线,2号循环线要继续工作直至投料罐为空,再将其关闭。保持膨化罐的搅拌器继续工作,直至产品合格为止。

(5)当第一次膨化罐的1号循环线和2号循环线关闭以后就可开启另一次40t膨化罐的1号循环线和2号循环线,做下一罐的生产。

在改性沥青生产动态循环投料工艺中,课题组提出了目前国内独有的三点关键技术。

(1)膨化罐中间取油技术

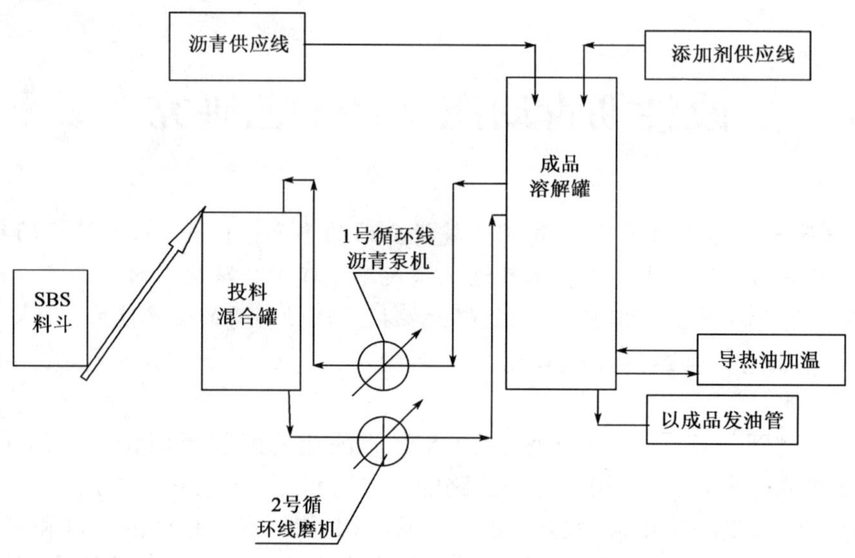

图 1　改性沥青生产动态投料工艺示意图

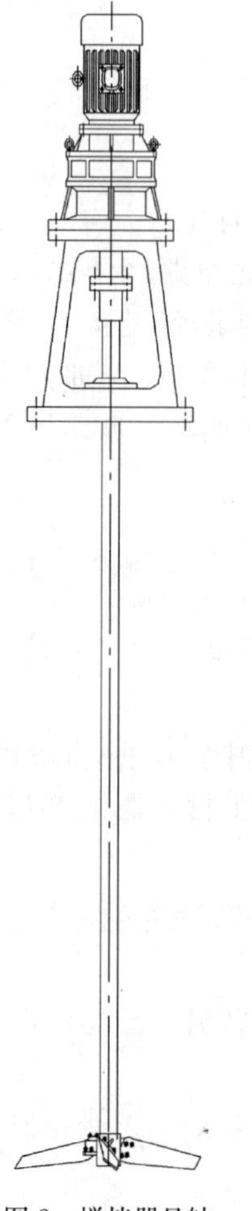

图 2　搅拌器悬轴

1 号循环线在膨化罐取油点的位置以取油点以上膨化罐内沥青的体积小于投料罐的体积为准，从而保证投料罐不会溢罐。

膨化罐中间取油技术成功地将 1 号循环线和 2 号循环线连接起来，形成一个大的循环，从而保证投料能够一次投完。

(2)搅拌器悬轴技术

在沥青加工设备中，浸在沥青中的连接轴的支撑历来是难题。因沥青中不可避免地含有泥沙、石硝及各种杂质，常常会将支撑中的轴承拉伤，无论轴承是轴套类型还是轴承类型。因此，在沥青加工设备的故障中，绝大多数是轴承损坏。

而在改性沥青生产动态循环投料工艺中，无论是膨化罐中的搅拌器还是投料罐中的搅拌器，都需要长时间连续工作。若采用传统的搅拌器，浸在沥青中的连接轴的支撑故障率会非常高；若把轴的两个支撑都放在沥青液面以上，则由于沥青液面内连接轴太长，会造成连接轴失稳、抖动、折断。

为了解决这一难题，课题组采用了搅拌器悬轴技术。

所谓搅拌器悬轴(图 2)技术，就是将连接轴的支撑放在罐外，使沥青液面内没有支撑，将连接轴的直径加大到标准直径的 3～4 倍并采用实轴，以连接轴自身的重力保证连接轴的稳定性，解决连接轴失稳、抖动、折断的问题。这样既免除了浸在沥青中的连接轴的支撑故障率高的问题，又保证了连接轴的稳定性。在实际使用中，采用悬轴技术的搅拌器运行平稳。

(3)高速剪切磨机技术

现有的生产改性沥青的磨机中有代表性的是轴端齿盘的胶体磨。当物料进入齿缝时进行切割,不同的是切割的齿数和齿缝隙大小,以使物料的颗粒度最终达到要求。但是它没有自吸能力需要外部配备相同流量的输入泵才能工作。在工作中会产生很大的切割热,能耗很大,工艺配置成本增加,而且价格非常昂贵。

实际上在改性沥青的生产中主要的生产难点是如何将 SBS 均匀地分散溶解在沥青中。细化的目的是要便于溶解,而并不是越细化溶解就越快。细化虽有一定的助溶效果,但 SBS 的溶解是需要一定时间的。换句话说,如果用很细的胶体磨也不能过磨后就直接装车使用,所以在生产中不需要将 SBS 磨得太细。当沥青达到 180℃时掺入的 SBS 在高温下已经是软化的橡胶体,对软化的橡胶体用太细缝隙的胶体磨会产生大量的切割热和极度拉伸,造成产品延度指标不稳定。

课题组采用的是改性沥青高速剪切磨机(图 3),它包括高速电动机、动切割环、静切割环和机泵外壳。动切割环连接在高速电动机连接轴上,静切割环安装在机泵外壳上,机泵外壳上有进料口和出料口。其特征在于:离心自吸叶片也连接在高速电动机连接轴上,离心自吸叶片的周边处依次是静切割环的静刀孔和动切割环的动刀孔。当高速电动机转动时,自吸叶片将物料压向静刀孔,同时自吸叶片和动切割环还与静切割环之间完成两次剪切过程。

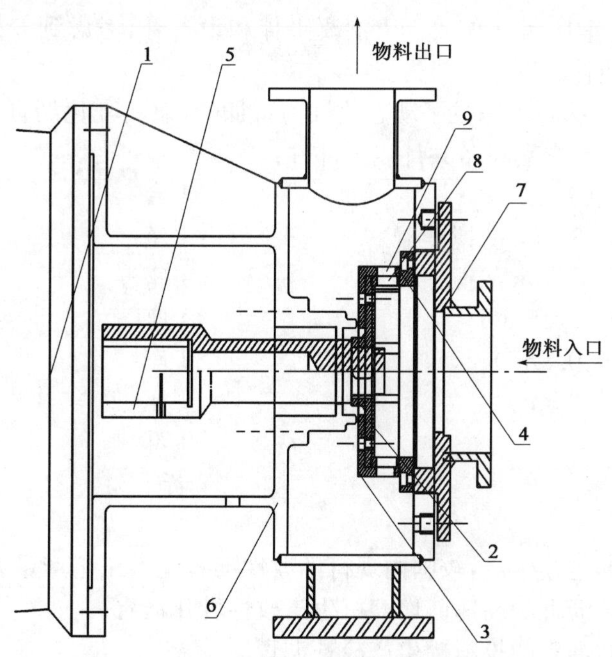

图 3 改性沥青高速剪切磨机

1-高速电动机;2-离心自吸叶片;3-动切割环;4-静切割环;5-连接轴;6-机泵外壳;7-连接法兰;8-静刀孔;9-动刀孔

在本研究实施例中,这种改性沥青高速剪切磨机因是针对改性沥青生产的特点而设计的,配合相应的生产工艺生产出来的改性沥青不逊于胶体磨在实际生产中的应用效果,达到甚至超过了改性沥青的相关国家标准,效益和效果非常显著。实际生产效果见附件 1《沥青检测报告》、附件 2《沥青(聚合物改性沥青)检测报告》。

本研究实施例于2009年10月18日进行了试生产，基质沥青为台湾产70号重交沥青；改性剂为SBS，添加量为沥青质量的4.1%；添加剂为橡胶油，添加量为沥青质量的1.5%；稳定剂添加量为SBS质量的1/30。沥青改性前后性能指标见附件1、附件2。

本研究实施例于2009年10月19日、20日用生产的改性沥青进行了沥青混凝土试生产，其相关参数见附件3、附件4。沥青混凝土高温稳定性见附件3，沥青混凝土水稳定性见附件4。

2 实施例

经过综合考虑，课题组决定将本研究的试验设备建于河市公路管理站内。

河市公路管理站内现有沥青施工及配套设备如下：

(1)2000型沥青混凝土拌和设备　　1套

(2)6m幅宽沥青混凝土摊铺设备　　1套

(3)3m幅宽沥青混凝土摊铺设备　　1套

(4)装载机　　1套

(5)沥青洒布车　　2台

(6)100t沥青储罐　　1座

本研究的试验设备中，除了配套沥青混凝土拌和设备外，考虑到养护的需要，决定对其他设备增加乳化沥青、冷补沥青生产能力。

2009年7月中旬，课题组完成了动态改性为特征的，兼具乳化沥青、冷补沥青生产能力的改性沥青生产设备设计，全套设备共计以下部件：

(1)高速剪切磨机(6t/h)　　1台

(2)投料罐($15m^3$，含15kW搅拌器)　　1座

(3)膨化罐($40m^3$，含15kW搅拌器)　　1座

(4)乳化剂水溶液罐($15m^3$)　　1座

(5)乳化剂溶解罐($0.5m^3$)　　1座

(6)乳化沥青储罐($35m^3$)　　1座

(7)投料器　　1部

(8)管线、泵、阀　　若干

该设计特点如下：

(1)改性沥青能够连续生产，较国内现行的改性沥青生产工艺产量大为提高。

(2)借用生产改性沥青的高速剪切磨机生产改性乳化沥青。

(3)借用生产改性沥青的投料罐生产冷补沥青。

2009年7月下旬，施工单位进场施工。

2009年10月18日，试生产30t SBS改性沥青。其基质沥青产品质量见附件1《沥青检测报告》，改性后的改性沥青产品质量见附件2《沥青(聚合物改性沥青)检测报告》。从附件1、附件2可以看出，基质沥青经过改性之后，性能有了大幅提高，其中软化点提高了24℃，延度也有了大幅提高。

2009年10月18～20日，分别用SBS改性沥青进行了沥青混凝土拌和、摊铺。其沥青混

凝土产品质量见附件3《沥青混凝土的高温稳定性试验结果》、附件4《沥青混凝土的水稳定性试验结果》。

从附件3可以看出，改性后的沥青混凝土的马歇尔稳定度远大于7.5kN，车辙试验动稳定度均高于改性沥青规范要求的炎热地区的标准，可见改性沥青能很好地提高沥青混凝土的高温稳定性。

从附件4可以看出，浸水马歇尔试验中所测定的残留稳定度比、劈裂强度比均大于80％，满足改性沥青规范的要求，说明改性沥青的沥青混凝土的水稳性能良好。

2010年1月12日，在省道X332线K18＋900右钻芯取样3件，在省道X304线K3＋900左钻芯取样3件，其路面质量见附件5《沥青路面芯样马歇尔稳定度试验报告》。

从附件5可以看出，经过近半年的行车运行，其间，正面经受两次台风的考验，马歇尔稳定度没有较大的变化。

附件 1

武汉交能沥青产品有限公司

送检单位:泉州市公路局直属分局　　　　送检时间:2009 年 10 月 18 日

沥青检测报告

原始样品	检测结果	国家标准	实验方法
针入度(25℃,100g,5s)(0.1mm)	65	60～80	T0604—2000
软化点(℃)	46	≥46	T0606—2000
延度(5cm/min,15℃)(cm)	105	≥100	T0605—1993
60℃动力黏度(Pa・s)	188	≥160	T0625—2000
闪点(℃)	266	≥260	T0611—1993
溶解度(%)	99.5	≥99.5	T0607—1993
旋转薄膜烘箱后残留物			T0610—1993
质量损失(%)	0.2	≤±0.8	T0610—1993
延度(5cm/min,15℃)(cm)	16	≥15	T0605—1993
针入度比(25℃)(%)	60.6	≥61	T0604—2000

注:本检测报告只对送检样品负责。

评价:适合生产改性沥青的基质沥青要求。

附件 2

武汉交能沥青产品有限公司

送检单位:泉州市公路局直属分局　　　　送检时间:2009 年 10 月 18 日

沥青(聚合物改性沥青)检测报告

原始样品	检测结果	国家标准	实验方法
针入度(25℃,100g,5s)(0.1mm)	50	≥45	T0604—2000
软化点(℃)	70	≥60℃	T0606—2000
延度(5cm/min,15℃)(cm)	36	≥20	T0605—1993
布鲁克费尔德黏度(135℃)(Pa·s)	1.88	≤3	T0625—2000
闪点(℃)	296	≥230	T0611—1993
溶解度(%)	99.5	≥99	T0607—1993
弹性恢复(25℃)(%)	80	≥75	T0662—2000
旋转薄膜烘箱后残留物			T0610—1993
质量损失(%)	0.02	≤1	T0610—1993
延度(5cm/min,5℃)(cm)	16	≥15	T0605—1993
针入度比(25℃)(%)	70.6	≥65	T0604—2000

注:1. 本检测报告只对送检样品负责。

2. 标准为《公路沥青路面施工技术规范》(JTG F40—2004)中的Ⅰ—D。

评价:适用于城市道路刷黑或普通沥青路面罩面。

附件3

武汉交能沥青产品有限公司

送检单位:泉州市公路局直属分局　　　送检时间:2009年10月18日

沥青混凝土的高温稳定性试验结果

原始样品	检测结果	国家标准	实验方法
马歇尔稳定度(kN)	8.53	≥7.50	T0709—2000
流值(mm)	2.75	2～4	T0709—2000
60℃动稳定度(次/mm)	3 948	≥3 000	T0719—1993

附件 4

武汉交能沥青产品有限公司

送检单位：泉州市公路局直属分局　　　　送检时间：2009 年 10 月 18 日

沥青混凝土的水稳定性试验结果

60℃保温 30min 稳定度(kN)	60℃保温 48min 稳定度(kN)	残留稳定度比(%)	国家标准	实验方法
14.6	13.5	92.5	≥80%	T0709—2000
未经冻融的劈裂强度(MPa)	冻融后的劈裂强度(MPa)	劈裂强度比(%)	国家标准	实验方法
1.65	1.49	90.3	≥80%	T0716—1993

附件 5

武汉交能沥青产品有限公司

送检单位:泉州市公路局直属分局　　　　送检时间:2010 年 01 月 12 日

沥青路面芯样马歇尔稳定度试验报告

混合料名称		AC—16					
试件编号		1	2	3	4	5	6
桩号		K18+900 右	K18+900 右	K18+900 右	K31+900 左	K31+900 左	K31+900 左
试件尺寸(mm)	直径	100	100	100	100	100	100
	高度	4.5	4.3	4.9	4.0	4.5	4.0
马歇尔稳定度(kN)		3.96	3.58	5.03	3.12	3.90	3.03
流值(mm)		2.40	2.25	2.57	2.06	2.39	2.00
高度修正系数		1.92	2.08	1.50	2.50	1.92	2.50
修正后的稳定度(kN)		7.60	7.45	7.55	7.80	7.49	7.58
备注		1. 试件 1、2、3 为 X332 线试验路段,采用 SBS 改性沥青,含量 4.8%。 2. 试件 4、5、6 为 X304 线试验路段,掺配布敦岩沥青,含量 5%。 3. 试验方法:T0709—2000					

真空联合堆载预压加固软土地基施工

摘　要:本文结合广东省九江大桥(G325线)至江门市区公路软土地基真空联合堆载预压处治的施工实例,介绍了真空联合堆载预压加固软土地基的原理、优点和施工工艺,通过工程实例证明它是一种经济而有效的软基处理方法。

关键词:真空联合堆载预压　软土地基　加固

1　工程概况

广东省九江大桥(G325线)至江门市区公路新建第一期工程主线长25.093km,其中起讫桩号分别为K17+000、K19+000,路基宽度为29.5m,双向四车道。沿线属珠江三角洲冲积平原地貌区,为西江右岸漫滩,路线大部分通过鱼塘区,地基软土层分布广泛且厚度大、强度低。由于高填方路基沉降量大、工期紧,根据工程各路段软土地基的特点,该段软基主要采用了真空联合堆载预压+水泥搅拌桩墙的方法处治。

2　工程地质条件

(1)填筑土:褐黄色、灰黄色,主要由黏性土组成,厚度一般为0.9~4.8m。

(2)淤泥、淤泥质土:滨海三角洲(海陆交互)相沉积土,灰黑色、灰色,局部为淤泥质土与粉细砂互层,含腐殖质、贝壳碎片,呈流塑状,饱和,属高压缩性土。平均含水率为49%,最大达60%以上,密度为1.70g/cm^3,孔隙比为1.419,液性指数为1.25。该层分布广泛,厚度为5.0~20.0m。

(3)中粗砂:褐黄色、灰白色,以中粗砂为主,含细砂及细砾,呈稍密—中密状,饱和。

3　加固机理

真空预压法最早由瑞典皇家地质学院的W. Kjellman教授于1952年提出,1958年首次应用于美国费城机场跑道扩建工程。到了20世纪80年代,我国对该项加固技术联合攻关,重新进行了探索、研究,使该法日臻完善,先后在天津新港、浙江舟山市老塘山煤码头、京珠高速公路等诸多工程建设项目中应用。真空预压已成为加固软土地基有效的、常规实用的方法。

真空联合堆载预压法是在真空预压法和堆载预压法的基础上发展起来的。其通过负压真空(压力)和堆载(正压)使土体中的孔隙水压力产生不平衡的水压力,孔隙水在这种不平衡力的作用下通过竖向排水通道(塑料排水板或袋装砂井)逐渐排出,使土体产生固结变形,具有真空预压和堆载预压的双重加固效果。

采用真空预压法加固地基时,在抽气前,密封膜内外都受大气压力作用,土体孔隙中的气体与地下水面以上都处于大气压力状态。抽气后,密封膜内砂垫层中的气体首先被抽出,压力逐渐下降,密封膜内外形成压力差(ΔP),使密封膜紧贴于砂垫层上,这个压力差称为"真空度"。砂垫层中形成的真空度通过垂直排水通道逐渐向下延伸、扩展,引起整个加固区内孔隙水压力降低,使形成的孔隙水压力小于原静水孔隙压力,即静水孔隙水压力负向增长,形成负的超静孔隙水压力。由此,使土体孔隙中的气体和水由土体向垂直排水通道渗流,最后由垂直排水通道汇至地表砂垫层中被真空泵抽出。该法通过真空预压过程中的抽真空使加固区内超静孔隙水压力降低,促使地基土体产生排水固结,最终达到了加固地基的目的。

堆载排水预压法是利用路基本身作为荷载,对被加固的地基进行预压,软土地基在此附加荷载作用下产生正的超静水压力,在路基填筑及填筑完成以后,超静水压力慢慢消散,土体有效应力不断增长,土体产生固结,强度得到增长。

4 真空联合堆载预压加固地基的优点

真空预压法适用于渗透性比较小的饱和软黏土地基,其主要优点是:①加荷面积大、速度快,不需要大型的机械设备,而是利用大气来加固软土地基,不需要大量的预压材料及实物,可以减少取土、弃土数量,有利于减少水土流失和环境保护工作,为该法的突出特点;②真空预压法加固软土地基时,作用于土体的总应力并没增加,降低的只是孔隙水压力,土体只发生了收缩变形,不产生剪切变形,地基不会产生侧向向外挤出,仅有侧向收缩,因此真空排水预压荷载无须分级施加,可以一次施加而不会引起地基失稳;③真空预压法是通过垂直排水通道向土体传递真空度,使真空度在整个加固区范围内是均匀分布的,因此加固后的地基比堆载预压加固得要均匀,加固过程的平均沉降量更大。但是,单纯的真空预压处理软基的预压荷载不超过100kPa,使用受到较大限制。

堆载预压可以有效地减少软土的次固结沉降,其缺点是:①预压期路堤容易失稳;②预压时间比较长。而真空预压与堆载预压的联合应用,可以取长补短,两种方法同时使用时分别产生负超静水压力(真空预压)和正超静水压力(堆载预压),理论上是可以叠加的,而且可以使土体产生快速的固结,强度得到增长。在路基稳定性方面,真空预压法由于负压的存在使加固路基的侧向变形向着路基内侧发展,而堆载预压由于荷载的作用,侧向变形向着远离加固区发展。因此,两种方法联合使用能更好地控制路基的侧向稳定性,降低路基失稳的可能性。

5 工程应用

5.1 工程设计情况

广东省九江大桥(G325 线)至江门市区公路,即江门滨江大道,真空联合堆载预压加固面积约 95 167m^2。竖向排水体采用 B 型塑料排水板,间距为 1.2m,长度以能打穿淤泥层为准;水平向排水体采用 50cm 厚的砂垫层,并在砂垫层中布置排水滤管和主管,使用 ϕ75mm 的PVC 管,间距为 5m,每 800m^2 左右的处治面积配备一套真空装置,膜下真空压力维持在80kPa 以上。设计时考虑了施工中西江大堤的安全问题,在路基左侧西江大堤坡脚处设置水泥搅拌墙作为幕墙防护,在路基右侧根据地质情况设置黏土搅拌密封墙,加强抽真空的密封效果。

其中真空联合堆载预压横断面示意图及真空泵、滤管、膜下真空压力测点平面布置示意图分别如图1、图2所示。

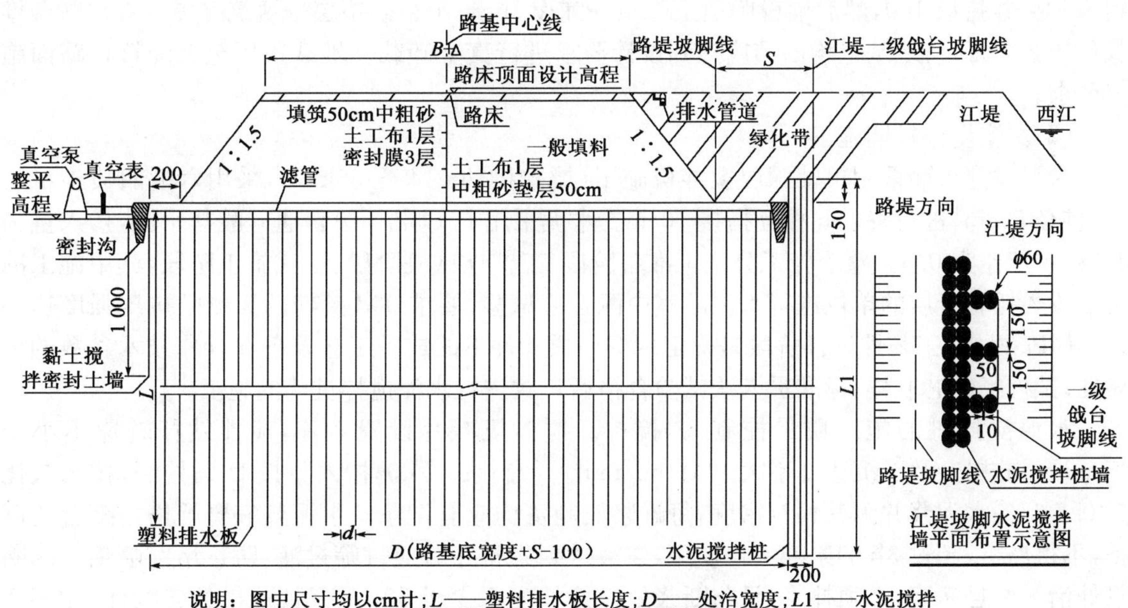

图1 真空联合堆载预压横断面示意图

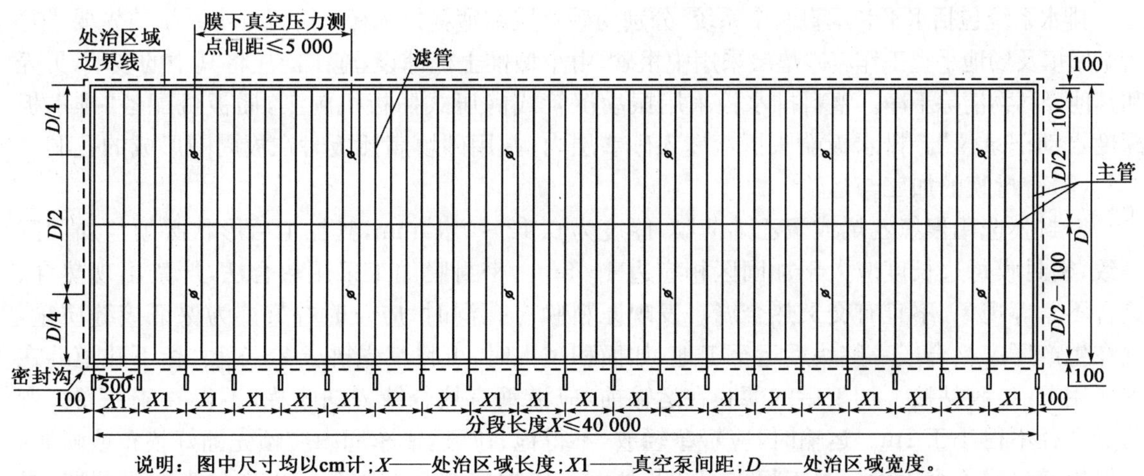

图2 真空泵、滤管、膜下真空压力测点平面布置示意图

5.2 真空联合堆载预压施工

(1)施工工艺顺序

真空联合堆载主要施工工艺顺序如下：

平整场地→量测地面起始高程→铺设50cm中粗砂垫层→搭设排水板，施工水泥搅拌桩

墙和黏土搅拌密封墙→安设监测仪器→铺设真空滤管,安装真空设备→铺设膜下土工布和密封膜,开挖密封沟→回填密封沟及埋膜,连接主管到抽真空装置→设置膜上沉降标→测沉降初值→试抽真空→检查膜上及密封沟漏气情况→真空加载并开始路基处理监测→膜下真空度达到80kPa并持续10d,然后铺设膜上土工布→铺设50cm中粗砂垫层→填筑路堤→真空联合堆载预压2个月,待地基平均固结度达到设计要求进行真空卸载→堆载预压至沉降符合路面施工要求。

(2)水泥搅拌桩墙施工

水泥搅拌桩墙采用单轴深层搅拌机施工(搅拌机功率45～55kW),采用六搅四喷施工工艺,桩径60cm、桩与桩之间相互搭接10cm。水泥采用P.O32.5级普通硅酸盐水泥,掺入量为20%,水灰比为0.5。整个施工分施工准备阶段、工艺性试桩阶段、正式施工阶段,其中施工准备阶段委托有资质的单位进行水泥的室内配合比试验,要求90d龄期的无侧限抗压强度达到2.25MPa以上;工艺性试桩阶段是确定现场地质条件下的成桩工艺及各项操作技术参数的可靠性;试桩经钻芯取样、标准贯入法试验合格后正式进行水泥搅拌桩墙的施工。

水泥搅拌桩的施工质量控制:①搅拌。搅拌机叶片设置六片,搅拌钻杆转速不小于45rad/min,提升及下沉速度不大于1.0m/min。②制浆。水泥掺入量按20%控制,按水灰比为0.5制备水泥浆并测其相对密度,每罐浆液制备均应有记录。水泥浆液要严格按配合比制备,不得离析,超过3h的浆液不得使用,浆液送到集料斗时应过筛过滤,防止堵塞喷嘴。③断浆处治。一旦断浆,必须补浆,且与断浆处搭接长度不少于50cm,保证成桩的连续性,相邻搭接桩施工间隔不得超过6h。

(3)排水系统施工

排水系统包括水平和垂直两个系统,分别为砂垫层和塑料排水板。设置排水系统前先要进行清淤回填及场地平整工作。砂垫层采用中粗砂,由小型推土机铺设,施工前应将其中的玻璃、贝壳和其他锋利物清除干净。塑料排水板采用振动沉管或静压式插板机施工,插板机配备"排水板深度自动记录仪"。排水板端头折弯埋入砂垫层内,并用砂填满插板时在板周围形成的孔洞。

(4)密封膜的加工与运输

密封膜选用聚氯乙烯或聚乙烯薄膜,厚度为0.12～0.14mm,其加工后形状必须与加固区一致,密封膜每边长度应大于加固区相应边4～5m。密封膜加工采用热合法,严禁出现热穿、热合不紧等现象,不宜有交叉热合缝。发现原料膜有孔洞时,应及时补好。为保证接缝质量,宜在生产厂家粘合成一整块后运至工地,如面积过大时,可将其先拼成2～3块,留下几道缝在现场用PVC胶粘接。加工后的薄膜在运输前,应沿垂直热合缝方向收拢,不得卷成一卷。弯曲盘半径不得小于1m。运输时,应轻拿轻放,不得拖、拉,运输车厢内应预先铺好垫布或帆布,以保护密封膜安全运输。本工程采用江苏盐城鑫盛塑料制品有限公司生产的真空密封膜,具体试验检测结果见表1。

真空密封膜技术指标 表1

项　目	单位	平均检测值	试样数	变异系数	设计相关要求
单位面积质量	g/m^2	175	10	0.026	—
厚度	mm	0.14	10	0.048	0.12～0.14

续上表

项　目	单位	平均检测值	试样数	变异系数	设计相关要求
拉伸强度(纵向)	kN/m	2.68	6	0.055	—
拉伸强度(纵向)	MPa	19.2	6	0.055	≥18.5
伸长率(纵向)	%	293	6	0.083	≥220
拉伸强度(横向)	kN/m	2.72	6	0.043	—
拉伸强度(横向)	MPa	19.4	6	0.043	≥16.5
伸长率(横向)	%	292	6	0.034	≥220
直角撕裂强度(纵向)	N/mm	63.7	6	0.242	≥40
直角撕裂强度(横向)	N/mm	64.9	6	0.128	≥40
渗透系数 K_{20}	cm/s	2.71×10^{-12}	3	—	—

注:检测依据《土工合成材料　聚氯乙烯土工膜》(GB/T 17688—99)、《土工合成材料测试规程》(SL/T 235—99)。

(5)主、滤管加工与铺设

主管和滤管的材质采用 ϕ75mm×(3.5～4.0)mm 的 PVC 管,其中滤管上分布有均匀间距的孔洞,并在管外包裹起反滤作用的材料,即 200g/m^2 针刺无纺土工布,起到只透水气不透砂的作用。主管、滤管的位置应按图纸放线定位,滤管使用长约 30cm 的胶管连接,胶管套入滤管长度宜在 10cm 以上,然后用铁丝扎紧,铁丝结头严禁朝上。主管和滤管之间用三通或四通来连接,三通和四通与各管之间由二通来连接。现场铺设滤管时,给其套上预先缝制的反滤土工布套,并注意将主管、滤管内外清洗干净,避免管内留有泥沙,以防泥沙被吸入泵体损坏泵叶。将滤管埋在砂垫层中间,距泥面与砂垫层顶面的距离均应大于 10cm。滤管周围必须用砂填实,严禁架空漏填。滤管埋设完毕后,应平整砂面,清理石块、瓦砾等杂物。

(6)真空压力测头的制作与埋设

真空压力测头为一个小型过滤管,用软塑料管(尼龙管)将其与膜外真空压力表连接。测头应埋入砂垫层中,塑料软管(尼龙管)由密封沟底引出。真空度测头的埋设位置及数量应符合图纸要求。

(7)铺设膜下土工布及密封膜

将砂垫层上的杂质、石块和尖锐物清除后,在砂垫层上铺设一层 200g/m^2 的无纺土工布,土工布要大于加固面积并伸入密封沟内。土工布的接头可用缝合搭接,缝合宽度为 5cm,搭接宽度为 30cm。然后铺设密封膜,从上风向向下风向伸展,加固区四周余量应保持基本一致。施工人员应穿软底鞋上膜,严禁穿带钉鞋上膜。每铺一层,均有专人检查,若有孔洞,应及时粘补。当密封膜现场粘贴时,应保持粘贴部位的清洁,粘贴自上而下沿粘缝后退进行。另外,密封膜每边长度应大于加固区相应边 4～5m,在密封沟内侧将膜铺平,薄膜过长时,可将其折于沟底,不可外铺于侧坡上。

(8)密封沟与密封墙施工

密封沟的开挖应沿加固区边界进行,其深度应满足密封膜埋设要求,沟内应平滑、无杂物存在。沟底宽度应在 0.4m 以上,以保证密封膜与沟底黏土充分接触,满足密封要求。密封沟回填料应为不含杂物的纯黏土或淤泥,回填时应避免回填料直接撞击密封膜,以免击破漏气,并应分层压实。如透气层比较深,开挖深度不足以切断透气层时,根据设计可设置密封墙,密封墙深度应超过透气层以下不小于 1m,黏土密封墙采用单(双)头深层搅拌机施工,采用四搅二喷施工工艺，浆液为黏土浆。

(9)抽真空装置

抽真空装置采用射流式真空泵，由离心泵、射流喷嘴、循环水箱组成，每 800m^2 左右的处治面积配备一套真空装置。在主管出膜口安装后，用钢丝橡胶软管把它与抽真空装置及时连接起来，采用铁丝将接头处扎牢，保证不漏气。

(10)真空联合堆载预压

①试抽真空。在正式抽真空之前，进行试抽真空，同时仔细检查每台射流泵的运转情况及薄膜的密封性，发现问题及时处理。试抽真空膜下真空度应达到 80kPa 并持续 10d 以上，若低于此值即属不正常，应立即查找原因，及时处理。试抽开始，即应进行真空压力、沉降量等观测。试抽真空结束后，将膜下真空度、地表沉降、水平位移等观测数据报设计单位审核。

②铺设膜上层土工布、砂垫层(真空联合堆载)。试抽真空经检验合格(不漏气)后，采用真空联合堆载预压加固软土，在密封膜上再铺设一层无纺土工布，要求同膜下层土工布。按设计要求铺设 50cm 上层砂垫层，铺设应小心仔细，不能将密封膜弄破，宜采用小型机械辅以人工铺设。如发现真空度不降，应立即查找原因并修补好，之后方可继续施工。

③正常抽真空。试抽达到要求后，可转入正常抽真空阶段。这是真空预压加固地基的主要阶段，持续时间按照设计要求执行。抽真空所排出的水应用专用管道排出路基施工范围以外。

④路提填筑。抽真空正常后即可进行正常的路堤填筑，必须按照设计的真空联合堆载方案加荷计划控制填筑时间。

⑤真空卸载。当路基满载及真空预压时间达到设计预压时间或实测路堤沉降量小于 2mm/d，且地基固结度已达到设计要求后，监理工程师组织验收，即可真空卸载。

5.3 效果分析

施工中每隔 50m 或 100m 在路基横向左、中、右设置沉降观测板，进行施工监测。监测结果表明软基加固取得了良好的效果。K18＋800～K19＋000 段在真空预压初期(25d)，K18＋950 观测断面路基最大沉降量达 50.5cm，当铺设 50cm 砂垫层及填筑 24 层土后(235d)，此断面的路基最大沉降量为 112cm，已达到设计沉降量的 70.4％。

6 结语

本工程运用真空联合堆载预压法加固软土地基，充分发挥了真空预压法及堆载预压法两种软基处治的优势，加速了软基排水固结的速度。施工中路基的稳定性能得到了保证，使路基填土明显加快，缩短了施工期及预压期，因此，真空联合堆载预压法加固软基是一种安全、可靠而经济、有效的方法。

参考文献

[1] 娄炎.真空排水预压法加固软土技术[M].北京:人民交通出版社,2002.

[2] 张烽,李小青,周伟.真空堆载联合预压法在公路软基处理中的应用[J].华中科技大学学报,2005,5(22).

路用彩色乳化胶结料新型配制工艺的研究

摘　要：使用路用彩色乳化胶结料铺筑彩色路面，因其具有警示、防滑、耐磨、减噪、防眩的特点且施工采用冷铺法，节能、环保，因而大量用于高速公路，国、省道路及市政道路。本文将介绍一种全新的路用彩色乳化胶结料新型配制工艺，供同行参考。

关键词：彩色　乳化　胶结料　配制　工艺

1　路用彩色乳化胶结料新型配方的研究

路用彩色乳化胶结料一般由无色胶结料与改性剂乙烯-醋酸乙烯共聚物(EVA)或丁苯橡胶(SBR)或苯乙烯-丁二烯-苯乙烯嵌段共聚物(SBS)中的一种与乳化剂中的阳离子型乳化剂1-氨乙烯或2-十七烷基咪唑啉或二氢化咪唑啉间二氨或N-氨乙烯酰胺或烷基酰胺基多胺或烷基炳撑二胺或十六(十八)烷基三甲基氯化氨或十四(十六)烷基二甲基羟乙基氯化铵或十六烷基三甲基溴化氨或1-甲氧基或2-亚甲氧基二甲胺或3-烷基苯和阴离子型乳化剂羟酸盐类或磺酸盐类或硫酸盐类和两性离子型乳化剂氨基酸型或甜菜碱型或咪唑啉型和非粒子型乳化剂聚氧乙烯型或多元醇型中的一种或两种与助剂的无机稳定剂或有机稳定剂中的一种或两种或三种和表面活性剂中的一种和无机酸中的盐酸和有机酸中的甲酸或乙酸或丙酸或丁二酸或柠檬酸中的一种或两种和烧碱或纯碱中的一种与基料相融的胶黏剂中的一种与基料色彩一致并相融的着色剂中的无机着色剂铁红、镉红、中黄、柠檬黄、铁黄、钛白粉锌钡白和有机着色剂中的酞青红、大红、醇融火红、醇融黄、酞青兰、酞青绿等着色剂中的一种或两种或三种与水等材料在特定的设备和工艺条件下，采用现代工艺制备而成。现有的路用彩色乳化胶结料一般采用表1所示配方。

路用彩色乳化胶结料技术配方　　表1

路用彩色乳化胶结料技术配方	质量份数
无色胶结料	40～65
乳化剂(按100%的活性物计)	0.3～1.3
助剂	0.1～1.3
胶黏剂	0～3
着色剂	0.1～6.6
水	38～50
无色胶结料技术配方	**质量份数**
石油树脂(Ss)	40～55
矿物油(Ks)	45～60
丁苯热塑弹性体(SBR)	2.5～6

在路用彩色乳化胶结料的实际应用中，现行的配方多有不尽如人意的地方，特别是各质量组分的取值范围，缺乏科学依据。

在路用彩色乳化胶结料的制备中，石油馏分油和石油树脂的含量配比对彩色胶结料的性能有着至关重要的影响。在彩色胶结料中，浅色石油馏分油是由石油馏分经过萃取，富集芳烃后得到的高黏度集芳烃混合物，一般作为基础原料。但是由于其常温下为液态或黏稠状，虽然与石料的裹附性很好，却因为常温下无法定型而不能作为胶结料单独使用，必须加入多种高分子聚合物作为填充剂、改性剂及化学偶联剂和稳定剂。石油树脂是以石油裂解过程中副产物C5～C9馏分为原料，以硫酸、无水三氯化铝、三氟化硼等为催化剂，经加热聚合而制得的一种热塑性树脂，常温下呈固态。它具有酸值低、混溶性好、耐水、耐乙醇和耐化学品等特性，对酸碱具有化学稳定，并有调节黏性和热稳定性好的特点。在彩色胶结料中，石油树脂主要作为填充料使用，用以调节彩色胶结料的针入度和软化点。石油树脂添加过多，会导致针入度太小，彩色胶结料过硬而无法使用；石油树脂添加过少，会导致针入度太大，彩色胶结料过软而无法使用。根据《公路沥青路面施工技术规范》(JTG F40—2004)的规定，彩色胶结料的针入度为60～100，软化点不小于45℃。为了找出石油树脂对彩色胶结料针入度和软化点的影响，确定石油树脂的最佳添加量，几年来课题组做了近千次试验，基本确定了如图1、图2所示的石油树脂对彩色胶结料软化点、针入度影响的关系图。从图1可以看出，软化点45℃对应的是石油树脂50％的添加量；从图2可以看出，针入度60对应的是石油树脂76％的添加量，针入度100对应的是石油树脂43％的添加量。石油树脂符合针入度、软化点两个条件的添加量应该是50％～76％，而当石油树脂添加量高于68％时彩色胶结料对应的延度(15℃)(cm)很低，会大大降低彩色胶结料的性能。基于上述考虑，课题组把浅色石油馏分油和石油树脂的添加量确定在30～70份的范围内。

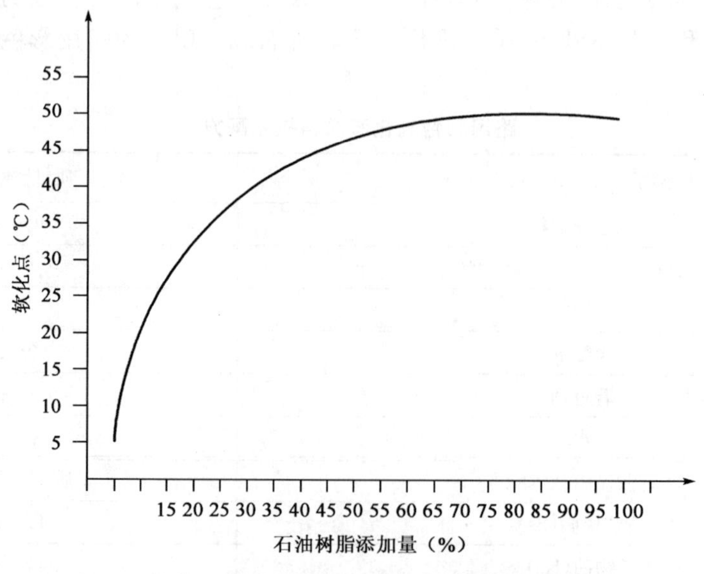

图1　石油树脂对彩色胶结料软化点的影响

当高分子聚合物丁苯胶乳作为改性剂使用时，它作为分散项被用物理的方法以一定的粒径均匀地分散到胶结料连续项中而形成网状结构，从而改变胶结料的拉伸应力—应变关系，达到改变胶结料性能的目的。

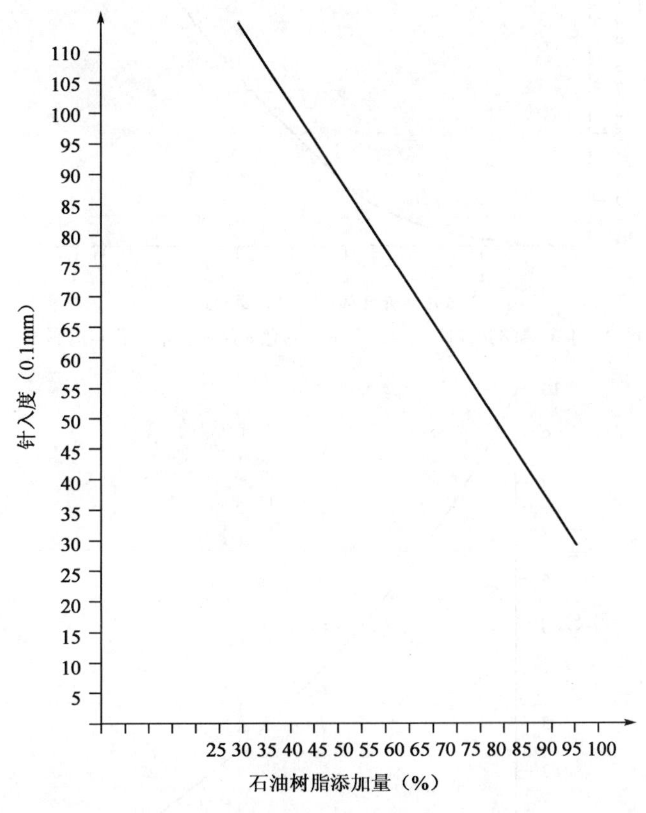

图 2　石油树脂对彩色胶结料针入度的影响

为了找出丁苯热塑弹性体胶乳对彩色胶结料针入度和软化点的影响，确定丁苯热塑弹性体胶乳的最佳添加量，几年来课题组做了大量的试验，基本确定了如图 3、图 4 所示的丁苯热塑弹性体胶乳对彩色胶结料软化点、针入度影响的关系图。从图 3 可以看出，当丁苯热塑弹性体(干基)的掺量大于 1%时，其对彩色胶结料软化点才开始有明显影响；当丁苯热塑弹性体(干基)的掺量大于 4%时，其对彩色胶结料的软化点已经可以提高至 15℃。规范规定，彩色胶结料的软化点不小于 45℃即可，即使有时基于特殊情况，也很少要求彩色胶结料软化点大于 60℃，因而把丁苯热塑弹性体(干基)的掺量确定在 1%～4%之间。从图 4 可以看出，丁苯热塑弹性体(干基)的掺量在 1%～4%之间时，其对彩色胶结料针入度的影响不大。综合考虑，把丁苯热塑弹性体(干基)的掺量确定在 1%～4%之间。上面所述的丁苯热塑弹性体胶乳掺量，都是按干基(100%)计算的，而市面上供应的丁苯热塑弹性体胶乳，其干基含量在 20%～60%之间，为了保证丁苯热塑弹性体胶乳中丁苯热塑弹性体(干基)的含量在 1%～4%之间，课题组规定丁苯热塑弹性体胶乳份数为 5～20。

基于试验数据及实际使用经验，提出路用彩色乳化胶结料新的技术配方如表 2 所示。

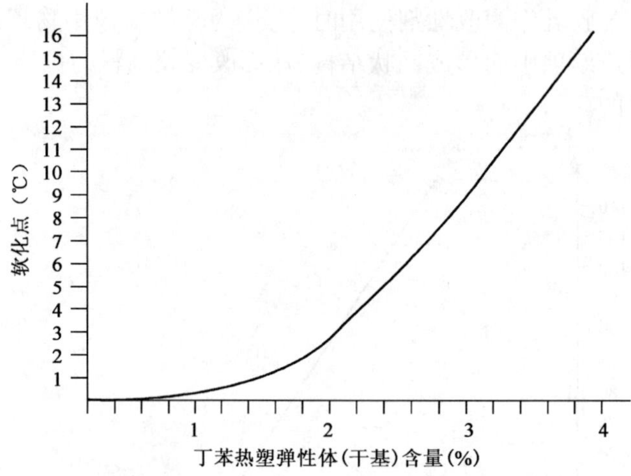

图 3　丁苯热塑弹性体(干基)含量对彩色胶结料乳液软化点的影响

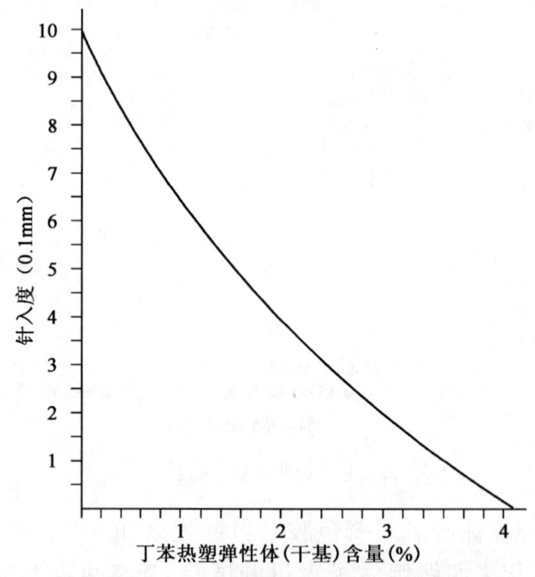

图 4　丁苯热塑弹性体(干基)含量对彩色胶结料乳液针入度的影响

路用彩色乳化胶结料新技术配方　　表 2

路用彩色乳化胶结料新技术配方	质 量 份 数
无色胶结料	50～60
乳化剂(按 100％的活性物计)	0.3～1.3
助剂	0.1～1.3
胶黏剂	0～3
着色剂	0.1～6.6
水	40～50
无色胶结料新技术配方	质 量 份 数
石油树脂(Ss)	30～70
矿物油(Ks)	30～70
丁苯热塑弹性体(SBR)	5～20

2 路用彩色乳化胶结料新型配制工艺的研究

路用彩色乳化胶结料的乳化工艺，主要包含生产流程、原料配方、温度控制、油水比例控制等内容(详见《乳化沥青及稀浆封层技术》第50页，虎增福主编，人民交通出版社，2001年)。目前的路用彩色乳化胶结料生产流程，一般包括如下两种[《公路筑养路机械操作规程》(JZ 0030—95)]。

(1)选用改性材料将彩色胶结料改性，再将改性好的彩色胶结料进行乳化。

该法的优点是：市场上有改性好的彩色胶结料销售，因是专业厂家生产，改性质量有保障，改性价格也相对低廉。

该法的缺点是：因为改性剂的加入，彩色胶结料的流动变得困难，生产彩色胶结料乳液时必须提高彩色胶结料的温度(控制在150～160℃，而不加改性剂生产彩色胶结料乳液时的乳化温度只需控制在120～140℃)，且加大了乳化机械的研磨间隙(控制在150～200μm，而不加改性剂生产彩色胶结料乳液时研磨间隙控制在70～120μm，见《蓝天泵业乳化机使用说明书》)，进而造成彩色胶结料乳化时混合温度提高，乳液成品颗粒加大，影响彩色胶结料乳液质量和储存稳定性。

在乳化沥青(彩色胶结料乳液也是乳化沥青的一种)的国家标准中，有一项指标是小于等于5μm的颗粒的含量应大于等于80%。当研磨间隙增大时，大于等于5μm的颗粒的含量必定增加，从而影响彩色胶结料乳液的储存稳定性。

当然，为了避免该流程胶结料热熔温度较高(150～160℃)的缺点，可以将无色胶结料经乳化后再改性，或者乳化与改性两个过程同时进行，把改性剂按比例掺入已乳化的彩色乳化胶结料中搅拌，或者将改性剂按比例掺入到乳化液中对无色胶结料进行乳化。该方法虽然达到了降低无色胶结料热熔温度到120～140℃、增加流动性的目的，当时的各项技术指标也都能达到彩色乳化胶结料的各项技术指标，但改性剂丁苯胶乳与彩色乳化胶结料的各组成成分相容性不好，丁苯胶乳颗粒表面的表面张力难以阻止相邻间丁苯胶乳颗粒的聚合，聚合后大颗粒的丁苯胶乳颗粒会更容易与相邻间丁苯胶乳颗粒聚合，储存一段时间以后，彩色胶结料乳液中的丁苯胶乳会析出，乳液产生分层，导致乳液破乳。

(2)将改性材料掺入乳化剂水溶液中，然后与胶结料同时进入乳化机械进行乳化。

该法的优点是：生产效率高、生产易控制、操作方便，而且黏度大、固含量高、储存稳定性相对较好。

该法的缺点是：胶乳要和乳化剂、稳定剂做适配调试，稍有不慎，乳化剂水溶液即会结絮，导致乳化失败。

用以上两种彩色胶结料乳液生产工艺，生产的彩色胶结料乳液成品，放置一段时间后都会出现改性剂析出的问题，故生产的路用彩色乳化胶结料，都要求尽快使用，确实需要储存的，成品储存罐上都必须安装搅拌装置，定期搅拌，以减缓改性剂析出。

长期以来，工程技术人员被禁锢在《公路筑养路机械操作规程》(JZ 0030—95)规定的两个流程以内，虽然提出了不少技术方案，但改性剂析出难题始终无法解决。

课题组在彩色胶结料乳液的长期生产实践中，也进行过大量的技改工作。比如在乳化机械的外壳上加装水冷却装置、在乳化机的出口加散热片以降低彩色乳化胶结料成品的温度而减少气泡的产生；胶结料和乳化剂水溶液都使用定量泵输送从而减轻因气化造成的系统压力不稳引起的流量波动；生产中使用稳定剂等。但实际效果仍然是产品质量没办法稳定，储存稳定性需要用大量的资金支撑。

为了彻底解决改性剂的析出难题，课题组详细分析了改性剂丁苯胶乳的改性原理并在此之上做了大量的试验。

通过了解组成路用彩色乳化胶结料的各种成分的性能，发现普通路用彩色乳化胶结料中，石油馏分油对许多石油副产品可以作为溶剂使用。经过试验室的大量试验，课题组发现普通路用彩色乳化胶结料中油溶性有机颜料和石油馏分油、石油树脂有良好的互溶性，容易形成均匀的混合体，乳化后乳液中的胶结料粒子密度相近、沉降速度相近，均匀性和稳定性都非常好。

而在路用彩色改性乳化胶结料中作为改性剂使用的改性剂如丁苯胶乳、SBS胶乳等，作为一种市场上的成熟产品，其胶乳粒径一般小于1μm，有些厂家作为宣传噱头，号称胶乳粒径达到纳米级别，其稳定性非常好。

既然丁苯胶乳作为改性剂使用时，只要被用物理的方法以一定的粒径均匀地分散到胶结料连续项中而形成网状结构，就可以起到改性作用，既然组成彩色胶结料乳液的油溶性有机颜料和石油馏分油、石油树脂有良好的互溶性，乳化后乳液的稳定性非常好，丁苯胶乳的稳定性也非常好，那么为什么不能把丁苯胶乳和彩色胶结料乳液分开储存，使用时临时搅拌混合，这样不是彻底解决了改性剂析出的问题吗？

在现行的路用改性彩色乳化胶结料生产工艺下，作为改性剂的胶乳都会经历一次高温过程，胶乳的老化不可避免，改性的功能会有较大的衰减。而采用改性剂胶乳和彩色乳化胶结料现场拌和，改性剂是在常温状态下分散到彩色乳化胶结料中，可以完全避免作为改性剂的胶乳的老化。

正是基于上述分析，经过反复研究和试验，并进行大量的实际工程验证，课题组提出将没有改性的彩色乳化胶结料作为乳液A和作为乳液B的丁苯胶乳分装储备，现场使用时再混合获得目的产物，彻底解决了上述技术问题，并在实际工程中大大延长了彩色胶结料的储存周期，延长了施工季节。在路用彩色胶结料的实际使用中，不同的使用条件下（如机动车道与机动车道、快车道与慢车道、小区道路、运动跑道等），改性剂的用量是完全不同的，不同使用目的的路用彩色乳化胶结料要用不同的储罐储存。课题组发明的分装储存技术，可以只需要储存乳液A和乳液B，起到了减少生产设备、施工灵活的作用。

课题组提出的路用彩色乳化胶结料新型配制方法的创新点在于以下两点。

（1）路用彩色乳化胶结料，分为乳液A和乳液B，其特征在于：

乳液A主要由浅色石油馏分油30～70份、石油树脂30～70份、油溶性有机颜料3～8份三者的均匀混合液乳化而成。

乳液B为丁苯热塑弹性体胶乳。

乳液A与乳液B按（80～95）∶（5～20）份数比例混合均匀，成为彩色胶结料乳液。

（2）路用彩色乳化胶结料制备方法的特征在于：乳液A和乳液B分装储备，现场使用时再混合获得目的产物。

3 对比试验

3.1 对比试验例 1

将浅色石油馏分油 28 份、石油树脂(软化点 120℃)68 份和油溶性有机颜料塑料中黄 HRG 4 份在 130℃±5℃下混合均匀后加入到 72 份 60℃±5℃十六烷基三甲基溴化铵水溶液中,通过乳化机械进行乳化即可得到乳液 A;将 95 份乳液 A 和 5 份 SBR 胶乳混合均匀即可得到产品。

本次试验于 2010 年 5 月 12 日进行,共生产 10kg 黄色改性路用乳化胶结料,3kg 送武汉交通能源新技术研究所公路工程检测室检测,7kg 在 G318 线 K986+400 处铺筑 700cm×40cm 超薄磨耗层一条。

从检测报告可以看出,黄色改性路用乳化胶结料的性能指标有两项不合格,其混合料性能指标有两项不合格。该配方失败。

3.2 对比试验例 2

将浅色石油馏分油 32 份、石油树脂(软化点 120℃)64 份和油溶性有机颜料塑料中黄 HRG 4 份在 130℃±5℃下混合均匀后加入到 72 份 60℃±5℃十六烷基三甲基溴化铵水溶液中,通过乳化机械进行乳化即可得到乳液 A;将 92 份乳液 A 和 8 份 SBR 胶乳混合均匀即可得到产品。

本次试验于 2010 年 5 月 31 日进行,共生产 10kg 黄色改性路用彩色乳化胶结料,3kg 送武汉交通能源新技术研究所公路工程检测室检测,7kg 在 G318 线 K986+400 处铺筑 700cm×40cm 超薄磨耗层一条。

从检测报告可以看出,该配方无论是路用彩色乳化胶结料性能指标还是其混合料性能指标,均符合规范要求,作为备选方案待选。

3.3 对比试验例 3

将浅色石油馏分油 35 份、石油树脂(软化点 120℃)60 份和油溶性有机颜料永固红 RB 5 份在 130℃±5℃下混合均匀后加入到 88 份 60℃±5℃烷基苯酚聚氧乙烯醚水溶液中,通过乳化机械进行乳化即可得到乳液 A;将 95 份乳液 A 和 5 份 SBS 胶乳混合均匀即可得到产品。

本次试验于 2010 年 6 月 18 日进行,共生产 10kg 黄色改性路用彩色乳化胶结料,3kg 送武汉交通能源新技术研究所公路工程检测室检测,7kg 在 G318 线 K986+400 处铺筑 700cm×40cm 超薄磨耗层一条。

从检测报告可以看出,黄色改性路用乳化胶结料的性能指标有一项不合格,一项在规范要求的下限,其混合料性能指标有一项不合格,两项在规范要求的下限。该配方失败。

3.4 对比试验例 4

将浅色石油馏分油 38 份、石油树脂(软化点 140℃)56 份和油溶性有机颜料永固橙 GC 6 份在 140℃±5℃下混合均匀后加入到 91 份 60℃±5℃烷基苯酚聚氧乙烯醚水溶液中,通过乳化机械进行乳化即可得到乳液 A;将 92 份乳液 A 和 8 份 SBR 胶乳混合均匀即可得到产品。

本次试验于 2010 年 7 月 8 日进行,共生产 10kg 黄色改性路用彩色乳化胶结料,3kg 送武汉交通能源新技术研究所公路工程检测室检测,7kg 在 G318 线 K986+400 处铺筑 700cm×40cm 超薄磨耗层一条。

从检测报告可以看出,该配方无论是路用彩色乳化胶结料性能指标还是其混合料指标,均符合规范要求,作为备选方案待选。

3.5 对比试验例 5

将浅色石油馏分油 42 份、石油树脂(软化点 140℃)50 份和油溶性有机颜料永固红 RB 8 份在 140℃±5℃下混合均匀后加入到 100 份 60℃±5℃十六烷基三甲基溴化铵水溶液中,通过乳化机械进行乳化即可得到乳液 A;将 95 份乳液 A 和 5 份 SBS 胶乳混合均匀即可得到产品。

本次试验于 2010 年 7 月 27 日进行,共生产 10kg 黄色改性路用彩色乳化胶结料,3kg 送武汉交通能源新技术研究所公路工程检测室检测,7kg 在 G318 线 K986+400 处铺筑 700cm×40cm 超薄磨耗层一条。

从检测报告可以看出,黄色改性路用乳化胶结料的性能指标只有蒸发残留物含量一项略差,其他指标全部合格,作为备选方案待选。

为便于分析,将试验例 1~5 的乳液 A 的组成进行对比,见表 3。

试验例 1~5 的乳液 A 的组成 表 3

组成(%)	试验例 1	试验例 2	试验例 3	试验例 4	试验例 5
浅色石油馏分油	28	32	35	38	42
石油树脂	68	64	60	56	50
油溶性有机颜料	4	4	5	6	8
水	72	77	88	91	100
阳离子乳化剂	5	4	5	4	5

从表 3 列出的试验例成分组成中可以看出,在备选的三组配方中,试验例 2 中起功能作用的石油树脂含量最高,乳化剂用量最少。若只从成分组成的角度选择,应选择试验例 2。

从表 4 可以看出,改性剂乳液 B 必须达到 8 份,所制成的路用彩色乳化胶结料才能达到规范规定的要求。

乳液 A 与乳液 B(浓度 40%)的比例 表 4

组成(%)	试验例 1	试验例 2	试验例 3	试验例 4	试验例 5
乳液 A	95	92	95	92	92
乳液 B	5	8	5	8	8
混合物质量	失败	好	失败	较好	合格

为便于分析,将试验例 1~5 的检测数据进行对比,见表 5。

试验例 1～5 路用彩色胶结料乳液检测数据对比 表 5

性质		试验例 1	试验例 2	试验例 3	试验例 4	试验例 5
破乳速度		慢裂	慢裂	慢裂	慢裂	慢裂
电荷粒子		阳离子(＋)	阳离子(＋)	阳离子(＋)	阳离子(＋)	阳离子(＋)
道路标准黏度 $C_{25,3}$(s)		59	58	58	53	49
筛上剩余量(1.18mm)(%)		0.07	0.01	0.05	0.09	0.06
储存稳定性	1d(%)	0.3	0.3	0.7	0.6	0.4
	5d(%)	3.5	1.7	3.2	4.6	2.9
蒸发残留物	含量(%)	63	62	61	60.5	59
	针入度(100g,25℃,5s)(0.1mm)	69	74	78	85	92
	软化点(℃)	52	55	51	53	53
	延度(5℃)(cm)	19	32	20	30	35
	溶解度(三氯乙烯)(%)	99.5	99	99.8	97.5	98
黏聚力试验	30min(初凝时间)(N·m)	1.2	1.4	1.2	1.3	1.3
	60min(开放交通时间)(N·m)	1.9	2..5	2..0	2..3	2.2
负荷轮碾压试验	黏附砂量(g/m^2)	430	400	450	410	420
	轮迹宽度变化率(%)	4	2	4	2.8	3
湿轮磨耗试验的磨耗值	浸水 1h(g/m^2)	540	510	540	520	530
	浸水 6d(g/m^2)	780	750	790	760	780
混合料车辙试验动稳定度(次/mm)		2 500	2 600	2 400	2 500	2 600
色彩稳定度(RGB 比值,环境温度 57℃,用紫外光连续照射试件 15d)(%)		70	75	69	60	66

从表 5 试验例 1～5 路用彩色胶结料乳液检测数据对比中可以看到：

道路标准黏度 $C_{25,3}$，在三个备选配方中，试验例 2 最高。因是作为超薄磨耗层，施工工艺为先洒布路用彩色胶结料乳液，然后抛撒石料，故希望乳液越黏越好。从这个指标考虑，应选择试验例 2。

储存稳定性，在三个备选配方中，试验例 2 最稳定。从这个指标考虑，应选择试验例 2。

蒸发残留物含量，在三个备选配方中，试验例 2 最高。因是作为超薄磨耗层，施工工艺为先洒布路用彩色胶结料乳液，然后抛撒石料，故希望乳液蒸发残留物含量越高越好。从这个指标考虑，应选择试验例 2。

蒸发残留物针入度，在三个备选配方中，试验例 2 最合适。从这个指标考虑，应选择试验例 2。

蒸发残留物软化点，在三个备选配方中，试验例 2 最高。从这个指标考虑，应选择试验例 2。

蒸发残留物延度，在三个备选配方中，试验例 5 最高，试验例 2 中等，试验例 4 最差。因延度指标超过规范一定数值后，再增加意义大不，从这个角度考虑，可选择试验例 5 或试验例 2。

黏聚力试验中，无论是初凝时间，还是开放交通时间，在三个备选配方中，试验例 2 都是最好的。从这个指标考虑，应选择试验例 2。

负荷轮碾压试验，无论是黏附砂量还是轮迹宽度变化率，在三个备选配方中，试验例 2 都是最好的。从这个指标考虑，应选择试验例 2。

湿轮磨耗试验的磨耗值，无论是浸水 1h 还是浸水 6d，在三个备选配方中，试验例 2 都是最好的。从这个指标考虑，应选择试验例 2。

混合料车辙试验动稳定度，从这个指标考虑，在三个备选配方中，可选择试验例 5 或试验例 2。

色彩稳定度，在三个备选配方中，试验例 2 最高。从这个指标考虑，应选择试验例 2。

综合考虑，选择对比试验例 2 的配方作为本课题的试验路生产基础配方，共计生产了 500m^2 试验路所需的黄色路用彩色胶结料乳液。试验路地段为罗源县境 X143 线 K13＋700～K13＋800、X143 线 K14＋200～K14＋300。

4　实施例

课题组在罗源县境 X143 线 K13＋700～K13＋800 处（西兰中学的两侧）、X143 线 K14＋200～K14＋300 处（西兰小学的两侧）各铺筑了 240m^2 的减速带。

西兰镇是著名的石材加工之乡，路面多重型卡车，而西兰中学处于长坡地带，过往车辆制动频繁。选择如此路段做试验路，对课题组是一个不小的考验。

实施例使用的石料是山东淄博产的黄色陶瓷颗粒（图 5），粒径 4mm，路用彩色乳化胶结料的 A、B 液（图 6）由福州市公路局罗源分局提供原料，武汉交通能源新技术研究所按对比试验例 2 的配方稍作调整后配制。路用彩色乳化胶结料的颜色和陶瓷颗粒的颜色完全一致，以保证所铺筑的路面颜色和谐。之所以选择陶瓷颗粒而不使用染色花岗岩（两者价格相差巨大，陶瓷颗粒的价格是染色花岗岩颗粒价格的 2～3 倍），是因为陶瓷颗粒通体色彩一致，即使陶瓷颗粒磨损后，其色彩仍能和路用彩色胶结料保持一致。

图 5　陶瓷颗粒及玻璃珠颗粒

图 6　彩色乳化胶结料 A、B 液

在西兰小学的两侧，村民为了保证学生安全，自制了高出地面 50mm 的水泥混凝土减速路障。因路面也是水泥路面，稍远即可能看不清，等驾驶员发现路障时，只能采取紧急制动。

加之西兰镇是石材之乡，车辆几乎都是重车且超载严重，课题组铺筑的减速带能不能经受如此恶劣的环境呢？为此，福州市公路局罗源分局的相关人员到现场进行了观察，课题组铺筑的减速带没有任何颗粒脱落，坚固异常。

课题组铺筑的减速带，车辆在上面行驶，和在没有铺筑减速带的路面行驶相比，驾驶员感觉不出噪声的变化。

课题组的研究，得到了福建省公路管理局、福州市公路局和相关部门的大力支持。铺筑试验路期间，福建省公路管理局、福州市公路局的相关领导曾亲临工地进行指导(图7)。

图7 福建省公路管理局、福州市公路局相关领导亲临铺筑工地指导

5 冷拌彩色胶结料路面技术指南

5.1 总则

(1)为加强冷拌彩色沥青路面的技术推广，根据相关国家标准和行业标准制订。

(2)适用于冷拌彩色胶结料路面的新建、改建及养护维修。

(3)严禁在施工气温低于10℃以及雨天、路面潮湿的情况下施工。

(4)配制彩色胶结料时不得采用有毒有害原料，禁止产生污染环境的气体，并配备防火设施。

(5)冷拌彩色胶结料路面上面层设计与施工应满足指南技术要求，其他结构层次应符合现行国家或行业有关标准、规范的规定。

5.2 冷拌彩色胶结料路面

5.2.1 一般规定

(1)冷拌彩色胶结料路面是指采用彩色胶结料以及集料经过冷拌和而铺筑的非黑色沥青路面。

(2)冷拌彩色胶结料路面结构一般作为微表处使用，原路面应符合现行国家或行业有关标准、规范的规定。

5.2.2 原材料技术要求

(1)胶结料

冷拌彩色胶结料路面使用的胶结料技术指标应符合表6的规定。

冷拌彩色胶结料路面使用的胶结料技术指标　　表6

检测项目		单位	技术要求
破乳速度			慢裂
电荷粒子			阳离子(+)
道路标准黏度 $C_{25,3}$		s	12～60
筛上剩余量(1.18mm)		%	不大于0.1
储存稳定性	1d	%	不大于1
	5d	%	不大于5
蒸发残留物(163℃)	含量	%	不小于60
	针入度(100g,25℃,5s)	0.1mm	40～100
	软化点	℃	不小于53
	延度(5℃)	cm	不小于20
	溶解度(三氯乙烯)	%	不小于97.5

(2)集料

①粗集料。粗集料应选用表面清洁、粗糙而富有棱角，质地坚硬，颗粒近似立方体的轧制碎石或陶瓷颗粒，其颜色应与路面颜色相近。

粗集料技术要求应满足表7的规定。

粗集料技术要求　　表7

技术指标	技术要求
压碎值(%)	不大于30
洛杉矶磨耗损失(%)	不大于35
针片状颗粒含量(%)	不大于15
表观相对密度	不小于2.45
吸水率(%)	不大于3.0
坚固性(%)	不大于1.2
水洗法(小于0.075mm含量)(%)	不大于1.0
与胶结料的黏附性等级(级)	不小于4
磨光值(PSV)	不小于38

②细集料。细集料可采用与粗集料相同石料轧制而成的机制砂、石屑等。细集料技术要求应满足表8的规定。

细集料技术要求　　表8

技术指标	技术要求
表观相对密度	不小于2.45
坚固性(≥0.3mm)(%)	不大于12
含泥量(小于0.075mm的含量)(%)	不大于5
砂当量(%)	不小于50
棱角性(流动时间)(s)	不小于30

③填料。填料采用石灰石等碱性岩石磨细的矿粉，外观应呈白色。矿粉必须存放于室内干燥的地方，在使用时必须保证干燥、不结团。矿粉技术要求应满足表9的规定。

矿粉技术指标要求 表9

技术指标		技术要求
表观视密度(g/cm^3)		不小于2.5
含水率(%)		不大于1
亲水系数(%)		不大于1.0
塑性指数		不大于4
外观		无团粒结块
粒度范围(%)	不大于0.6mm	100
	不大于0.15mm	90～100
	不大于0.075mm	75～100

④颜料。颜料是彩色胶结料路面色彩的来源，因此必须重视颜料的选择。目前颜料主要有无机颜料和有机颜料两种。有机颜料色彩鲜艳，但是价格昂贵、耐久性差。无机颜料价格便宜，耐光、热老化能力强，在长期使用下不易褪色。色彩宜在红、黄、蓝、白四色中选择。

5.3 施工注意事项(路用彩色乳化胶结料超薄磨耗层)

5.3.1 施工前的准备工作

(1)施工前应在拟施工路段的两边放置施工标志，提醒过往车辆减速慢行(图8)。

(2)若施工地段没有电源(220V，2kW)，应自备发电设备。

(3)若路面有坑槽，需先修补处理；若路面有油污、漏损的砂浆等，需进行打磨处理(图9)。

图8 施工现场放置的施工标志

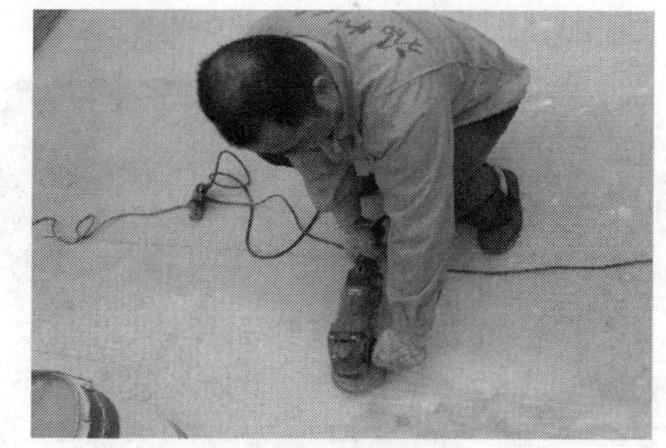

图9 施工人员进行路面打磨处理

5.3.2 施工

(1)先将拟施工路面清扫干净，路面不得留有灰尘(图10)。

(2)按规定的图形画线。

(3)按规定的图形贴胶带(图11)。注意：胶带必须与地面完全贴合，否则彩色乳化胶结料会顺着缝隙流出，造成成型后图案不规则。

(4)按比例配制封底胶水(图12)。注意：配制胶水前应正确估计胶水用量，配制的胶水只能一次用完。在规定的图案内均匀地涂刷封底胶水，用量以可以完全覆盖图案内的路面为准。

图 10　施工人员清扫路面

图 11　施工人员踏实胶带

(5)使用专用工具按比例混合 A、B 液，搅拌越充分越好(图 13、图 14)。

图 12　施工人员规定的图案内均匀地涂刷封底胶水

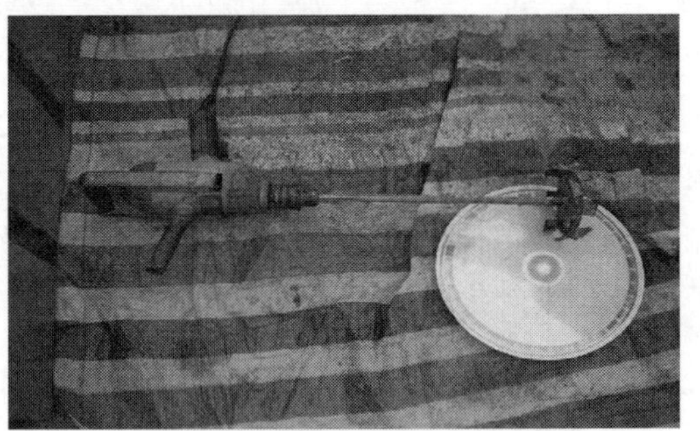

图 13　搅拌专用工具

(6)按规定的用量将混合好的路用彩色乳化胶结料涂刷到规定的图案上(图 15)。路用彩色乳化胶结料应严格按设计的用量均匀涂刷。若用量偏少，路面成型后会造成集料脱落；若用量偏多，路面成型后会造成抗滑性能减弱。涂刷时不要漏洒到图案之外，若不慎漏洒到图案之外，应立即将图案外的路用彩色乳化胶结料清理干净。

图 14　搅拌 A、B 液

图 15　按规定的用量将混合好的路用彩色乳化胶结料涂刷到规定的图案上

(7)路用彩色乳化胶结料开始破乳时及时撒布石料(图 16)，石料的撒布量以见不到路用彩色乳化胶结料为准。

(8)石料撒布 30min 后，清除贴在路面的胶带。注意：切不可等到回收集料时再清除贴在路面的胶带，那时胶带将极难清理。

(9)石料撒布60min后,将路面上多余的石料回收(图17)。

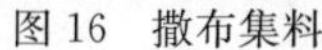

图16 撒布集料

图17 回收集料

(10)设置隔离线,开放交通前严禁车辆驶入(图18)。

(11)视天气情况,1～4h后开放交通(图19)。

图18 开放交通前的隔离线

图19 开放交通后的路面

(12)晚间路面反光情况见图20。

图20 晚间路面反光情况

5.4 验收标准

5.4.1 外观鉴定

(1)表面平整、密实,无泛油、松散、裂缝和明显离析等现象。

(2)彩色路面外观色泽均匀一致,无明显色差。

(3)施工接缝应紧密、平顺。

(4)与路缘石、平石及其他构造物衔接平顺,无污染、积水等现象。

检查数量:全部。检验方法:观察。

5.4.2 检查项目(表10)。

路用彩色乳化胶结料路面技术指标　　表10

技术指标		单位	标准值	实测值	评定
黏聚力试验	30min(初凝时间)	N·m	不小于1.2	1.2	合格
	60min(开放交通时间)	N·m	不小于2.0	1.9	不合格

续上表

技术指标		单位	标准值	实测值	评定
负荷轮碾压试验	黏附砂量	g/m^2	小于450	430	合格
	轮迹宽度变化率	%	小于5	4	合格
湿轮磨耗试验的磨耗值	浸水1h	g/m^2	小于540	540	不合格
	浸水6d	g/m^2	小于800	780	合格
色彩稳定度(RGB比值,环境温度57℃,用紫外光连续照射试件15d)		%	大于50	70	合格

乳化沥青在路面工程中的应用

摘　要:福州市公路局长乐分局在运用乳化沥青进行黏层油和防尘罩面保护层等方面的施工中,取得了良好的效果,具有借鉴和推广价值。

关键词:乳化沥青　路面工程　黏层油　防尘罩面保护层

1　引言

近几年,福州市公路工程建设大力推广乳化沥青应用技术,大量使用乳化沥青于路面建设和路面养护。目前福州市公路养护资金较为紧张,使用乳化沥青不仅减少了沥青加热过程中的耗能及环境污染,也减轻了养护工人的劳动强度,给公路的大中修工程、养护工程带来了极大的便利,取得了明显的效益。

2　乳液运用范围及性能和技术指标

(1)适用范围

①透层油和黏层油;

②稀浆封层;

③防尘罩面;

④乳化沥青碎石;

⑤乳化沥青混合料。

(2)性能和技术指标(表1、表2)

基础沥青性能及乳液配方　　表1

基础沥青	沥青性质			乳液配方比例(%)	
壳牌	针入度(25℃,100g)(1/10mm)	延伸度(25℃)(cm)	软化点(℃)	沥青∶水	乳化剂 FLR—Z∶HCL
70	73	56	50	56∶44	50∶13.5

沥青乳液的性能　　表2

乳液性能					蒸发残留沥青性能		
颗粒直径(μm)	黏度 $C_{25,3}$(s)	筛上剩余量(%)	沥青含量(%)	储存稳定性(5d,%)	针入度(25℃,5s,100g)(1/10mm)	延伸度(25℃)(cm)	软化点(℃)
<5	19	0.2	55.1	2.5	72	52	49

(3)矿料的要求

①粗集料:碱性石料(可以使用潮湿石料)一般情况下使用碎石砾石(在 5mm 以上且 75%以上必须至少有一个破碎面)。

②细集料可用砂和石屑。

③填料一般使用矿粉,要求与热拌沥青混合料性能相同。

3 阳离子中裂乳化沥青(乳液)作为黏层油的应用

(1)中修热拌沥青碎石的黏层油

①由于乳液含有 45%～50%的水分,所以相应比热沥青稀释、黏性小。作为黏层油,其洒量在 0.8～1.0kg/m² 之内符合技术规范。它能均匀地黏附在旧沥青路面上,而且可以利用小型喷油车在分段面积内控制油量。施工长度多少就喷洒多长乳液,不影响交通。如果发现部分路段油量过大,可用扫帚清扫均匀。熟练的技术工人很容易掌握乳液用量,做到均匀而数量准确。该乳液能保证新铺油路和旧路面牢固黏结,不会因部分少油而脱皮,也不会因数量过多而出现泛油现象。比较热沥青作为黏层油,必须使用大型动力较好的洒布车才能均匀洒布,但易造成洒布面积过大,线路过长会影响行车;一般动力较差的洒布车很难均匀洒布旧路面,且容易造成部分油少使面层脱皮,部分油多使面层泛油。

②由于乳液稀释,流动性大,加之现在旧沥青路面裂缝较多,乳液会渗透到裂缝中去,起到封闭裂缝作用,并提高旧路面强度,延长已老化沥青路面寿命。若裂缝较大、较多,乳液用量可提高至 1.5～2.0kg/m²,且乳液可加水,提高含水率至 55%～60%,使乳液能较快渗透到裂缝中去,不在路面上流淌。油量可以让熟练的技术工人操作,保证不造成泛油。在青闸线 K13～K16、玉福线 K1～K3、峡梅线 K33～K38 路段沥青贯入式上加铺 2.5cm 沥青碎石路面。该路段路面使用周期都在 8 年以上,且旧路面已老化,铺设以后未进行大中修,裂缝较多。采用乳液为黏油层的新铺沥青碎石通车 2～3 年之后,极少发现路面出现反射裂缝,说明渗透乳液起到一定作用。

(2)在水泥混凝土路面上铺设调拱调坡沥青混合料的黏油层

①1998 年 9 月,长乐分局接养峡漳公路后,发现 K4＋700 左侧长 100m 路面倾斜 2%～3%,K7＋200 处桥头两端严重下沉,影响行车安全。从经济效益来看,采用凿除旧水泥路面、重新铺水泥混凝土路面要投入较多的资金建设。而从路基尚未足够稳定的情况考虑,进行沥青混合料调整路拱及纵坡过度使用比较节省造价。需主要解决的问题是沥青混合料和刚性水泥混凝土路面黏结牢固的问题。以往采用热沥青作为黏层油效果不理想,容易使面层脱皮,此次采用乳化沥青作为黏结层。

②把乳液稀释到含水率 60%,使乳液具有良好的流动性和渗透性。喷洒乳液 1.0～1.3kg/m²,乳液会渗透到水泥混凝土路面空隙及水泥面层压纹中,使得乳液破乳后沥青层与水泥混凝土面层形成牢固的整体性。面层所具有的黏附性与新铺的沥青混合料又形成整体性,这样沥青混合料面层与水泥混凝土路面就牢固地结合在一起。经过一年多行车考验(日换算交通量 1.2 万辆左右),未出现脱皮、松散现象。

4 阳离子中裂乳化沥青铺设防尘罩面保护层的应用

(1)对于日交通量较少,一般在1 000辆以下的路面,为改善砂土路面,铺设防尘罩面保护层效果较好。一般要求砂土路必须平整,路拱度在2.5%~3.5%,铺设1cm厚的防尘罩面保护处理面层。对于现有砂土路面平整度,路拱度较差路段必须铺设6~8cm泥结碎石路面调整层,以保证砂土路面的平整度以及路拱度达到要求。长乐公路分局在青闸线K9~K12路段(日换算标准交通量930辆),铺设乳化沥青防尘罩面面层近三年时间,未发现大面积破损,仅进行了部分小坑槽的修补。

(2)防尘罩面保护层的施工

①施工前的准备工作:检查原有砂土路面平整度及路拱度,清扫表面尘土至干净。计划安排施工人员数量,安排好工艺程序,保证按规范进行操作。

②施工机械准备工作:小型喷油车一部或大型洒布车一部,8t光轮压路机一台及配套设备。

③路面材料备用:如果用大型洒布车,可直接到油站拉运乳液;如果用小型洒布车,必须有一部4.5t油罐车备满乳液停放在工地。第一层碎石规格5~12mm,用量$10m^3/1\ 000m^2$;第二层石屑规格3~5mm,用量$5m^3/1000m^2$。成型层中砂用量$3m^3/1\ 000m^2$。

④施工放样工作:路面中线及路面边线用绳子两端系小石子每10m一条,从两边放出,保证中线、边线顺直,保证路宽。特别是用小型油车时可分段计算面积,控制乳液用量。

⑤施工阶段工作:

a. 喷洒透层油$1\ 000kg/1\ 000m^2$,均匀地洒布在两线之间。喷洒乳液过多应用扫帚清扫到过少路段,喷洒乳液过少应及时补上。用大型喷油车洒布时往路拱方向流淌的乳液,施工人员应及时扫向路面中心线,保证路幅内油量均匀。

b. 待乳液破乳变黑后铺上第一层碎石$1.0m^3/10m^2$,均匀铺筑平整后,用8t压路机由边线往中线重叠1/3轮碾压。

c. 喷洒第二次乳液$1\ 600kg/1\ 000m^2$,由中线往边线洒布。用小型喷油车洒布时由熟练的技术工人掌握喷油数量。当乳液流淌到边线时,边缘可少洒布,中线部分不足部分补足油量。

d. 待第一层碎石的乳液破乳变黑后,铺筑第二层石屑$0.5m^3/100m^2$,均匀地嵌在第一层碎石中。用8t光轮压路机重叠1/3轮,碾压2遍(不能碾压过多,以免压碎石屑)。

e. 喷洒第三次乳液$1\ 200kg/1\ 000m^2$,也是由中线往边线洒布。按照c工艺程序掌握油量。

f. 待乳液破乳变黑后,铺筑中砂$0.3m^3/100m^2$,均匀洒在石屑上,不均匀时可用扫帚扫均匀,然后由8t光轮压路机碾压2遍。

g. 成型养护:随后开放交通,但必须设好路障,严格控制车速在20km/h,让车辆均匀地从路面上驶过,使铺设层在行车作用下互相推移达到密实,2h后正常开放交通。

5　结语

在使用过程中存在乳化沥青品种单一、没有快、慢裂乳液的问题。对于黏层油，采用中裂乳液需要等待约2h才能破乳，脱水后进行上层铺设。如果有快裂乳液就可以快速破乳，短时间内铺设面层，对于交通管制和工序安排有较多好处。另外，乳化沥青生产基地生产乳液质量不能保证，乳液含油量不稳定。不合格乳液出厂后造成路面松散，影响质量且浪费资金。

浅谈沥青计量仪表的选择

摘　要:本文从性能要求、沥青特征、经济因素三个方面探讨了选择沥青计量仪表时应注意的问题。

关键词:沥青计量　仪表选择

沥青计量,是长期困扰公路、市政部门工程技术人员的一个难题。据有关科研机构调查,在我国公路、市政部门使用的沥青计量仪表中有 2/3 不是最适合的,在另 1/3 中又有 1/3 被错误地布置和安装。由此可见,在沥青计量中正确选择和使用流量仪表是多么困难。

正确选用沥青计量仪表,除了熟悉仪表特性外,同时还要考虑经济因素。一般情况下,应从以下几个因素考虑。

1　性能要求

(1)计量目的

计量目的有两类:测量瞬时流量和累积总量。在管道连续配比生产或过程控制中,如乳化沥青的生产中,某些沥青混凝土拌和设备等,主要用于测量瞬时流量;油库进出油计量等,主要用于计量总量。一般情况下,容积式流量计、涡轮式流量计等的测量原理是以机械计数或脉冲频率输出直接得到总量,具有较高的精确度,适用于累积总量计量,配上相应的发信装置亦可计量瞬时流量。电磁流量计、超声流量计等仪表,则是以测量流体流速推导出流量,响应快,适用于过程控制,配上积算功能环节后亦可计量累积总量。

(2)精确度

在选择沥青流量仪表时,如何确定精确度,一般情况下应考虑:①整体的测量精确度要求是多少?②是在某一特定流量下使用,还是在某一流量范围内使用?③在什么测量范围内保持精确度?④所选仪表的精确度能保持多久?⑤是否易于重新校验?⑥是否要现场在线校对仪表精确度?

仪表如果不是单纯计量总量,而是应用在流量控制系统中,则仪表的精确度必须与控制系统的精确度相一致。各类仪表的精确度见表 1。

用于沥青油库等要求较高精确度的仪表,在选用时还应考虑精确度的持久性,是否易于校验以及是否可在线校验。

需要注意的是,仪表上标注的误差百分率一般是指引用误差(测量上限值或量程的百分率,常用%*FS* 表示),而非相对误差(测量值的百分率,常用%*R* 表示)。当使用仪表量程的1/2测量时,同样的绝对值实际测量误差可能比标定值大许多。

仪表性能选择因素数据　　表1

流量计类型			精确度（基本误差）(%R 或%FS)①	重复性	范围度	测量参量③	响应时间
差压式	孔板式		(1～2)FS	②	3∶1	Q	②
	喷嘴式		(1～2)FS	②	3∶1	Q	②
	文丘里管式		(1～2)FS	②	3∶1	Q	②
	弯管式		5FS	②	3∶1	Q	②
	楔形管式		(1.5～3)FS	②	3∶1	Q	②
	均速管式		(2～5)FS	②	3∶1	U_m	②
浮子式	玻璃锥管式		(1～4)FS	(0.5～1)FS	(5～10)∶1	Q	—
	金属锥管式		(1～2.5)FS	(0.5～1)FS	(5～10)∶1	Q	—
容积式	椭圆齿轮式	液	(0.25～0.5)R	(0.05～0.2)R	10∶1	T	<0.5s
	腰轮式			(0.05～0.2)R	10∶1	T	<0.5s
	刮板式	气	(1～2.5)R	(0.01～0.05)R	(10～20)∶1	T	<0.5s
	膜式		(2～3)R	无数据	100∶1	T	<0.5s
涡轮式		液	(0.2～0.5)R	(0.05～0.5)R	(5～10)∶1	Q	5～25ms
		气	(1～1.5)R				
电磁式			0.2R～1.5FS	0.1R～0.2FS	(10～100)∶1	Q	>0.2s
液体振荡(漩涡)式	涡街式	液	R	(0.1～1)R	(5～40)∶1	Q	>0.5s
		气	2R				
	旋进式		(0.5～2)R	(0.25～0.5)R	(10～30)∶1	Q	—
超声式	传播时间		0.5R～5FS	0.1R～0.4FS	(10～300)∶1	Q	0.02～120s
	多普勒法		(2～5)FS	(0.5～1)FS	(5～15)∶1	Q	—
靶式			(1～5)FS	—	3∶1	Q	—
热式			(1.5～2.5)FS	(0.2～0.5)FS	10∶1	Q	0.12～7s
科氏力质量式			(0.2～0.5)R	(0.1～0.25)R	(10～100)∶1	Q	0.1～3 600s
插入式(涡轮、电磁、涡街)			(2.5～5)FS	(0.2～1)R	(10～40)∶1	U_p	④

注：①R为测量值，FS为流量上限值。
②取决于差压计。
③Q为流量，T为流过体积，U_m为平均流速，U_p为点流速。
④取决于测量头类型。

(3)重复性

重复性由仪表原理本身与制造质量所决定，是过程控制应用中的重要指标；而精确度除取决于重复性外，尚与量值校准标定系统有关。严格地说，重复性是指在环境条件和介质量等不变的情况下，对某一流量值短时间内同方向进行多次测量的一致性。然而实际应用中，仪表的

重复性常常受流体黏度、密度等参量变化的影响。比如浮子式流量计受液体密度影响、小口径仪表受黏度影响、涡轮式流量计使用高黏度范围时受黏度影响、超声式流量计受流体温度影响等。考虑到沥青输送计量时均处于高温、高黏状态,因而涡轮式流量计、超声式流量计使用受到一些限制。

(4)线性程度

流量仪表输出主要有线性和非线性平方根两种。大部分流量仪表的非线性误差不单独列出,而是包含在基本误差内。当选用的流量计用于管道配比时,应尽量选择线性输出仪表,以简化计算过程。

(5)上限流量和流量范围

上限流量也称满度流量。流量仪表的口径应按被测管道使用的流量范围,以及被选仪表的上限流量和下限流量来选配,而不是简单地按管道通径配用。一般情况下,要求被测管道的流量值在仪表上限的 2/3 处为佳。

(6)范围度

范围度为上限流量和下限流量的比值。其值愈大,流量范围愈宽。线性仪表有较大的范围度,一般为 10∶1;非线性仪表的范围度较小,通常仅为 3∶1。

有些仪表厂家为表示其范围度宽,把最大上限流量,提得很高,液体达到 7～10m/s,实际上这么高的流速一般很少用到。范围度宽的关键是有较低的下限流速,以适应测量需要。因此,下限流速低的宽范围度的仪表才是实用的。

(7)输出信号特性

输出信号往往左右仪表的选择。流量仪表的输出和显示量归纳为四个方面:①流量(体积流量或质量流量);②总量;③平均流速;④点流速。有些仪表输出电流(或电压)模拟量,另一些输出脉冲量。模拟量输出一般认为适用于过程控制,易于和执行机构接配;脉冲量输出适用于总量和高精度测量流量。长距离信号传输时脉冲输出比模拟量输出有较高的传送准确度。输出信号的方式和幅值还应与其他设备相适应,如控制接口、数据记录口、报警装置、断路保护回路和数据传输系统等。

2 沥青特性

沥青在不同的温度条件下,显现不同的物理状态,一般常温状态下为固态,50～90℃为非牛顿流体,90℃以上为液态。当用流量仪表计量时,一般需加热到液态,因而具有高温、高黏的特性,在选择计量仪表时应考虑下列因素。

(1)温度:沥青在不同的温度下,密度是发生变化的,特别是在油库等物流交接场所。要求较高的管路配比系统,所选择的计量仪表应具有信号适配技术,对密度的变化能自动修正。对温度的适应性来讲,一般情况下,压差式仪表较适应,容积式仪表、超声式仪表、靶式仪表、科氏力质量式仪表在一定条件下适用,其他类型不适用。

(2)黏度:沥青在不同的温度下,黏度是发生变化的,而黏度对各类仪表的影响程度不一。电磁式仪表、超声式仪表、科氏力质量式仪表在很大黏度范围内可以认为不受液体黏度影响;容积式仪表的误差特性和黏度有关,略受影响;浮子式仪表、涡轮式或涡衔式仪表的使用受到限制。

黏度对不同类型流量仪表范围度的影响各异。对大部分容积式仪表,黏度增大范围度扩大，而涡轮式或涡街式仪表则相反，黏度增加范围度缩小。

(3)保温方式

沥青计量仪表在工作中应保持相对的高温，以使沥青不致在流经计量仪表时一时温度下降过快而影响计量；同时在开始工作前，还应有加温预热能力，以确保仪表内的残存沥青融化升温。因而在选择沥青计量仪表时，仪表的预热保温方式是很重要的一个考虑因素。一般情况下，若系统有导热油或蒸气供应时，应尽量考虑带夹套的仪表，否则，应考虑电加热方式。现在的电加热元件很多，如电热板、电热片、电热带等，但无论哪种电热元件，一定要考虑用电安全。

3 经济因素

选择沥青计量仪表时，只考虑仪表购置费是不全面的，还应考虑其他费用。如附件购置费、安装调试费、维护校验费、运行费和备件费等。

(1)安装费用

各类仪表的安装费用相差巨大，选择沥青计量仪表时，应对此问题作详细的调查。

安装费用还应包括运行所需阀门、过滤器等辅助件费用。

(2)运行费用

运行费用主要是工作时的能量消耗以及计量过程中推动流体通过仪表的能量消耗所产生的费用，亦即克服仪表因测量产生压力损失的泵送费用。泵送费用是个隐蔽性费用，往往被忽视。一台大口径仪表一年的泵送费用往往与仪表购置费相当。因而选择沥青计量仪表特别是大口径计量仪表时，此因素较重要。

(3)维护费用

维护费用为仪表投入使用后保持测量仪表正常工作所需费用，主要包括维护劳务和备件费用。一般情况下，有运动零部件的仪表一般需要较多的维护工作。

(4)备件费用及其可购置性

备件费用通常随着仪表性能提高的程度而增加。选择沥青计量仪表时，要考虑备件价格和可购置性。选择不当，往往会造成因备件问题而更换整台仪表。

(5)技术服务

供应商的技术服务水平是选择沥青计量仪表应相当重视的一个因素。一般情况下，国内有生产基地的供应商有着较强的服务能力和较快的响应速度，而代理商相对差一些。

参考文献

[1] 虎增福.乳化沥青及稀浆封层技术[M].北京：人民交通出版社，2001.

[2] 蔡武昌，孙淮清.沥青测量方法和仪表的选用[M].北京：化学工业出版社，2008.

沥青输送管路的导热油自循环研究

摘　要:沥青输送管路(特别是移动式筑、养路机械)的导热油伴热问题,多年来一直困扰着筑、养路机械设备的设计者和使用者。本文着重探讨利用供暖系统热水自然循环的原理,解决沥青输送管路(特别是移动式筑、养路机械)的导热油伴热问题。

关键词:供暖系统　自然循环　沥青管路　伴热

1　前言

沥青输送管路(特别是移动式筑、养路机械)的伴热问题,是多年来一直困扰着筑、养路机械设备设计者、使用者的难题。许多筑、养路机械设备,因沥青输送管路(特别是移动式筑、养路机械)的伴热问题处理不好,而不得不临时用明火烘烤,从而导致受热零部件受损,缩短设备使用寿命,增加设备操作难度,严重的甚至导致使用者拒绝使用。本文着重探讨利用供暖系统热水自然循环的原理,解决沥青输送管路(特别是移动式筑、养路机械)的导热油伴热问题。

2　沥青输送管路(含泵、阀)的“套管(夹层)保温”简介

沥青输送管路(含泵、阀)的“套管(夹层)保温”,如图1所示。在沥青输送管路的外面套上一层管(在泵、阀的壳体外加上夹套),夹层中通以传热介质,传热介质通过热传导的方式将热量传给管路(含泵、阀)中的沥青。传热介质不断循环,将热源的热量源源不断地传给管路(含泵、阀)中的沥青,从而使沥青保温、升温。传热介质一般为蒸气或导热油,但蒸气已在逐步淘汰。

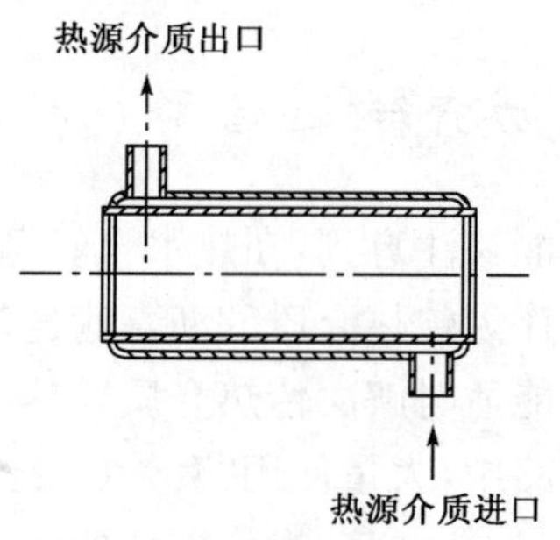

图1　沥青输送管路(含泵、阀)的“套管(夹层)保温”示意图

3　沥青管路(含泵、阀)的“套管(夹层)保温”

沥青输送管路(含泵、阀)的“套管(夹层)保温”,是沥青管路(含泵、阀)的所有伴热方式中使用最安全、运行最经济、操作较方便的一种,大、中型设备一般都采用此种方法。但此种方式一次性投资较大(含有夹层的泵、阀是普通泵、阀价格的2～3倍),而且有一个致命的弱点,就是必须要有加热介质的热源,且热源的投资有时会与整套设备价格相仿。对移动式筑、养路机械设备而言,电源的接入,亦是必须考虑的问题。

那么,能否找到一种沥青输送管路的伴热方式,使其既具有“套管(夹层)保温”伴热方式使用安全、运行经济、操作方便的优点,又具有其他保温伴热方式一次性投资很小、安装使用简

单、维修更换方便的优点，同时，可以利用热沥青余热加热伴热介质、利用热沥青的热能驱动伴热介质循环，从而达到省去介质油炉和不依赖外界电源的目的呢？经过多年的试验与摸索，利用供暖系统热水自然循环的原理，解决了沥青输送管路（特别是移动式筑、养路机械）的导热油伴热问题。

4 供暖系统内热水自然循环的原理

在供暖系统（图 2）中，由于系统内各部分吸收的热量不相等，使水产生重度差而形成水循环。在散热器所处的一部分管路中，管路处于散热状态，因而管路中的水温度较低，由于重度大而向下流动；而在加热炉所处的一部分管路中，因大量吸收热量，管路中的水有一部分汽化成气泡，形成汽水混合物，由于重度减小而向上流动，在上升管路与下降管路的交汇处蒸气被分离出来，水继续流入下降管路进行再循环。

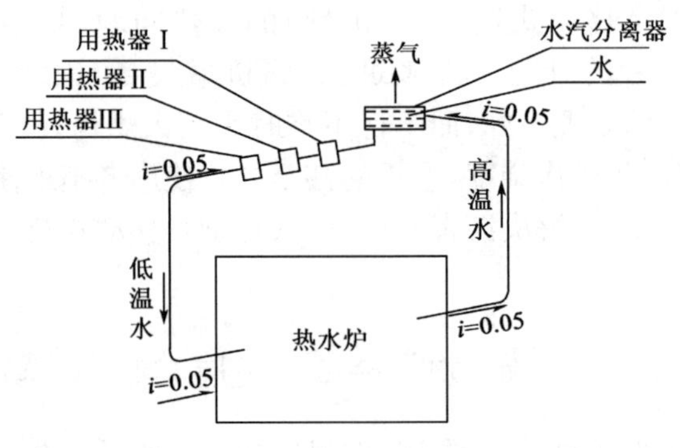

图 2　供暖系统示意图

5 沥青输送管路(含泵、阀)的导热油自然循环伴热系统的建立

能够注意到，在热水自然循环时的供暖系统中，传热介质是不需要强制循环的。如果在导热油作为传热介质的沥青输送管路（含泵、阀）中，能够做到传热介质导热油不需要强制循环，而又能适时解决传热介质导热油的加热问题，那么，就能在移动式筑、养路机械设备的沥青输送管路中，大量使用"套管（夹层）保温"伴热方式，使其既具有"套管（夹层）保温"伴热方式使用安全、运行经济、操作方便的优点，又具有其他保温伴热方式一次性投资很小、安装使用简单、维修更换方便的优点，同时，可以利用热沥青余热加热伴热介质，从而达到省去介质油炉和不依赖外界电源的目的。

依据供暖系统热水自然循环原理，制订出沥青输送管路（含泵、阀）的导热油自然循环伴热系统原理图（图 3）。

在图 3 中，散热部分含有夹层沥青输送管路、保温输油泵、保温阀门等；加热部分可以采用炉膛内直接加热、电加热、两相闭式热虹吸管加热等，亦可使用沥青余热换热装置，直接利用沥青余热。

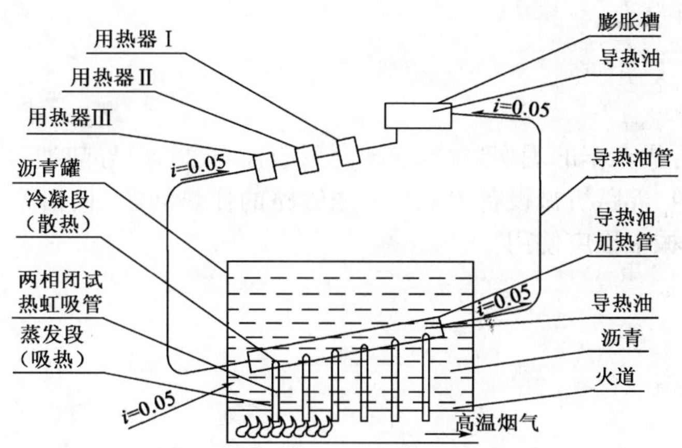

图 3 利用两相闭式热虹吸管的沥青输送管路
（特别是移动式筑、养路机械）热动力自循环伴热方式原理图

6 使用沥青输送管路（含泵、阀）的导热油自然循环伴热系统时应注意的若干问题

（1）导热油加热管可根据需要多根并联，其出油口必须安装直通大气的卸压管。卸压管应在导热油凝结温度以上的环境中工作（为此膨胀槽一般安装在沥青罐内），以保证不出现凝结现象。卸压管上严禁装阀门，并应保证卸压管不被脏物堵塞，从而避免导热油加热管承压爆炸。

（2）导热油进、出油管不可以同时安装阀门，以免意外关闭，使导热油加热管承压爆炸。

（3）为了达到良好的散热效果，用热器与导热油加热管要保持一定的垂直距离，用热器中心应比导热油加热管中心高度高出 50cm 以上。

（4）导热油供油管和回油管坡度为 0.05（每米长度的两端高度相差 5cm）。严禁出现局部反坡现象，如不能避免，应在反坡的最高点加装排气管。

（5）为减少流动阻力，应尽量减少管线长度（双层管的长度一般不大于 15m），减少管路拐弯。

（6）导热油加热管、用热器等与系统的连接应使用法兰，以便维修。

（7）系统最低点应装排污阀，系统的最高点应装排气管，排气管最高点应高于膨胀槽顶部。

7 应用实例

于 2006 年按图 3 的原理，改装了一台 3.5t 沥青洒布车。在原洒布车的火道上，加上了三根导热油加热管（每根上有 10 支两相闭式热虹吸管），膨胀槽置于沥青罐内，导热有进油、回油管路，坡度 $i=0.05$，用热器 I 为带夹层沥青齿轮泵，用热器 II 为带夹层三通旋塞阀，用热器 III 为带套管的沥青输送管。该车装上 170～180℃的热沥青 30min 后，沥青泵、三通阀的非夹层部分的温度都大于 80℃，沥青齿轮泵、三通阀、沥青输送管路都处于正常工作状态。在沥青洒布过程中，不管工作时间多长，只要沥青温度大于 140℃，沥青齿轮泵、三通阀、沥青输送管路就一直处于正常工作状态。

8 结语

通过对改装沥青洒布车的观察总结，发现利用沥青输送管路导热油自循环伴热方式，能够很好地解决移动式筑、养路机械设备中沥青输送管路的伴热问题，且相关费用非常低廉，可以在移动式筑、养路机械中推广使用。

第二部分　研 究 报 告

超载作用下混凝土梁抗弯性能退化试验研究

摘　要：目前，桥梁超载已经成为一个十分普遍的现象，对桥梁结构造成了不可忽视的破坏作用。研究超载对桥梁承载力和使用性能的影响，探索桥梁在超载作用下的承载力退化机理，可为桥梁超载能力评估提供理论依据；同时对提高桥梁管理水平，保障桥梁使用安全，具有重要的理论和实际意义。

关键词：超载　混凝土梁　抗弯性能

本文通过对部分预应力混凝土梁(PPC)及钢筋混凝土梁(RC)进行抗弯超载试验，探讨超载作用下混凝土梁抗弯性能及承载力退化机理。主要工作如下：

(1)进行了11片无黏结部分预应力混凝土梁及4片普通钢筋混凝土梁的抗弯超载试验，考查超载及重复加载对混凝土梁使用性能的影响。

(2)考查了荷载等级、超载幅值及超载次数对梁体动力特性的影响。

(3)比较研究了RC、PPC梁超载损伤后梁的抗弯动刚度和静刚度的退化规律。

(4)建立了混凝土梁的非线性有限元模型，并进行了全过程非线性分析。

(5)进行了承载能力和动静刚度退化的简化理论公式推导，并与试验结果和有限元分析进行对比。

得到的主要结论如下：

(1)部分预应力混凝土梁经过重复超载之后，极限承载力有所退化(5.4%～7%)；普通钢筋混凝土梁在超载后极限承载力退化不明显。正常使用极限承载力在重复超载作用下进一步退化，部分预应力混凝土梁的退化幅度达16.2%～26.6%；过大的超载，会导致部分预应力混凝土梁不满足正常的使用要求，而钢筋混凝土梁退化幅度可达2.4%～12.2%。

(2)超载损伤使混凝土梁具有更大的裂缝宽度，裂缝分布也更加密集，同时梁具有更大的挠度变形；非预应力钢筋配筋率增大对重复超载引起的刚度下降具有一定的削弱作用。

(3)混凝土梁在荷载损伤之后，其各向各阶振动频率随着荷载等级的提高而降低，当荷载等级达到屈服荷载时，其低阶频率的下降才较为明显。重复超载次数对混凝土梁振动频率的影响并不是很显著。

(4)部分预应力混凝土梁动刚度 K_f 与抗弯静刚度 B 都随着荷载的增加而不断降低。对于重复超载作用，动刚度退化表现并不明显，而静刚度退化较为显著，一般随着配筋率的降低或超载幅值的增加而增大。提出的重复超载导致的静刚度退化模型与实测较为吻合。

(5)建立的非线性有限元模型能够较好地模拟RC、PRC梁的抗弯受力性能，特别是梁屈服前的受力性能；有限元模型梁的分析结果与试验结果较为吻合。

(6)在试验及数值分析基础上提出 RC、PRC 梁的屈服及极限承载能力简化计算公式，计算结果与实测结果相比主要误差在 10%以内。理论计算与试验结果的比较分析再次说明：超载确实会给结构承载力带来不可忽视的影响。

(7)在试验及数值分析基础上提出了 RC、PRC 梁抗弯刚度的简化计算公式，计算结果与实测结果相比主要误差在 10%以内，超载对梁的挠度变形等使用性能将会产生较大影响。

1 绪论

随着我国国民经济和社会的迅速发展，道路桥梁的交通流量逐年增大，尤其是大型车辆数量猛增，桥梁超载现象日趋严重，给人们的生命安全和国家财产带来了极大的损害。2004 年 6 月 10 日，辽宁省盘锦市田庄台大桥由于一辆超载货车的重压，造成了大桥北起第 15 孔的悬臂端突然断裂，导致挂梁脱落(图 1)。2006 年 4 月 16 日凌晨，深汕高速公路往深圳方向龙岗段(距起点 500m 处)一座跨度 16m 的空心板梁桥因一辆超载 20 多吨的大货车通过而发生半幅坍塌(图 2)，而行驶在深汕高速公路上的货车几乎都超载。同天上午，连接广州增城三江镇和东莞石碣镇的江龙大桥，由于通往石碣镇方向的桥体出现下沉及桥面发生断裂(图 3)，万余辆由增城开往东莞的车辆不得不改道而行。2007 年 5 月 13 日凌晨 5 时 15 分，省道 232 线位于常州南部主干道漕桥附近的运村运河大桥(系杆拱桥，1997 年建成)因一辆客车和一辆百吨的超载车辆快速经过，导致桥梁振动加剧，桥肋发生明显晃动，西半幅突然坍塌(图 4)。2007 年 7 月 8 日凌晨 2 时许，贯穿山西省东西方向的 309 国道席坊村路口的钢筋混凝土板梁桥，被一辆满载 60 余吨原煤的超载车压塌(图 5)，两端车辆拥堵数公里，交通被迫中断。由于大量超载车辆的行驶，导致桥梁的使用寿命大大降低，特别是这种超载造成材料的疲劳，极易发生脆断。而超载车辆快速过桥，加剧桥梁振动，或超载车辆超过桥梁的承载能力，都会直接导致桥梁坍塌，给人们的生命财产带来不可预测的消极影响和重大危害。因此，掌握桥梁的超载性能以及超载作用下的损伤发生与发展机理，探索桥梁在超载下的承载力退化机理，对评价超重车辆过桥或桥梁超载对桥梁承载力的影响，提高桥梁管理水平，具有较为深远的社会经济意义和实用价值。

图 1 盘锦市田庄台大桥因超载垮塌

图 2 深汕高速公路一座空心板梁桥因超载坍塌

图3 广东江龙大桥出现下沉及桥面发生断裂

图4 常州运村运河大桥在超载车辆经过后坍塌

1.1 超载社会现状

(1)超载的原因

据统计,在1974～1984年的10年间,我国先后完成了化工、石油、电力、冶金、矿山等部门的大型设备运输近7万余吨,其中100t以上的达230件,最长的达到74.37m,最重的达484t,最宽的达12.3m。到1994年底,我国公路新增大型运输企业92家,拥有100～800t挂车218辆。10多年来,随着交通物流和大型建设项目在全国范围内启动和迅速发展,大型物流运输企业和车辆的不断涌现,以及行业不正当竞争,运费偏低,致使超载成为满足运输经济效益的必然选择。例如在内蒙古、河南、山西、陕西、河北等省部分地区的运煤公路上,车辆几乎全部超载。除此以外,部分运输户不服从管理私自改造车辆,加长、加宽货箱,为了追求短期经济效益而进行了大量的超载运输,使超载成为具有"中国特色"的普遍现象。

图5 山西省309国道一板梁桥在运煤车重压下坍塌

在国外,美国、芬兰、瑞典、南非等许多国家也出现了车辆超重运输问题。南非全国公路上有20%～30%的重型运输超重,超重车辆造成的路面损坏大约占到全国公路网的60%,每年损失达1 000万美元以上。有资料显示:当车辆轴重荷载达到限定轴重荷载的2倍时,视道路等级不同,造成的损坏程度为限定荷载的4～60倍。因此,如何减少超重车辆运输造成的公路网损失问题引起了相关国家的很大关注。

此外,我国在20世纪90年代以前建设的桥梁(约占到桥梁总数的30%),荷载等级普遍较低。1974年以前我国尚无高速公路,也不存在汽车专用公路与一般公路的区别,但随着公路网的重新划分,必然造成部分公路等级的提高,从而致使桥梁承担的荷载等级要求也会相应提高,原有按汽—13、拖—60设计的桥梁,目前实际按汽—15、挂—80甚至是汽—20、挂—100的标准,或者按公路—Ⅰ、Ⅱ级荷载标准使用。因此,直接影响了桥梁结构的安全性。在设计方法的发展和设计标准的不断细化过程中,虽然能保证前后规范在安全性方面的合理衔接,但其中存在差异也是在所难免的。历年规范规定的荷载见表1～表3。依据旧规范设计的桥梁承担着新规范规定的增大的设计荷载,超负荷运营给它们带来了严重后果。

1974 年规范规定的荷载 表 1

公路等级	一	二	三	四
计算荷载	汽—超 20	汽—20	汽—15	汽—10
验算荷载	挂—100	挂—100	挂—80	履带—50

1985 年规范规定的荷载 表 2

<table>
<tr><td rowspan="2">公路等级</td><td colspan="3">汽车专用公路</td><td colspan="3">一 般 公 路</td></tr>
<tr><td>高速公路</td><td>一</td><td>二</td><td>二</td><td>三</td><td>四</td></tr>
<tr><td rowspan="2">计算荷载</td><td rowspan="2">汽—超 20</td><td>汽—超 20</td><td rowspan="2">汽—20</td><td rowspan="2">汽—20</td><td rowspan="2">汽—20 级</td><td rowspan="2">汽—10 级</td></tr>
<tr><td>汽—20</td></tr>
<tr><td rowspan="2">验算荷载</td><td rowspan="2">挂—120</td><td>挂—120</td><td rowspan="2">挂—100</td><td rowspan="2">挂—100</td><td rowspan="2">挂—100</td><td rowspan="2">履带—50</td></tr>
<tr><td>挂—100</td></tr>
</table>

2004 年规范规定的荷载 表 3

公路等级	高速公路	一级公路	二级公路	三级公路	四级公路
计算荷载	公路—Ⅰ级	公路—Ⅰ级	公路—Ⅱ级	公路—Ⅱ级	公路—Ⅱ级

(2)超载车辆调查(福建)

目前福建省内国省道干线公路桥梁超载现象比较普遍,下面是福建省龙岩地区重载道路 319 国道的重载交通普查资料。

对龙岩 319 国道背斜连续式观测站得到的 2004～2007 年上半年交通量数据进行统计分析(图 6),可得到此地区车流量、车型分布和各车型随年份的变化情况。从车型分布图(图 7)可以看出货车在所有交通量中占到 42.6%。小货随着年份的增加呈不断增长的趋势,中货数量到 2006 年和 2007 年基本趋于稳定,大货和集装箱数量在 2007 年急速增长,如图 8 所示。总体来说,机动车随着年份的增加呈增长趋势,年平均增长率为 10.32%,如图 9 所示。从车辆轴型分布图 10 看,后 1 轴、后 2 轴、后 3 轴三者比例都很大,分别为 25.6%、33.8%、29.7%,其中后 2 轴货车比例最大。

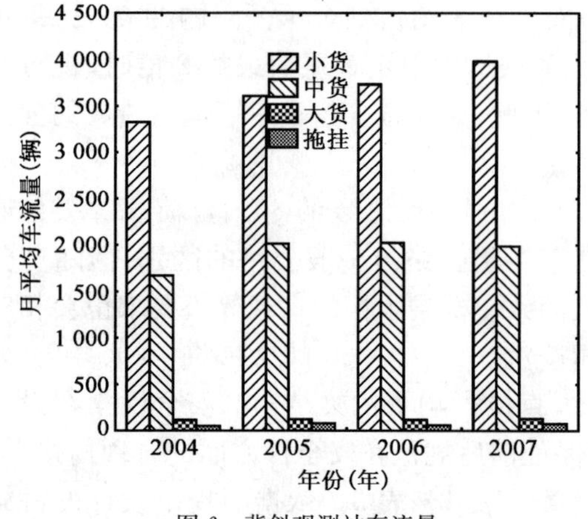

图 6 背斜观测站车流量

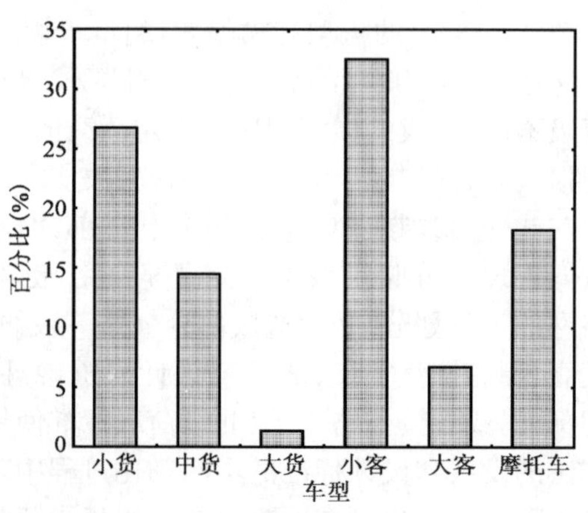

图 7 背斜观测站车型分布

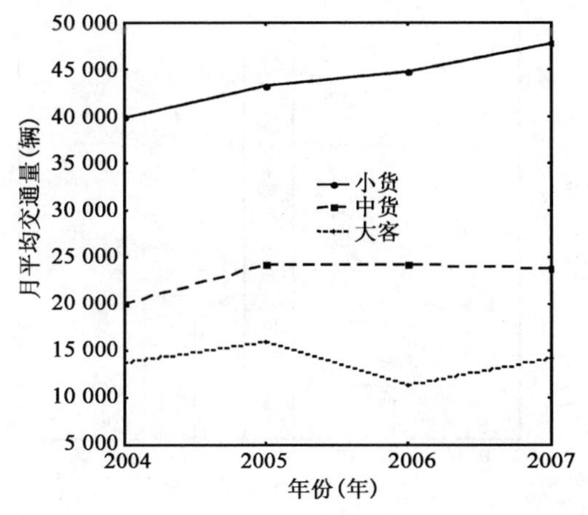

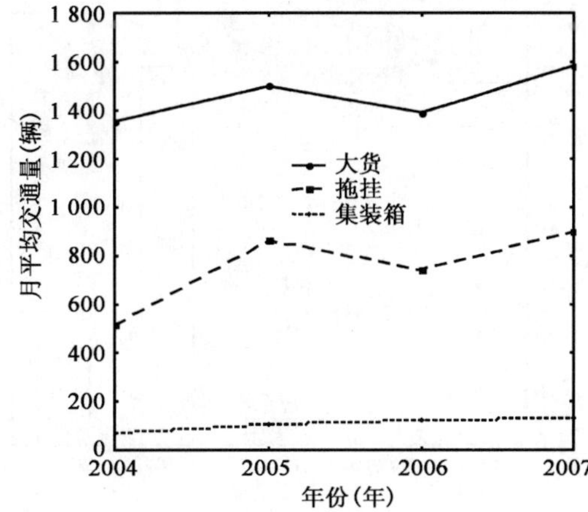

图 8 各车型月平均交通量随年份的变化

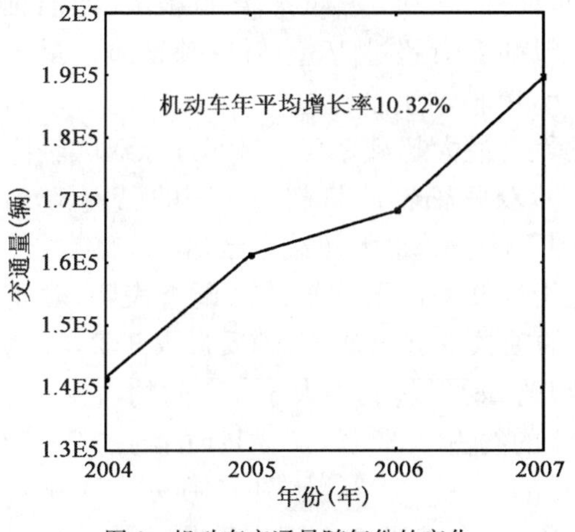

图 9 机动车交通量随年份的变化

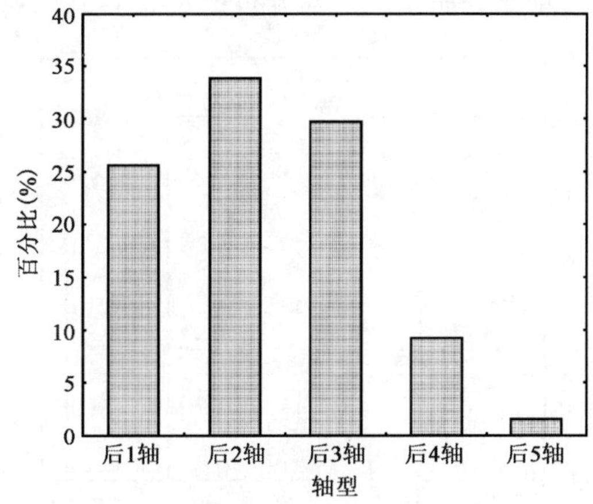

图 10 背斜观测站车辆轴型分布

我国强制性标准《道路车辆外廓尺寸、轴荷及质量限值》(GB 1589—2004)与原交通部颁布的《超限运输车辆行驶公路管理规定》规定了我国道路(公路与城市道路)上行驶的各类载重车辆的总质量和轴荷最大限值,见表 4。从调查结果可知,后单轴货车超载车辆占后单轴货车数量的 86%,如图 11 所示;后双轴货车超载车辆占后双轴货车数量的 70.9%,如图 12 所示;后三轴货车超载车辆占后三轴货车数量的 87.9%,如图 13 所示。

各类载重车辆的总质量和轴荷最大限值　　表 4

总质量最大限值(t)						轴荷最大限值(t)		
货车		挂车		汽车列车		轴型	单轮	双轮组
二轴	16	二轴全挂	20	四轴	35	单轴	6	10
三轴	25	二轴半挂	35	五轴	43	双联轴	10	18
四轴	31	三轴半挂	40	六轴	49	三联轴	12	22
						半挂双联轴	20	

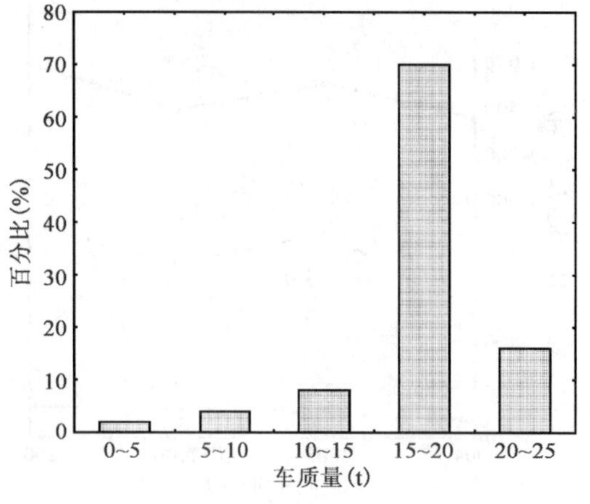

图 11　后单轴货车车质量

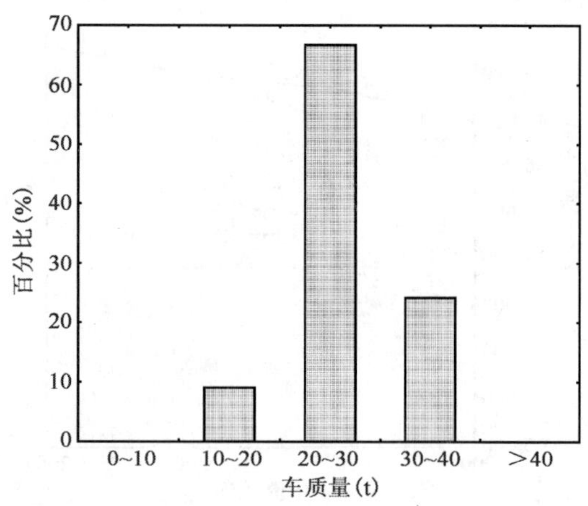

图 12　后双轴货车车质量

前轴轴质量最主要分布在 4～6t，其次是 6～8t，如图 14 所示。虽然车重很大，但前轴轴质量一般都不会超过 10t。后单轴轴质量最大限载为 10t，单轴轴质量超过 10t 的已占 43.5%，如图 15 所示，最大超载率已达 106%。双联轴限载值为 18t，双联轴轴质量超过 18t 的已占 73%之多，如图 16 所示，最大超载率已达 111%。

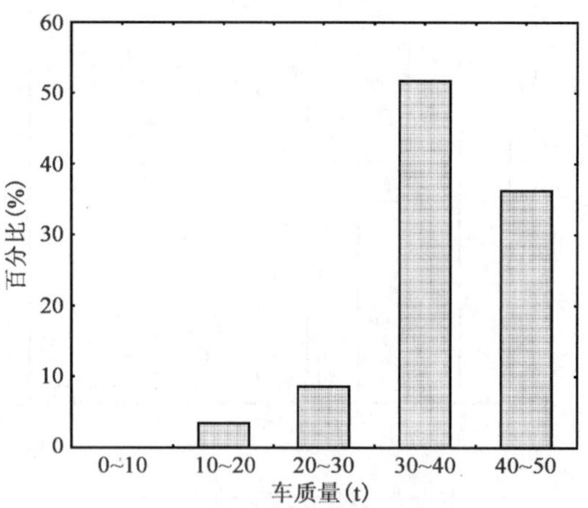

图 13　后三轴货车车质量

龙岩 319 国道平均轴载谱调查表明，轴重大于 13t 的轴数占有效轴数(轴质量大于 2.5t 为有效轴数)的 28.2%，其中大于 19t 的约占 1.88%，17～19t 的约占 2.35%，15～17t 的约占 7.05%，13～15t 的约占 16.9%，如图 17 所示。由平均轴载谱组成可知，龙岩 319 国道重载轴数的数量相当大。

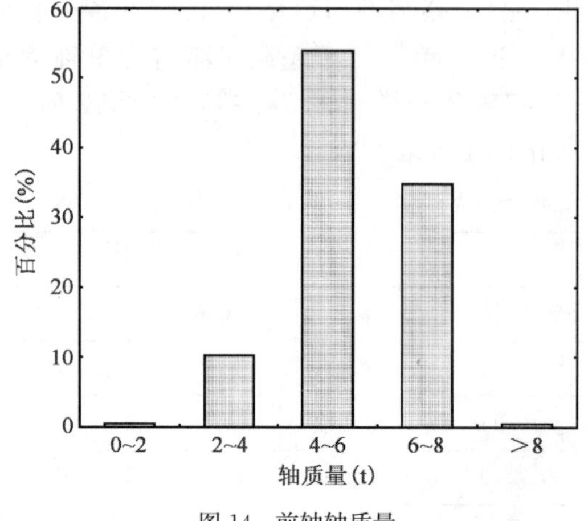

图 14　前轴轴质量

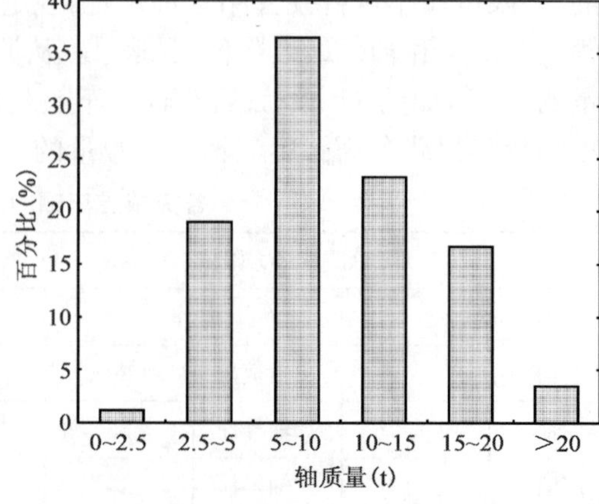

图 15　后单轴轴质量

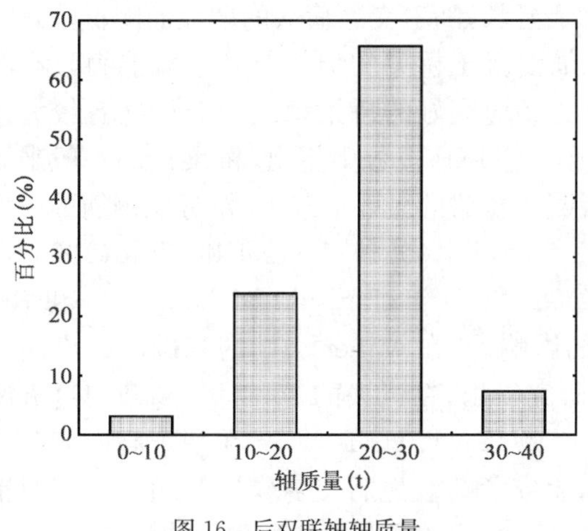

图 16 后双联轴轴质量

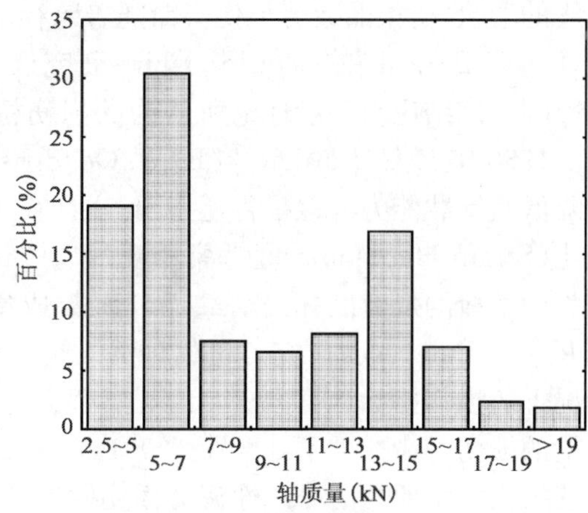

图 17 平均轴载谱

通过对福建省龙岩地区重载道路 319 国道的重载车辆的车型、轴型、车质量及轴质量特征等交通情况分布的调查和分析，得出了重载交通的如下特点：

①超载车辆多，超载率大。

②轴载偏重；轴载次数多；货车比重大；货车中多轴车型比重大；接地压强大。

1.2 超载相关问题的研究现状

超载问题首先要关注的是超载车辆的类型及总质量、轴质量及轴距、超载幅值大小、作用次数等关于超载的荷载谱问题。目前这方面的实地调查数据十分有限，尚无法建立合适的荷载谱模型。因此，可以先从桥梁机构在超载作用下的损伤机制和性能退化入手，开展相关研究。

(1)超载及其损伤机理的相关研究

英国阿伦·史密斯和美国 AASHO 通过道路试验研究了超载运输对公路桥梁造成的严重损害。研究结果表明，汽车轴质量对公路路面之间的破坏关系呈"四次方法则"，汽车轴质量增加 1 倍，公路受损达 16 倍。大量超载货车核定载重为 8t，进行改造后可载装 20t 以上，也就是说，每天通过 1 000 辆超载货车，相当于每天至少过车 1.6 万多次。

桥梁结构在使用期限内多次遇到车辆荷载的振动作用，由于车载没有超过极限荷载，所以桥梁没有发生破坏，但是造成了一定的损伤，这种损伤到底对桥梁结构产生多大的影响，以及对于超过正常使用状态的荷载作用对极限承载力的影响和劣化机理，目前尚无完善的理论研究；超载对于既有桥梁造成的损伤(裂缝增宽、挠度增大等)对结构的正常使用和耐久性却造成了不可忽视的影响。根据损伤力学概念，当预加荷载达到某一阈值以后，将引起材料的损伤，这种损伤在单轴直接拉伸或压缩试验中可被认为是构件有效承载面积的减少导致承载能力的降低。荷载试验表明：当混凝土受压，荷载在 30％的极限荷载以下时，微裂缝几乎无发展；在 30％～70％的极限荷载时，微裂缝开始扩展并增加；到 70％～90％极限荷载时，微裂缝扩展并显著增多，且相互串联，迅速扩展，直至构件完全破坏。

关于结构损伤及超载损伤对钢筋混凝土桥梁的受力行为和承载力影响，目前国际上进行了一些研究。1980 年，Fryba. L 建立了基于 Palmgren-Miner 的积累损伤理论铁路桥荷载损伤计算模型，由此模型，可知桥梁的疲劳寿命取决于应力循环次数、应力标准偏差以及 Wohler

曲线的形状，桥梁的疲劳损伤寿命随着跨径的增加而延长，随着交通荷载的增加而降低。1985年，David. B. Beal 和 Takeshi Oshiro 研究认为，钢筋混凝土桥梁的损伤对其承载能力没有明显影响。该结论与一般理论所认为的损伤桥梁要比相应完好的桥梁承载力低一些有较大差异。1988 年 E. G. Burdete 与 D. W. Goodpasture 在 NCHRP 报告中指出，桥梁损伤一般来说将降低其承载能力。该报告还指出，在计算钢筋混凝土桥梁的极限承载力时，考虑钢筋的应变硬化(Strain Hardening)是非常重要的。Perdikaris 和 Beim(1988)、Matsui 和 Muto(1993)等认为桥面板的疲劳破坏与荷载循环次数成指数关系。2000 年，Jamshid Mohammadil 和 Ramakishna Polepeddi 研究了超载对桥梁损伤积累的影响，并在 Miner 法则的基础上提出超载情况下的损伤指标计算方法。由五座桥梁的超载研究得出，在过去的 25 年里，超载使这五座桥梁的损伤寿命减少了 3.5%。2001 年，Z. X. Li，J. M. Ko，T. H. T. Chan 在基于高周疲劳的连续损伤力学原理的非线性疲劳损伤模型基础上，研究了荷载先后交替作用及超载作用对钢梁疲劳损伤的影响，得到了超载作用对正常交通荷载下桥梁的疲劳损伤积累影响的计算方程。应用所得方程可以评估计算偶然的超载作用对既有桥梁的疲劳损伤，并应用于香港 Tsing Ma 大桥的疲劳损伤和寿命评估。此外，国外一些学者针对钢材开展了大量的超载试验研究，也得出了一些有参考价值的研究成果。

国内近年来也做了不少钢材方面的研究。1992 年，钱永久为了评价既有钢筋混凝土桥梁对超重车辆和超过设计荷载的车辆的通行能力，进行了超载对损伤结构的模拟试验，比较了损伤梁和完好梁经受反复超载作用后的受力性能。试验结果表明：超载对裂缝形态、分布及高度、宽度有明显的影响。超载损伤梁的裂缝出现较早，而且一旦出现就很快延伸至中和轴位置附近，形成主裂缝。1996 年，魏连雨对河北省内主要干线公路的车型及其载重情况进行了详细调查，并针对车辆超载对路面的破坏作用进行了研究。1997 年，邹小理等针对基本循环荷载上加入随机超载序列的疲劳裂缝扩展问题，对随机超载下的疲劳寿命进行了分析计算，并研究了超载大小和发生强度对扩展寿命的影响。此外，一些关于循环荷载下钢筋混凝土构件性能的试验研究对既有桥梁超载损伤也有参考借鉴价值。1998 年，李巧茹等对超载车辆弯沉等效算法进行了研究。2000 年，孙建诚根据实地观测资料分析了我国公路上汽车荷载超载情况以及超载车辆的轴载特征，为研究超载对公路桥梁的影响提供了珍贵的荷载资料。2003 年，刘洪瑞等对超载作用下刚架拱桥的病害分析与防治进行了研究。通过对两座实际桥梁的病害分析，讨论刚架拱桥病害原因及存在的弊端，提出维修加固的措施及防治病害的对策，对刚架拱桥的维修与加固具有参考价值。2004 年，孙晓燕开展钢筋混凝土适筋梁的抗弯和抗剪超载试验研究，主要针对不同的预加荷载幅值和不同超载次数，对不同配筋率的钢筋混凝土桥梁构件受力性能的影响进行研究，分析超载对钢筋混凝土梁桥使用性能的影响规律，以及循环超载损伤对斜裂缝宽度和斜截面承载力的影响，为损伤后的钢筋混凝土梁正截面和斜截面承载力的评估提供依据。李万恒较详细地阐述了超载对公路桥梁的危害，李永清对车辆超载的危害、原因及治理对策等进行了简要的阐述。2006 年，李剑等阐述了超载对公路桥梁结构的损伤评估，指出超载增大了 B 类部分预应力混凝土构件的名义拉应力，对预应力混凝土构件的耐久性和安全性产生了影响。

上述文献主要对桥梁结构的损伤积累、桥梁疲劳寿命，以及损伤对结构使用性能和承载力的影响进行了一些研究，为既有桥梁超载问题的研究提供了一定的参考价值。然而该领域的

研究才刚刚开始，仍存在大量的问题，如：①桥梁超载作用下受弯、受剪损伤机理；②桥梁在超载作用下的性能退化及退化指标；③超载对桥梁使用寿命的影响和耐久性评价；④非线性数值模拟与分析的困难性；⑤缺乏大量的试验研究和统计分析，以及实桥超载性能的调查研究；⑥已有研究大多局限于普通钢筋混凝土结构的研究，然而现有预应力混凝土桥梁已经大量使用，超载同样对其使用性能具有未知的影响，故也需要进行大量试验研究。

(2)损伤结构的动力特性研究现状

众所周知，任何结构系统都可以看做是刚度、质量、阻尼矩阵组成的力学系统，结构一旦出现损伤，结构参数将会随之发生改变，从而导致系统的频率响应函数和模态参数(频率和振型)的改变。所以，结构模态参数的改变可以视为结构发生损伤的标志。固有频率是模态参数中最容易获得的一个参数，而且识别精度高。因此，基于结构有损与无损状态的固有频率变化进行损伤识别有很多方法。1979 年，Cawley 和 Adams 最早利用频率数据对结构进行损伤识别，通过特征值分析结构物理参数的灵敏度，在结构只存在单处损伤的情况下，得出结构损伤前后任意两阶频率变化的比值只与损伤位置有关。1990 年，Stubbs 等根据一阶动态灵敏度分析，推导出了频率关于结构物理参数更为普通的表达，并以欧拉—伯努力梁为研究对象，忽略质量和阻尼的改变，利用结构前七阶频率计算结构损伤。1990 年 Salane 对公路桥梁和桥梁模型进行疲劳试验以检测结构动力特性的变化。结果发现，杆件的刚度与裂缝开展存在一定关系，频率的变化与观测到的刚度退化有关。1991 年，Hearn 指出结构损伤后各阶频率变化按与最大频率变化归一化，则任意两种损伤的频率变化比值是结构损伤位置的函数。2006 年，Jorg. F. Unger 等对预应力混凝土简支梁进行了抗弯破坏试验，分 6 个荷载等级进行加载，并测试其在各损伤状态下梁体结构的振动参数(频率和振型)。试验结果表明：预应力对结构裂缝有恢复的能力，对梁动刚度具有一定的恢复作用，从而给损伤探测带来了难度。当试验荷载达到极限荷载的 80%这一水平时，才能清晰定位和量化损伤。随着外荷载的增大，预应力梁体的各阶频率呈下降趋势，但在梁底钢筋屈服之前，频率下降变化较小，振型变化同样甚微，而钢筋屈服之后，频率下降较为明显。

对于结构损伤前后频率的变化规律，国内学者在理论分析和试验研究方面也做了有益的探讨。1988 年，成都市城市建设科学研究院和华中理工大学通过模型试验，以模态分析方法对桥梁动力参数进行非线性分析，得到外推极限承载力。1990 年，吴启宏通过模型试验，对钢筋混凝土简支梁在不同受力阶段的静力与动力特性进行对比分析。试验结果表明：动刚度与静刚度均随着荷载的增加而降低；在整体受力阶段、带裂缝受力阶段及破损阶段，动刚度平均降低 17.6%～26.6%，静刚度平均降低 21.9%～44.6%。当梁处于带裂缝受力阶段时，动刚度与静刚度的差异较小，平均仅为 5.0%；而在破损阶段，由于钢筋混凝土梁此时已经丧失承载能力，较小的静荷载就可以使之产生较大的静变形，此时静刚度小于动刚度。1994 年，袁向荣用欧拉梁振动理论，改变简支梁中某一小段的高度以模拟破损。仿真结果表明：破损对某些阶频率、振型的影响不大，对振型曲率的影响较大。用振型曲率监测简支梁的破损优于用频率或振型的监测方法。1997 年，邵旭东以实测频率为基础识别桥梁刚度分布情况，从而评定桥梁的承载能力。同年，戴公连通过三片钢筋混凝土梁抗弯疲劳试验，探讨了用结构基频评估铁路桥梁疲劳刚度的可行性。1998 年，宋一凡等针对弹性加载纯弯梁的动力模型，以梁的主振型叠加分析、推演，获得了关于钢筋混凝土梁的固有频率与外荷载之间的变化规律，从而得到动刚度与外荷载之间的关系。1999 年,胡大琳等对钢筋混凝土单梁破损模态分析与承载力评定问题进行了初步试验研究,提出了反映荷载和频率关系的经验回归公式,并用极限频率的概念进行外推桥梁承载力的尝试。2001 年,长安大学通过室内单梁与整桥模型试验建立了板梁静、动刚度比 β 与无量纲化基频 a 之间的统计回归关系,构造了以名义配筋率 μ_{nom} 为参数的结构承载能力与振动基频之间的关系。2004 年,周敉根据四片钢筋混凝土简支 T 梁静动力损伤试验成果,应用一元非线性回归,得到不同配筋率下表征 T 梁刚度比和频率比关系的 β-a 曲线族方程,建立了钢筋混凝土单梁结构动力特性与承载力之间的关系。基于实测基频和裂缝特征将整桥的动力特性分解为单梁的动力特性,从而应用钢筋混凝土单梁模型试验研究成果,达到对钢筋混凝土梁桥结构性能评估的目的。孙晓燕通过钢筋混凝土简支梁抗弯反复超载试验,测出结构从完整到破损,以及不同超载次数损伤状态下的频率和阻尼比等模态参数,采用二阶频率的试验动力特性参数值进行了三次多项式的非线性回归,得到了频率与荷载之间的函数关系式。试验结果还表明:动刚度与静刚度均随着荷载的增加而降低;在整体受力阶段,静刚度比动刚度略高 4%~7%;在带裂缝受力阶段,随着荷载等级的增大和裂缝的扩展,静刚度显著下降,并逐渐低于动刚度,降低幅度在 19%~28%。而在破损阶段,此时静刚度远远小于动刚度,静刚度与动刚度的差异达到 55%。2006 年,李士彬等通过对钢筋混凝土梁的逐级加载损伤试验,考查了构件表面裂缝分布的分形特性,得出结构在渐进损伤过程中,连续损伤状态的分维数序列和固有频率序列呈现出良好的负线性相关关系。同时指出,钢筋混凝土结构表面裂缝的分维数可以作为构件损伤程度的一个定量衡量指标,从而为钢筋混凝土构件无损检测和寿命评估提供一种新的途径。

综上所述,运用动力方法进行损伤的识别,找出结构损伤与结构振动频率的关系,从而对结构承载力进行评估,诸多学者在这方面已经做了一定的研究,得出了一些有意义的结论。然而探究结构损伤后动力特性的变化,从而识别损伤、评价承载力退化尚存在大量的基础性问题没有解决。如:①损伤后结构各阶频率随着外荷载变化的规律尚不明确,尤其是损伤对高阶频率的影响;②结构损伤后在不同损伤程度下的动刚度计算公式及其影响参数;③损伤后的结构动刚度与静刚度退化的特征及定量描述;④结构承载力退化与动静刚度退化的关系;⑤结构损伤裂缝演化及其分析计算;⑥超载作用下实桥结构的损伤指标及损伤识别等。

1.3 本文的主要工作

超载对桥梁结构造成了不可忽视的破坏作用,缩短了桥梁的使用寿命,降低道路通行能力,危及交通安全和桥梁安全,迫切需要掌握典型桥梁的超载能力大小及超载作用下桥梁损伤发生与发展机理,研究超载对桥梁承载力和使用性能的影响,探索桥梁在超载作用下的承载力退化机理,评价超重车辆过桥或桥梁超载对桥梁承载力的影响。这对于延长桥梁的使用寿命,保障桥梁使用安全,提高桥梁管理技术现代化、信息化及科学化水平都具有十分重要的意义。目前,针对损伤以及超载对钢筋混凝土桥梁承载力的影响,以及重复超载对桥梁使用性能的影响已经做了一些研究,然而对于预应力混凝土桥梁的超载情况进行相关的研究很少。鉴于此,本文主要对部分预应力混凝土梁进行静力抗弯超载试验和振动测试,探索无黏结预应力混凝土结构在超载及重复超载损伤之后的静力性能和动力特性变化规律,同时也对普通钢筋混凝土梁做了类似的研究,从而为此类桥梁承载力的评估提供依据。主要工作如下:

(1)进行11片无黏结部分预应力混凝土(PPC)梁和4根普通钢筋混凝土梁的抗弯超载试验，考查超载对混凝土受弯构件的使用性能，特别是裂缝宽度和高度、变形增长以及梁截面应变变化产生的影响。

(2)比较研究不同超载幅值、不同超载次数、不同非预应力钢筋的配筋率等对同种受弯构件受弯性能的影响，进一步考查不同损伤程度(损伤刚度)下构件使用承载力和极限承载力退化机理。

(3)通过对混凝土简支梁进行单调和重复超载抗弯试验，测出模型梁从完整到破坏过程中各损伤状态下的频率等模态参数，考查荷载等级、超载幅值及超载次数对梁体振动频率的影响。

(4)进一步比较研究超载损伤梁抗弯动静刚度退化规律。

(5)对试验模型梁进行有限元数值模拟非线性分析和承载力简化计算公式的推导，并与试验结果进行比较分析。

2　混凝土梁抗弯超载试验

钢筋混凝土桥梁结构承受反复荷载作用与承受静力荷载作用下裂缝开展有显著差别。在静力荷载作用下裂缝宽度主要取决于钢筋应力的高低，而承受反复荷载作用下的裂缝开展主要与混凝土受拉区疲劳特性及裂缝末端的应力集中有关。桥梁结构在使用期限内多次遇到车辆荷载的振动作用，由于车载没有超过极限荷载，所以桥梁没有发生破坏，但是造成了一定的损伤，这种损伤到底对桥梁结构产生多大的影响，是一个亟待解决的问题。而超载对于既有桥梁造成的损伤(裂缝增宽、挠度增大等)，对结构的正常使用和耐久性却造成了不可忽视的影响。

本文对11片部分预应力混凝土(PPC)简支梁及4根普通钢筋混凝土(RC)简支梁进行抗弯超载试验，主要考虑了预加超载幅值(超载度)、超载次数和配筋率三个参数。其中部分预应力试验梁按照非预应力钢筋配筋率的不同分成A和B两组构件，A组包括2根参考梁和5根超载梁，而B组包括1根参考梁和3根超载梁。普通钢筋混凝土梁为C组，包括1根参考梁和3根超载梁。在静力试验过程中，一定的损伤状态下，对梁进行动力测试，以探讨损伤梁动力特性的变化规律。

2.1　试验目的与主要内容

(1)试验目的

①对11片部分预应力混凝土(PPC)简支梁及4根普通钢筋混凝土(RC)简支梁进行抗弯超载试验，主要针对不同的预加超载幅值和超载次数，对不同配筋率的混凝土梁受弯性能的影响进行研究，分析超载对混凝土梁使用性能产生的影响，进一步考查不同损伤程度(损伤刚度)下构件使用承载力和极限承载力的退化机理。

②通过对混凝土简支梁进行反复超载试验，测出模型构件从完整到破损，以及不同的预加超载幅值和超载次数对应损伤状态下的频率等振动特性，分析频率随损伤状态不同而变化的规律，找出不同损伤状态下频率和荷载等级的关系。

(2)主要研究内容

①研究部分预应力混凝土(PPC)和钢筋混凝土(RC)受弯构件的使用性能(包括开裂荷载、正常使用极限荷载、屈服荷载、极限荷载及相应的变形、裂缝变化、荷载与挠度曲线等)。

②研究超载作用对部分预应力混凝土梁和钢筋混凝土梁使用承载力和极限承载力的影响。

③比较研究不同超载幅值及超载次数对同种 PPC 梁和 RC 梁受弯性能的影响,以及非预应力钢筋的配筋率对 PPC 梁受弯性能的影响(对裂缝宽度和高度、变形增长及梁截面应变等产生的影响)。

④研究不同预加超载幅值、不同超载次数对应的损伤状态对 PPC 梁和 RC 梁频率等振动特性的影响,以及混凝土梁从完整到破坏过程中不同损伤状态下频率与荷载等级的关系。

⑤进一步探讨和比较混凝土超载损伤梁抗弯动静刚度退化规律。

2.2 模型设计

(1)超载幅值的规定

桥梁超载是指超过桥梁设计荷载等级的车辆荷载作用。在本文研究中,规定了以荷载作用下的最大裂缝宽度超过裂缝宽度限值的多少作为衡量超载的指标。《公路钢筋混凝土及预应力混凝土桥涵设计规范》(JTG D62—2004)规定了 B 类部分预应力混凝土桥梁结构的最大裂缝宽度限值为 0.1mm(表 5),控制结构不超过正常使用极限状态。在抗弯加载试验中,规定部分预应力混凝土构件在荷载作用下的最大裂缝宽度超过 0.1mm 即为超载。由此,规定了使梁最大裂缝宽度达到 0.15mm、0.20mm、0.25mm、0.30mm 和 0.40mm 的预加荷载分别为超载幅值Ⅰ、超载幅值Ⅱ、超载幅值Ⅲ、超载幅值Ⅳ和超载幅值Ⅴ共 5 种超载工况。对于普通钢筋混凝土,则使构件最大裂缝宽度达到 0.2～0.25mm、0.25～0.29mm 和 0.30～0.35mm 的预加荷载分别为超载幅值Ⅰ、超载幅值Ⅱ和超载幅值Ⅲ。当超载梁达到上述某一裂缝损伤状态时,其荷载超过正常使用极限荷载的部分与正常使用极限荷载的比值,规定为超载度。

桥梁结构裂缝宽度限值规定 表 5

环境类别	钢筋混凝土构件	采用精轧螺纹钢筋的预应力混凝土构件	采用钢丝或钢绞线的预应力混凝土构件
Ⅰ类	0.2mm	0.2mm	0.1mm
Ⅱ类			
Ⅲ类	0.15mm	0.15mm	不允许出现裂缝
Ⅳ类			

注:Ⅰ类为温暖或寒冷地区的大气环境与无侵蚀性的水或土壤接触的环境;Ⅱ类为寒冷地区的大气环境,使用除冰盐的环境,滨海环境;Ⅲ类为海水环境;Ⅳ类为受侵蚀性物质影响的环境。

(2)模型梁设计

试验设计了 11 片部分预应力混凝土梁及 4 根普通钢筋混凝土梁,主要考虑了纵向钢筋的配筋率、超载幅值等设计参数,具体模型设计见表 6。梁截面尺寸为 180mm×360mm,梁长l=4.2m,净度 l_0=4.0m。混凝土强度为 C40,纵向钢筋为Ⅱ级钢,预应力筋采用 7A5 无黏结钢绞线,配筋情况如图 18 所示,模型梁钢筋骨架和模型梁浇筑如图 19 及图 20 所示。

试验梁设计方案 表6

组别	梁 编 号	超 载 幅 值	损伤最大裂缝宽度(mm)	配筋率(%)	预应力水平
A	PPCA01	参考梁	—	1.06	0.4
	PPCA02	参考梁	—	1.06	0.4
	PPCA1	非超载损伤	0.06	1.06	0.4
	PPCA2	超载幅值Ⅰ	0.14	1.06	0.4
	PPCA3	超载幅值Ⅱ	0.20	1.06	0.4
	PPCA4	超载幅值Ⅳ	0.30	1.06	0.4
	PPCA5	超载幅值Ⅴ	0.40	1.06	0.4
B	PPCB0	参考梁	—	2.11	0.4
	PPCB1	超载幅值Ⅰ	0.15	2.11	0.4
	PPCB2	超载幅值Ⅱ	0.20	2.11	0.4
	PPCB3	超载幅值Ⅲ	0.25	2.11	0.4
C	RC0	参考梁	—	1.64	0
	RC1	超载幅值Ⅰ	0.24	1.64	0
	RC2	超载幅值Ⅱ	0.28	1.64	0
	RC3	超载幅值Ⅲ	0.30	1.64	0

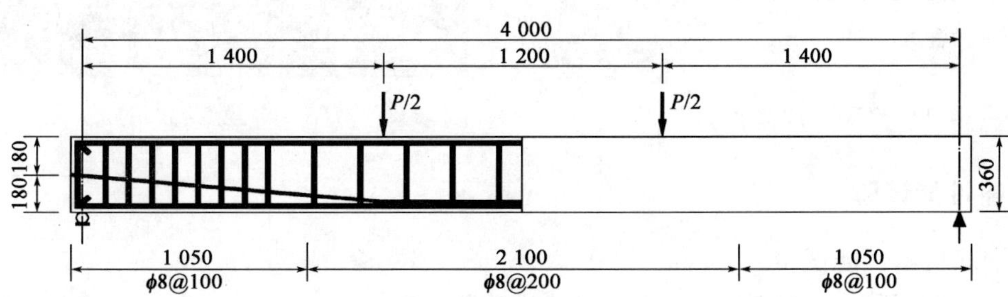

a)PPC梁纵截面

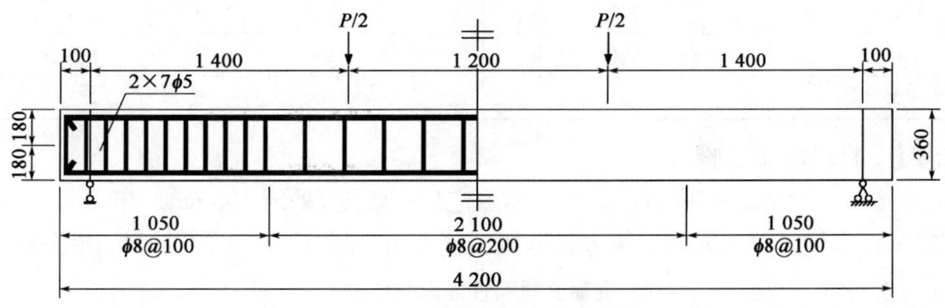

b)RC梁纵截面

图 18

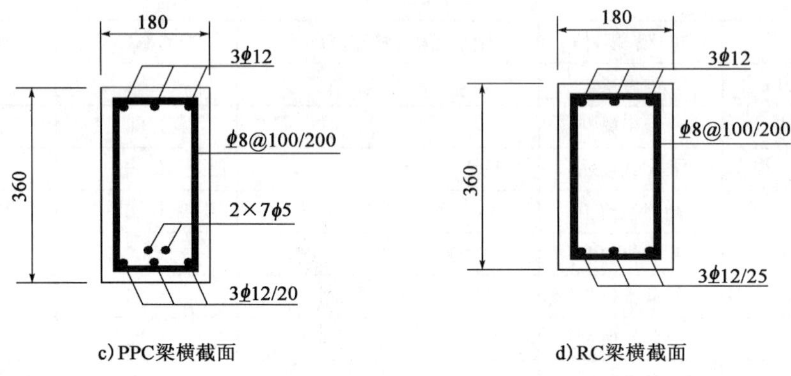

图 18 梁钢筋配置图(尺寸单位:mm)

图 19 模型梁钢筋骨架实况

图 20 模型梁浇筑实况

2.3 材料性能试验

(1)钢筋材料性能试验

受拉钢筋及预应力钢绞线的材料性能试验结果见表 7。

钢筋材料性能试验结果 表 7

规　　格	屈服强度(MPa)	抗拉强度(MPa)	弹性模量(MPa)
φ12	386	533	1.99×10^5
φ20	394	589	1.98×10^5
7φ5 钢绞线	1 380	1 860	1.90×10^5

(2)混凝土材料性能试验

采用 150mm×150mm×150mm 的立方体测定抗压强度,采用 150mm×150mm×300mm 的棱柱体测定弹性模量。对立方体试块进行劈拉试验来间接测定混凝土的轴心抗拉强度(表 8)。

混凝土材料性能试验结果 表 8

强度等级	抗压强度(MPa)	劈拉强度(MPa)	弹性模量(MPa)
C40	44.13	3.24	3.0×10^4

2.4 测试内容及测点布置

测试内容主要包括两方面：一是应变测量，测试对象主要是纯弯曲段内试件的钢筋及其混凝土的应变；二是位移（挠度）测量，结合 MTS 加载系统与 Temposonic 传感器，在试验过程中全程自动记录，可以量测到梁的荷载—挠度曲线。

钢筋应变片每根梁布设 18 片，15 根梁共计 270 片；混凝土应变片每根梁布设 30 片，15 根梁共计 450 片，贴片位置如图 21 所示。百分表 7 个，分别测试各截面变形及计算梁两端转角（图 22）。

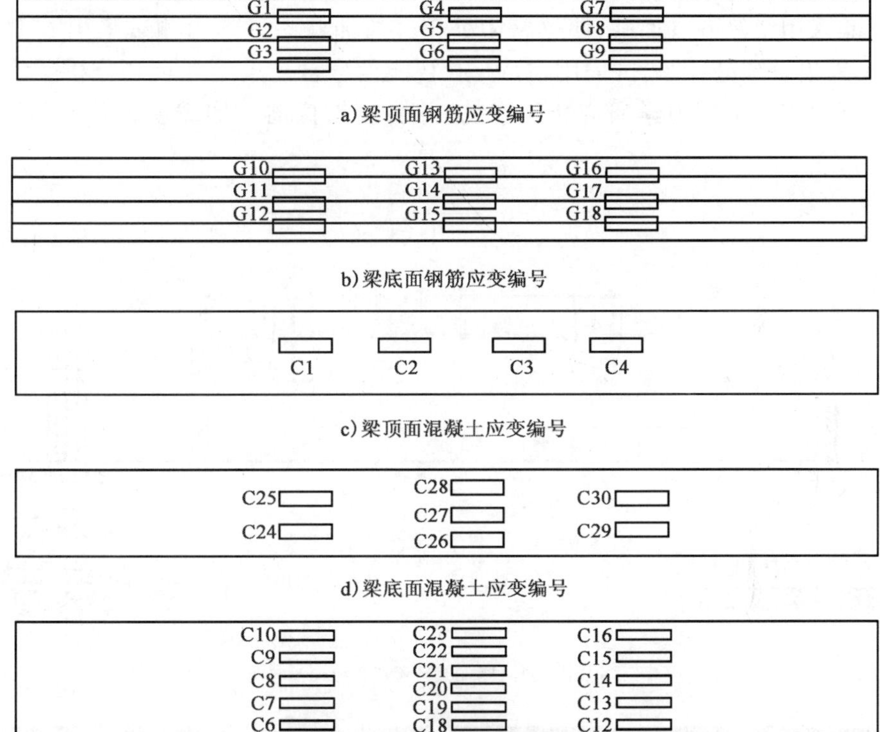

f）梁钢筋应变测点实况

图 21 钢筋及混凝土应变片位置示意图

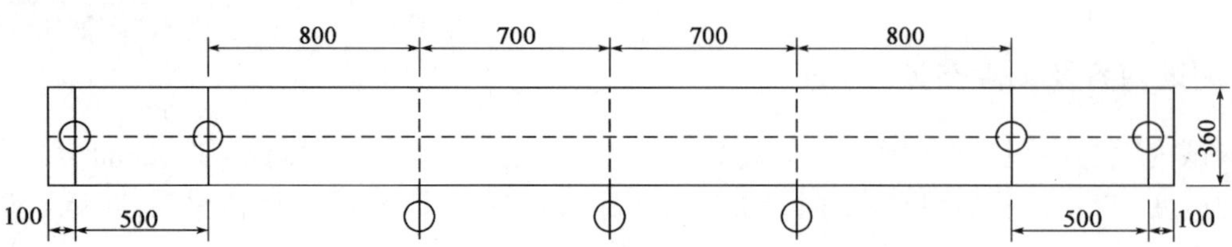

图 22　梁位移计布置图(尺寸单位:mm)

2.5　试验加载方案

(1)加载装置

本次试验采用三等分点加载,使梁跨中处于纯弯曲状态。静力测试采用 MTS 加载系统和 IMP 数据采集系统;振动测试采用 INV306 智能信号自动采集处理和分析系统,加速度传感器采用中国地震局工程力学研究所生产的 941B 型拾振器。加载装置及试验实况如图 23 所示。

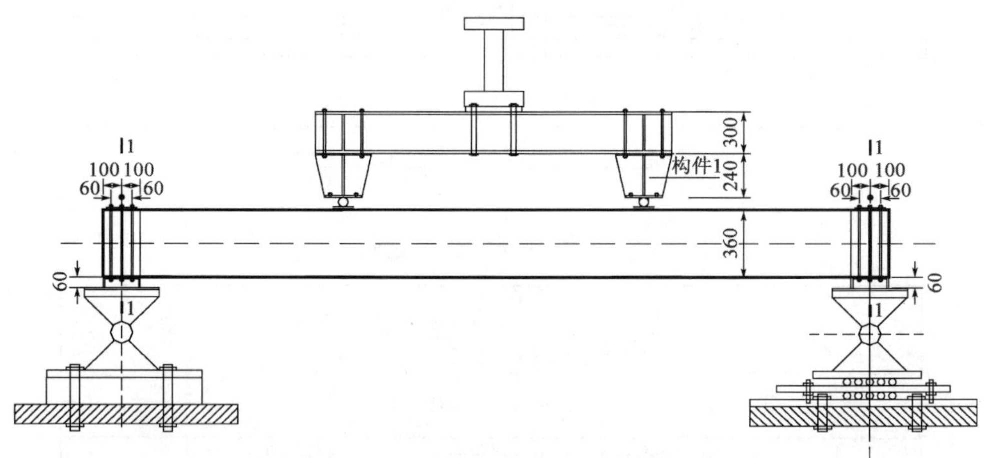

a)MTS加载装置示意图

b)MTS加载及动力测试实况

c)滑动支座

图 23　加载装置示意图及试验测试实况(尺寸单位:mm)

(2)模型加载步骤

对于各组模型梁,根据加载幅值的不同,对其进行不同荷载程度的重复加载。具体加载过程如下:

①每组构件至少要选取1根参考梁,进行单次分级加载至破坏,并在各荷载等级状态下进行动力测试,得到参考梁在各级荷载下的静力、动力等测试参数。

②分别以不同超载损伤状态下的荷载作为预加荷载幅值,对梁进行重复加载80次,并取得不同加载次数(1次、10次、30次、80次)、不同荷载等级下的测试参数。

③对经重复加载80次后的超载梁进行单次静载破坏试验,得到试验梁在各级荷载下的测试参数和极限承载力及残余裂缝宽度。

3 混凝土梁抗弯超载试验结果分析

本节旨在通过对部分预应力混凝土(PPC)简支梁及普通钢筋混凝土(RC)简支梁的抗弯超载试验结果进行分析,主要研究超载及重复超载对混凝土梁承载力的影响和对其抗弯性能的影响,特别是对梁裂缝宽度和高度、变形增长以及梁截面应变变化的影响。并且考查了预加荷载幅值以及非预应力钢筋的配筋率对试验各测试参数变化规律的影响,从而进一步考查不同损伤程度(损伤刚度)下混凝土梁使用承载力和极限承载力退化机理。

3.1 梁超载损伤试验控制

共对11片部分预应力混凝土梁和4根普通钢筋混凝土梁进行了抗弯试验,对梁从零开始逐级进行加载,先用荷载控制进行加载。加载快到计算开裂荷载时,减小加载幅度,从而得到梁的实际开裂荷载。对具有一定荷载损伤的梁卸载后进行振动测试,测得振动参数后继续加载。梁体开裂后,在每个荷载等级下描绘裂缝伸展情况,并对裂缝宽度进行测量,测得最大裂缝宽度。当梁的最大裂缝宽度达到混凝土结构控制裂缝宽度限值时,即取得结构正常使用承载能力。控制MTS系统自动记录梁跨中的加载点变形,由IMP数据采集系统记录钢筋及混凝土截面的应变。对于参考梁,观察钢筋应变,当钢筋接近屈服应变时,改变荷载控制方式,使用位移控制,继续加载,直到梁体受压区混凝土受力破坏。记录梁极限承载力等试验数据后,逐级卸载,卸载后测得梁破坏后的裂缝残余宽度。

对于各超载梁,当梁加载使裂缝宽度达到试验方案规定的裂缝宽度后卸载到零,即可进行重复加载。每重复加载10次、30次后,再进行从零逐级加载到预加荷载幅值,以考查各测试参数受重复加载次数的影响。在梁重复加载80次后,再次从零逐级加载直至梁体受压区混凝土受压破坏,得到梁重复超载80次后部分预应力混凝土结构的使用性能及其极限承载力等测试参数,从而进一步考查重复超载损伤对结构极限承载力的影响。各试验构件的加载损伤控制情况具体见表9。

3.2 超载作用下混凝土梁承载力退化分析

(1)桥梁结构承载能力的定义

所谓"桥梁结构承载能力"是指桥梁结构抵抗外荷载效应的能力,按《公路桥涵设计通用规范》(JTG D60—2004)定义,它包括两个方面:结构强度极限状态承载力和结构正常使用极限状态承载能力。

各试验梁的加载损伤控制详情 表9

试件	配筋率(%)	开裂荷载(kN)	正常使用极限荷载(kN)	损伤水平			
				荷载(kN)	挠度(mm)	最大裂缝宽度(mm)	超载度(%)
PPCA01	1.06	78	93	参考梁,直接单调加载破坏			
PPCA02		72	92	参考梁,单调加载破坏,有卸载做振动试验			
PPCA1		72	—	89	7.7	0.06	0
PPCA2		62	82	97	7.7	0.14	18.3
PPCA3		73	100	124	11.7	0.20	24.0
PPCA4		68	108	147	17.5	0.30	36.1
PPCA5		72	103	154	19.8	0.40	49.5
PPCB0	2.11	68	123	参考梁,单调加载破坏,有卸载做动力试验			
PPCB1		64	136	160	12.4	0.15	17.6
PPCB2		73	128	177	18.9	0.20	27.7
PPCB3		68	133	222	20.4	0.25	66.9
RC0	1.64	27	88	参考梁,单调加载破坏,有卸载做动力试验			
RC1		22	82	102	11.0	0.24	24.4
RC2		22	82	113	12.6	0.28	37.8
RC3		27	102	142	17.9	0.30	54.3

注:"—"表示数据缺失,下同。

结构强度极限状态承载力是指构成结构材料强度达到弹性屈服极限强度时,所能承受(或抵抗)外荷载效应的能力。即结构抗力效应大于或等于外荷载效应,方具有该外荷载标准的承载能力,使结构处于安全工作状态。

结构正常使用极限状态承载能力是指结构维持在正常使用极限状态下所能承受(或抵抗)外荷载效应的能力。所谓"结构正常使用极限状态"是指结构符合"平面假定"(结构自身几何形状为变体)、应力不超过材料的弹性极限(屈服点值)、结构具有线性的荷载—应力—应变关系。

(2)表征构件承载能力的指标

直接衡量桥梁承载能力和整体状况,我国公路桥梁规范仍采用强度、刚度(位移或挠度变形)、稳定性、裂缝开展状况等指标来表征。本文只用其中一个指标即抗弯强度(承载力)来表征混凝土梁正截面的抗弯极限承载能力,其他指标可作为参考指标。试验梁在非预应力钢筋屈服之后,受压区混凝土压碎而破坏(图24),判定混凝土梁达到抗弯极限承载能力。而用裂缝宽度来衡量混凝土梁的受弯正常使用极限承载力(图25),在荷载作用下梁底最大裂缝宽度达到规范规定的限值,判定梁达到正常使用极限承载能力。

(3)超载对混凝土梁承载力影响分析

表10给出了超载梁在重复超载一定次数后正常使用极限承载力退化的情况。从试验结果来看,重复超载能够导致混凝土梁的正常使用性能的下降。对于部分预应力混凝土梁,在一般超载幅值作用情况下,正常使用极限荷载随着重复超载次数的增加而不断降低,但降低的幅

度逐渐减小，最终退化幅度在 16.2%～26.6%之间。此外，超载度对正常使用性能的退化也会产生影响，经过 80 次重复超载之后，随着超载度的提高，正常使用极限承载力退化值增大。对于 A 组超载梁 PPCA5，其超载度达到 49.5%，使其在重复加载过程中，损伤不断加剧，梁底非预应力钢筋屈服，产生了较大的塑性变形。卸载后，结构竖向裂缝无法在预应力作用下闭合，并且产生了较大的超载残余裂缝，超过了规范规定的最大裂缝宽度限值，此时梁已经丧失正常使用极限承载力。对于 B 组部分预应力混凝土梁，由于在重复加载第 65 次时，超载幅值增加了 15kN，使得梁底非预应力钢筋屈服，同样导致结构丧失正常使用的能力。对于普通钢筋混凝土梁，其使用承载力在重复超载作用下退化，但退化幅度小于部分预应力混凝土结构，不超过 13%。

图 24　梁顶跨中混凝土受压破坏

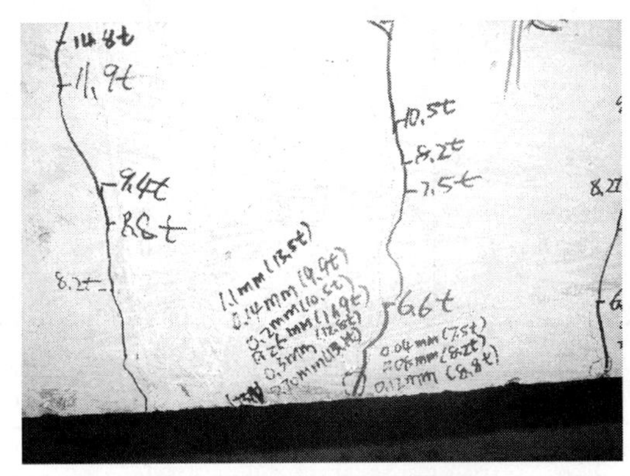

图 25　加载过程裂缝跟踪观测

重复超载对混凝土梁正常使用极限承载能力的影响　　表 10

组别	构　　件	超载度(%)	正常使用极限荷载(kN)				退化幅度(%)
			第 1 次	第 10 次	第 30 次	第 80 次	
A	PPCA3	24.0	100	93	84	80	20
	PPCA4	36.1	108	91	87	85	21.3
	PPCA5	49.5	103	52	0	0	100
B	PPCB1	17.6	136	130	118	114	16.2
	PPCB2	27.7	128	117	107	94	26.6
	PPCB3	66.9	133	126	126	0	100
C	RC1	24.4	82	82	80	80	2.4
	RC2	37.8	82	—	80	72	12.2
	RC3	54.3	102	96	92	92	9.8

注：当梁因超载导致结构不符合正常使用要求时，令其正常使用极限承载力为 0，下同。

表 11 给出了超载梁相对参考梁极限承载力退化情况。表 12 主要给出了参考梁和超载梁正常使用极限承载能力、屈服荷载以及梁破坏时的极限承载力。由试验结果可知，对于部分预应力混凝土梁，A 组 PPCA02 参考梁因直接加载破坏过程中不断的加载和卸载，其极限承载能力相对于 PPCA01 参考梁(直接加载破坏)要低。在一般超载幅值作用的情况下，重复超载之后，超载梁的正常使用极限承载能力、屈服荷载和极限承载力较参考梁具有明显降低，并且

跨中挠度极限变形能力下降。相对于参考梁，超载梁的极限承载能力退化随着超载幅值的增加而增大，退化幅度在5.4%～7.0%之间。而超载幅值过大，梁底钢筋屈服，致使梁屈服荷载、极限承载力在后期加载过程中有所提高。说明超载导致的钢筋屈服，使钢筋强度得到强化，从而提高了结构的承载力，甚至超过了参考梁极限承载能力的1.6%。然而此时梁屈服及极限破坏时挠度变形都已经较大，使用性能也已经大大降低。对于普通钢筋混凝土梁，极限变形能力同样在超载之后下降，然而极限承载能力退化没有表现出明显的规律性。

超载梁承载力对于参考梁的退化幅度 表11

组　别	构　件	极限承载力(kN)		退化幅度(%)
		超载梁	参考梁	
A	PPCA3	171	182	6.0
	PPCA4	—		—
	PPCA5	185		−1.6
B	PPCB1	244	258	5.4
	PPCB2	240		7.0
	PPCB3	251		2.7
C	RC1	156	147	−6.1
	RC2	146		0.7
	RC3	151		−2.7

参考梁与超载梁承载力结果对比 表12

组别	构件	超载度(%)	正常使用极限		屈服荷载(kN)		承载力极限	
			荷载(kN)	跨中挠度(mm)	荷载(kN)	跨中挠度(mm)	荷载(kN)	跨中挠度(mm)
A	PPCA01	参考梁	93	4.9	139	14.1	182	44.1
	PPCA02	参考梁	92	6.2	136	16.7	165	40.6
	PPCA3	24.0	80	6.7	124	15.1	171	42.6
	PPCA4	36.1	85	10.0	134	18.5	—	—
	PPCA5	49.5	0	0	161	27.0	185	48.8
B	PPCB0	参考梁	123	9.0	226	23.1	258	48.2
	PPCB1	17.6	114	9.2	231	22.3	244	35.5
	PPCB2	27.7	94	8.9	223	21.4	240	35.4
	PPCB3	66.9	0	0	237	27.5	251	37.0
C	RC0	参考梁	78	8.4	144	17.4	147	52.5
	RC1	24.4	80	10.5	156	18.9	156	48.7
	RC2	37.8	72	8.7	146	17.2	146	51.5
	RC3	54.3	92	13.4	153	20.5	151	47.1

3.3 超载作用下混凝土梁裂缝分析

(1)裂缝控制的规定

几乎所有的混凝土结构都带裂缝工作,而裂缝与混凝土结构的耐久性又有着密切的关系。由于裂缝宽度容许值的大小直接影响到结构安全与经济效益,因此对混凝土结构裂缝宽度的限制是非常有必要的。针对钢筋混凝土构件裂缝的研究已经较多,也提出了较为成熟的理论,但对于部分预应力结构裂缝的研究至今还不完善。部分预应力混凝土结构由于预加力的存在,其裂缝的产生与开展受到预加力的约束作用,因此部分预应力混凝土结构的裂缝控制和计算与钢筋混凝土结构又不完全相同。国内外对裂缝宽度问题都做了大量的研究,探讨裂缝对钢筋锈蚀的影响。目前,统一的认识是:①裂缝宽度与钢筋锈蚀之间近似呈线性关系;②环境对钢筋锈蚀程度有比较明显的影响。对于部分预应力混凝土受弯构件的裂缝控制,《部分预应力混凝土结构设计建议》提供了两种方法:一种是计算"特征裂缝宽度",使构件出现的裂缝宽度控制在规范容许值的范围之内;另一种是采用名义拉应力的方法。而《公路钢筋混凝土及预应力混凝土桥涵设计规范》(JTG D62—2004)关于部分预应力混凝土结构裂缝的规定,这里不再赘述。

(2)超载对混凝土梁裂缝的影响

本文试验主要对混凝土梁纯弯段梁截面下缘的竖向裂缝进行了观测(图 26),并跟踪观测了多条相对显著的裂缝(图 27),测试其裂缝宽度和高度,进行分析比较,取得不同荷载等级下梁最大裂缝宽度和最大裂缝高度。根据测得的最大裂缝宽度衡量构件所处的损伤状态,确定加载是否达到预定的超载幅值,从而考查裂缝在不同超载损伤作用下的发生与发展机理,以及重复超载对裂缝的影响,为桥梁损伤评估提供依据。

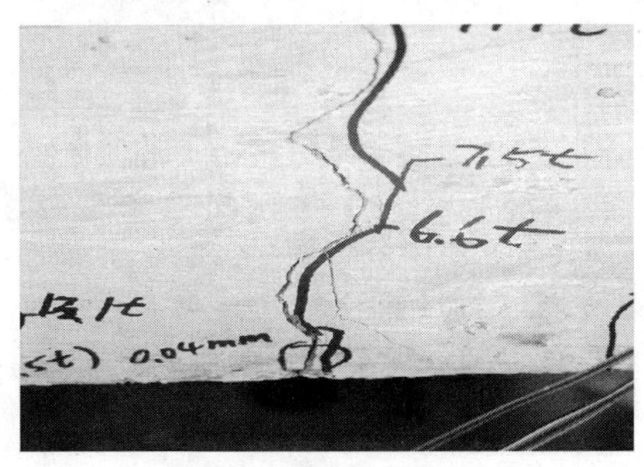

图 26 裂缝观测位置

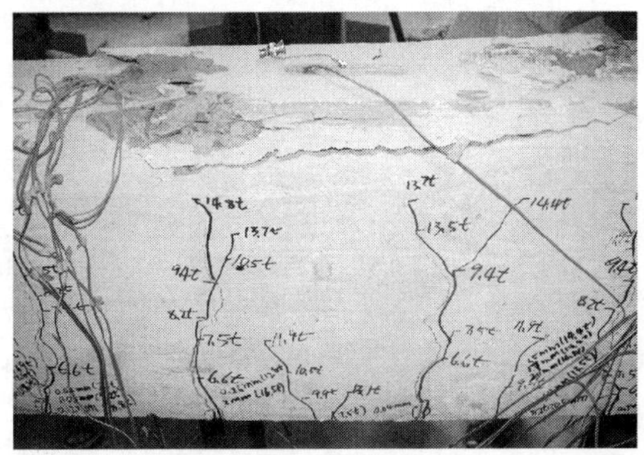

图 27 裂缝多点观测

两组不同配筋(非预应力钢筋的配筋不同)的部分预应力混凝土梁和一组普通混凝土梁抗弯试验结果表明:在梁底钢筋屈服前,梁最大裂缝宽度与荷载等级近似呈线性关系,并随着超载幅值或重复加载次数的增加裂缝宽度增大(图 28)。普通受拉钢筋的用筋量、不同超载幅值及其重复作用次数对梁体裂缝的发生与发展,都会产生不同的影响。超载损伤使梁体竖向裂缝更加密集,增大了裂缝宽度和高度,并随着超载幅值的提高,裂缝密集程度加大。

重复超载对两组超载梁的裂缝最大宽度和高度的影响如表 13 所示。

重复加载对最大裂缝宽度和高度的影响　　表 13

试件	重复加载 1 次		重复加载 10 次		重复加载 30 次		重复加载 80 次	
	宽度(mm)	高度(cm)	宽度(mm)	高度(cm)	宽度(mm)	高度(cm)	宽度(mm)	高度(cm)
PPCA1	0.06	13.0	0.10	19.0	0.10	19.0	0.10	19.0
PPCA2	0.14	21.0	0.20	22.0	0.24	24.0	0.24	24.0
PPCA3	0.20	23.0	0.18	25.0	0.24	25.0	0.24	25.0
PPCA4	0.30	24.0	0.34	25.0	0.34	25.0	0.40	25.0
PPCA5	0.40	25.0	0.62	27.5	0.70	27.5	0.80	27.5
PPCB1	0.15	22.0	0.16	23.5	0.16	23.5	0.17	23.5
PPCB2	0.20	22.5	0.20	24.5	0.24	25.0	0.26	25.0
PPCB3	0.25	24.5	0.25	24.5	0.25	24.5	0.86	27.5
RC1	0.24	25.0	0.23	25.0	0.24	26.0	0.24	27.0
RC2	0.28	25.0	0.28	27.0	0.28	27.0	0.30	27.0
RC3	0.30	25.0	0.30	25.0	0.30	26.0	0.30	26.0

对于配筋较少的 A 组梁，裂缝主要是位于纯弯段的竖向裂缝和加载点附近的竖向裂缝及少许的斜裂缝(图 29)。在超载幅值较小的情况下，重复超载会对裂缝的宽度和高度产生一定的影响，主要使较长裂缝的条数增多，裂缝宽度增大，也产生了少许新的竖向裂缝和斜裂缝(图 30)。卸载后，由于预应力作用，裂缝完全闭合，而有限次重复超载(试验次数为 80 次)对超载后的残余裂缝宽度影响不明显。当超载幅值达到使梁底钢筋屈服，产生塑性变形，或者在

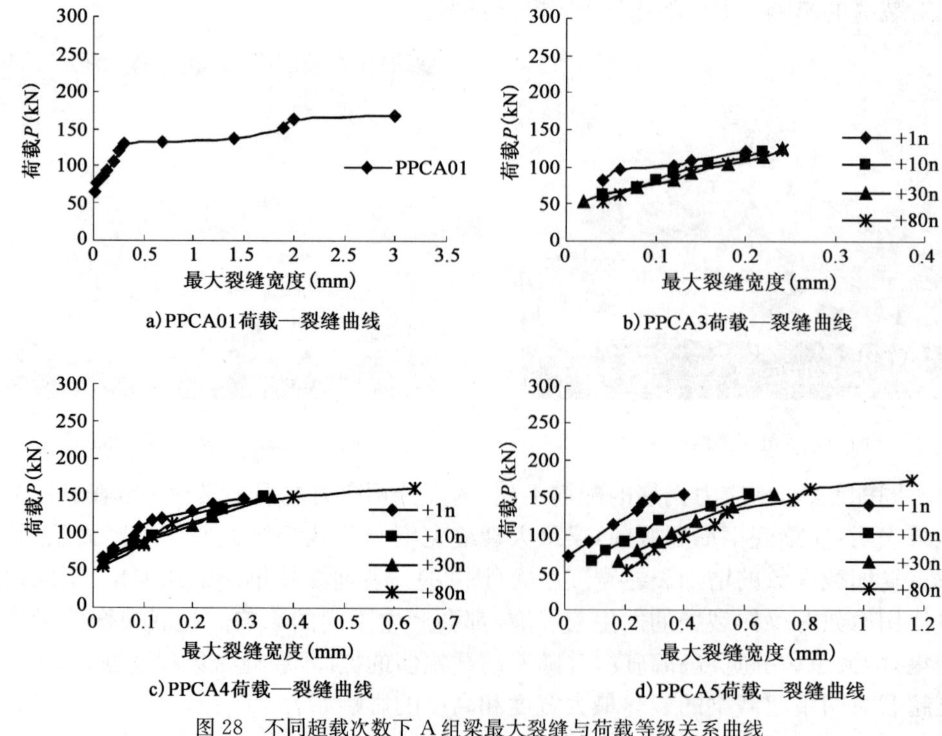

图 28　不同超载次数下 A 组梁最大裂缝与荷载等级关系曲线

重复超载作用下钢筋屈服时，裂缝宽度明显增大，而卸载之后，超载残余裂缝不再闭合。如构件 PPCA5，其在重复 80 次超载后，梁底部分钢筋屈服，超载残余裂缝宽度达到 0.14mm，明显超过了结构正常使用极限承载能力的要求。

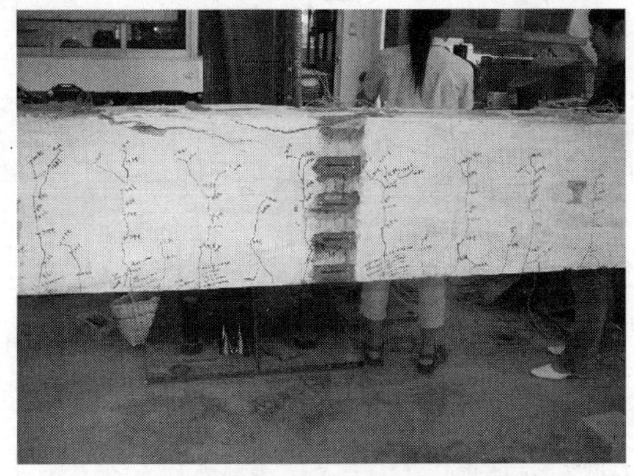

a）跨中纯弯段竖向裂缝情况实照

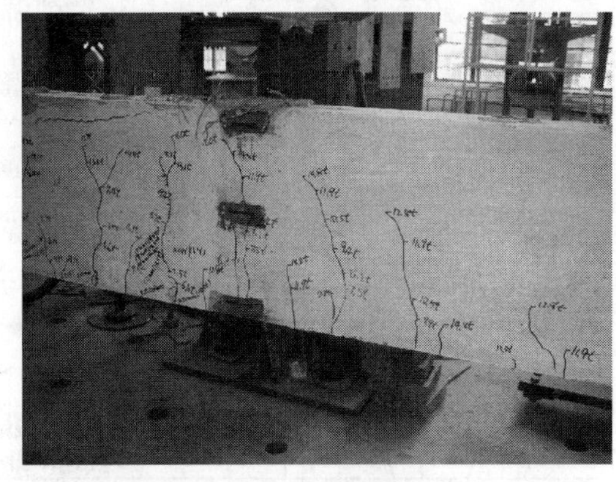

b）加载点处裂缝情况实照

图 29　A 组梁裂缝发展情况实照

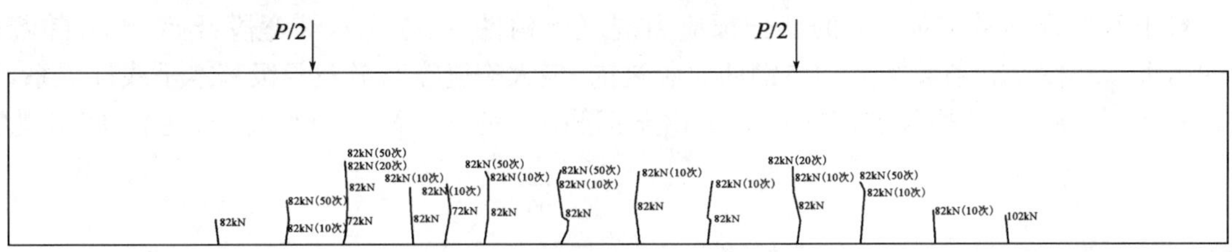

a）PPCA1裂缝示意图

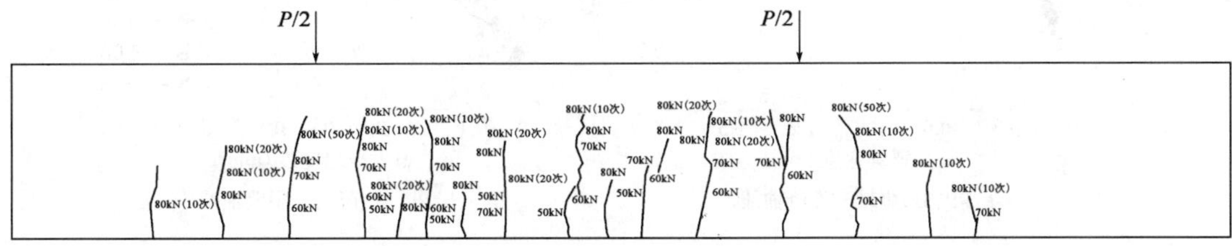

b）PPCA2裂缝示意图

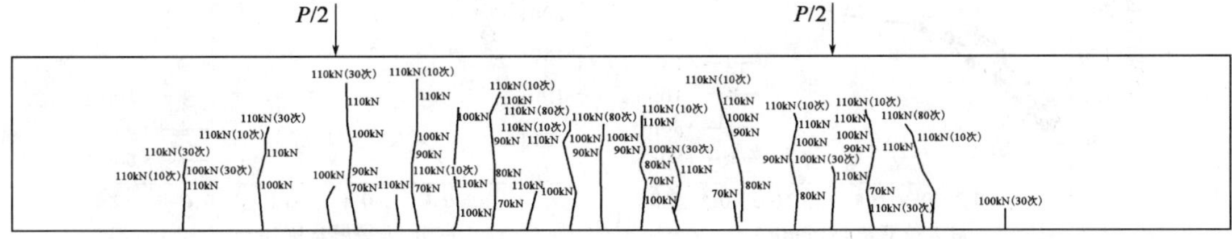

c）PPCA3裂缝示意图

图　30

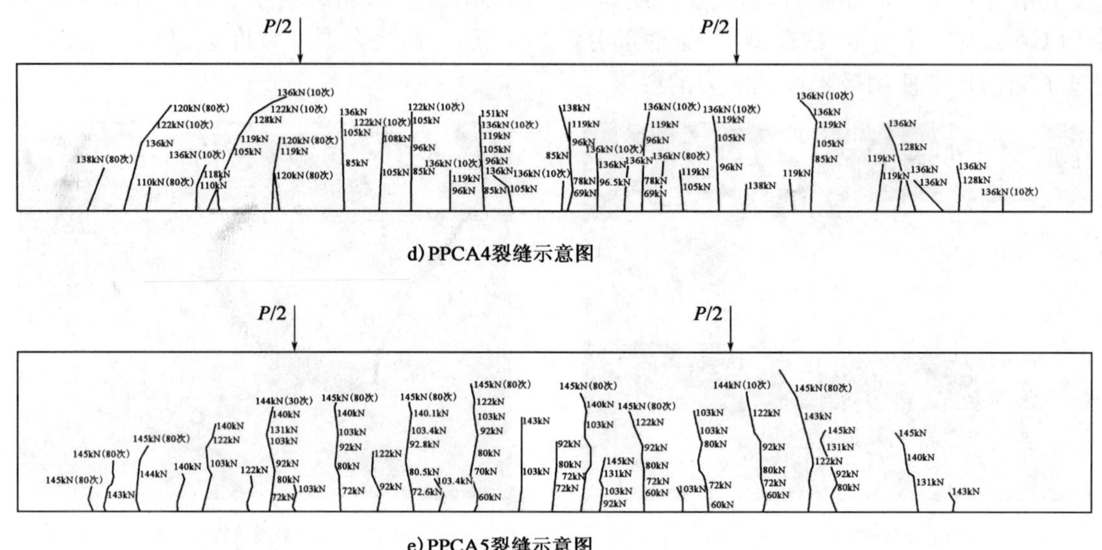

d) PPCA4裂缝示意图

e) PPCA5裂缝示意图

图 30　重复超载对 A 组各梁裂缝影响示意图

对于 B 组配筋量相对较大的部分预应力混凝土构件，裂缝先从纯弯段开始产生，随着荷载的增大，裂缝增长，条数增多。在钢筋屈服之前，最大裂缝宽与荷载等级基本呈线性关系，等到钢筋屈服之后，裂缝增长加剧(图 31)。由于钢筋用量增大，增强了梁的抗弯性能，使斜裂缝

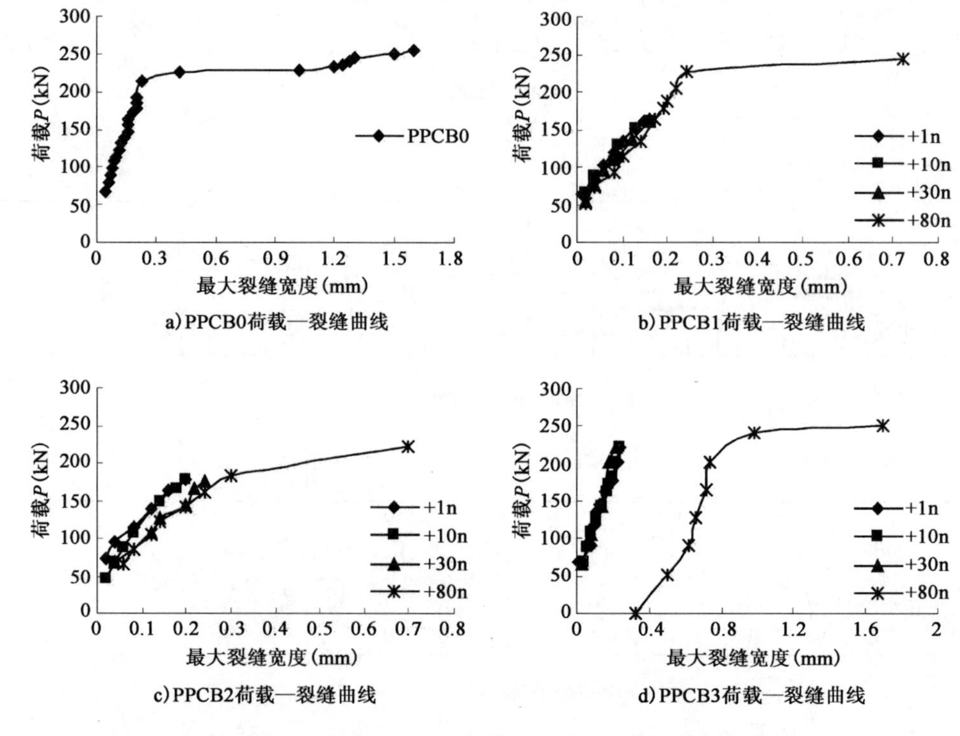

a) PPCB0荷载—裂缝曲线

b) PPCB1荷载—裂缝曲线

c) PPCB2荷载—裂缝曲线

d) PPCB3荷载—裂缝曲线

图 31　不同超载次数下 B 组梁最大裂缝宽度与荷载等级关系曲线

发展明显，随着荷载的增大而增多、增大（图 32）。超载损伤导致裂缝开展较为密集，并随着超载幅值的提高，密集程度加深，斜裂缝条数增加，并向梁两端扩展（图 33）。当超载度达到一定程度时，在重复超载作用下，跨中纯弯段裂缝增长并不明显，而两端剪弯段斜裂缝的增长却较为显著，其宽度和高度明显增大和增高，并出现新的斜裂缝。如 PPCB3 构件，在重复超载作用

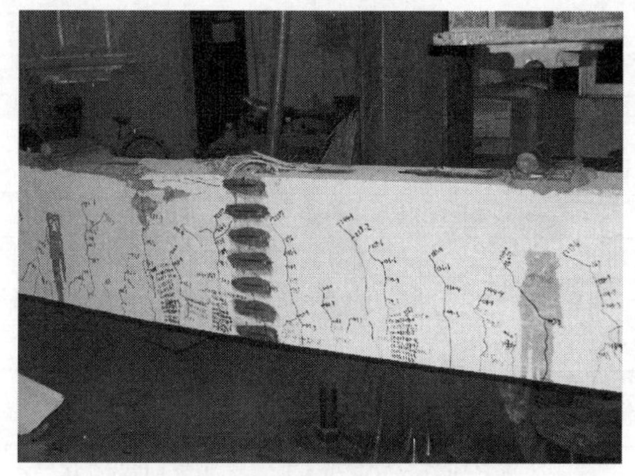

a）梁跨中纯弯段竖向裂缝情况实照

b）梁弯剪段斜裂缝发展情况实照

图 32　B 组梁裂缝发展情况实照

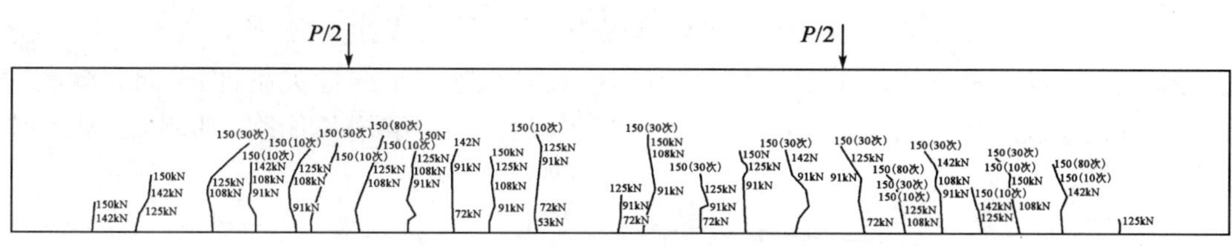

a）PPCB1裂缝示意图

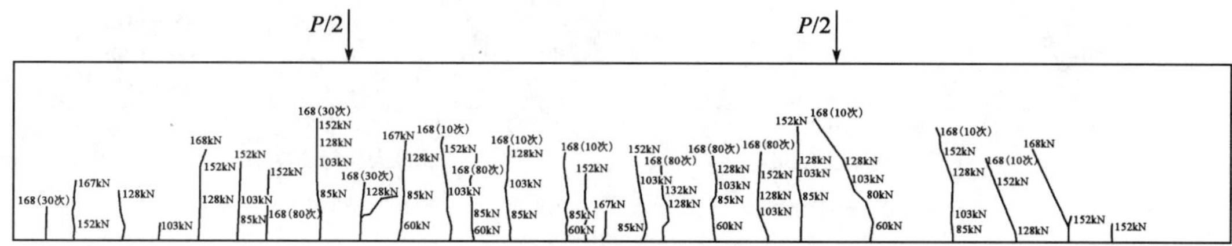

b）PPCB2裂缝示意图

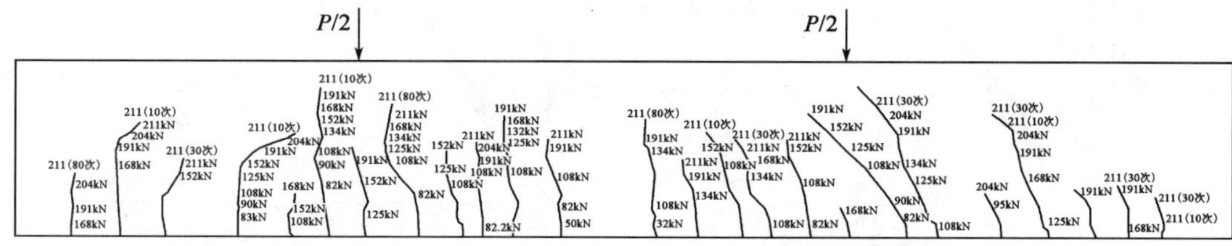

c）PPCB3裂缝示意图

图 33　重复超载对 B 组各梁裂缝影响示意图

下，纯弯段竖向裂缝无明显增长，超载残余裂缝宽度为 0.01mm（表 14）。而斜裂缝宽度及高度都具有显著的增长，当重复超载 50 次后，斜裂缝宽度由 0.28mm 增加到 0.46mm，残余斜裂缝宽度由 0.07mm 增加到 0.16mm（表 15）。由于在重复超载第 64 次时，超载幅值不慎加大了 15kN，导致梁底部分钢筋屈服，致使梁跨中竖向裂缝宽度有较大的增长，超载残余裂缝达 0.32mm，远远超过正常使用的要求。

B 组梁重复超载不同次数后残余裂缝宽度（单位：mm）　　表 14

重复加载次数 \ 试件	PPCB1	PPCB2	PPCB3
1	0	0.01	0.01
10	0	0.01	0.01
30	0.01	0.01	0.01
80	0.01	0.01	0.32

重复超载对 PPCB3 超载梁斜裂缝的影响（单位：mm）　　表 15

试件	重复加载 1 次		重复加载 10 次		重复加载 30 次		重复加载 80 次	
	加载	残余	加载	残余	加载	残余	加载	残余
PPCB3	0.28	0.07	0.40	0.12	0.44	0.14	0.46	0.16

对于 C 组普通钢筋混凝土梁，初次加载过程中，其裂缝的发生与发展类似于 B 组部分预应力混凝土梁。在钢筋屈服之前，最大裂缝宽与荷载等级基本呈线性关系，而竖向裂缝高度在达到一定荷载等级之后，增长极为缓慢，等到钢筋屈服之后，裂缝增长加剧（图 34）。超载损伤

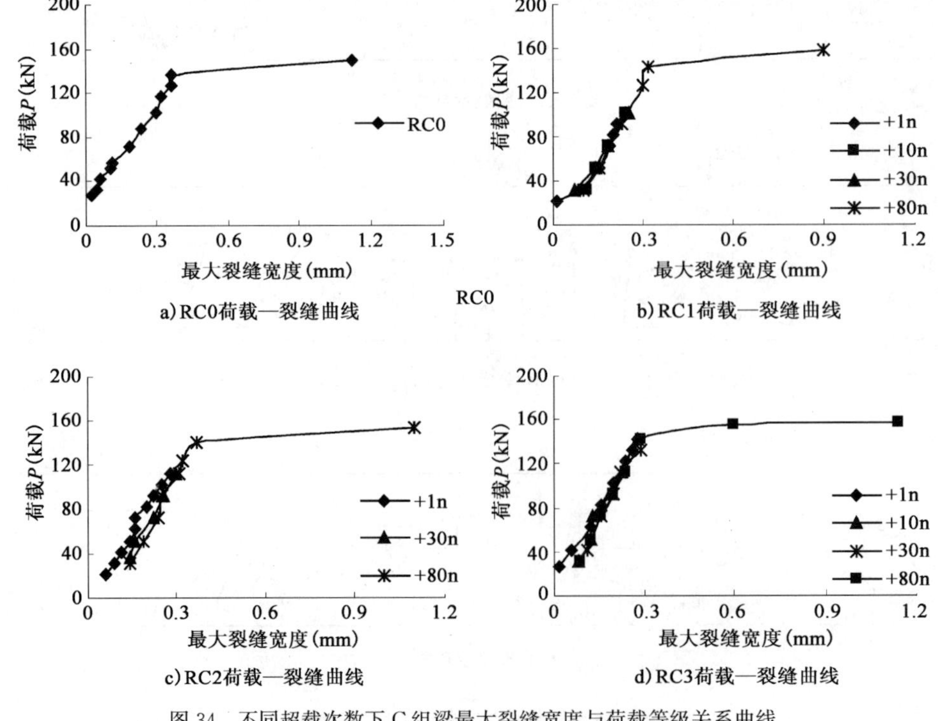

图 34　不同超载次数下 C 组梁最大裂缝宽度与荷载等级关系曲线

导致裂缝开展较为密集，并随着超载幅值的提高，斜裂缝条数及高度增加，并向梁两端扩展发生(图 35)。在重复超载作用下，跨中纯弯段竖向裂缝增长并不明显，而两端剪弯段斜裂缝的增长却较为显著(表 16)，其宽度和高度明显增大和增高(图 36)，并出现新的斜裂缝。与部分预应力混凝土梁不同的是，在重复超载作用下，梁残余裂缝宽度有所增加(表 17)。

a)梁跨中纯弯段竖向裂缝情况实照

b)梁弯剪段斜裂缝发展情况实照

图 35 C 组梁裂缝发展情况实照

重复超载对 C 组超载梁斜裂缝的影响(单位:mm) 表 16

试件	重复加载 1 次		重复加载 10 次		重复加载 30 次		重复加载 80 次	
	加载	残余	加载	残余	加载	残余	加载	残余
RC2	0.24	0.07	0.24	0.10	0.25	0.10	0.30	0.11
RC3	0.32	0.08	0.44	0.12	0.46	0.16	0.51	0.17

C 组梁重复超载不同次数后残余裂缝宽度(单位:mm) 表 17

重复加载次数 \ 试件	RC1	RC2	RC3
1	0.03	0.09	0.04
10	0.04	0.09	0.06
30	0.04	0.1	0.07
80	0.05	0.1	0.07

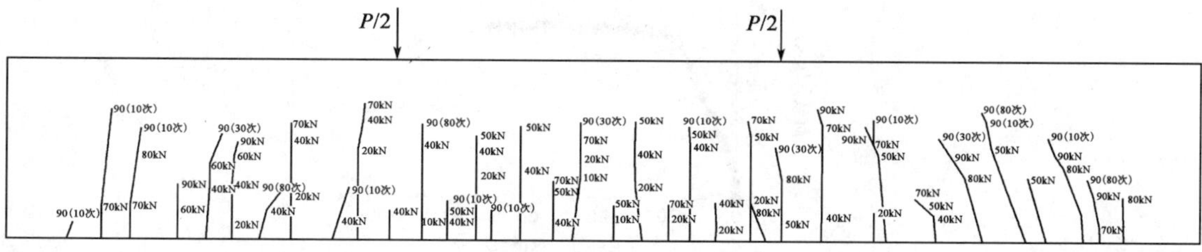

a)RC1裂缝示意图

图 36

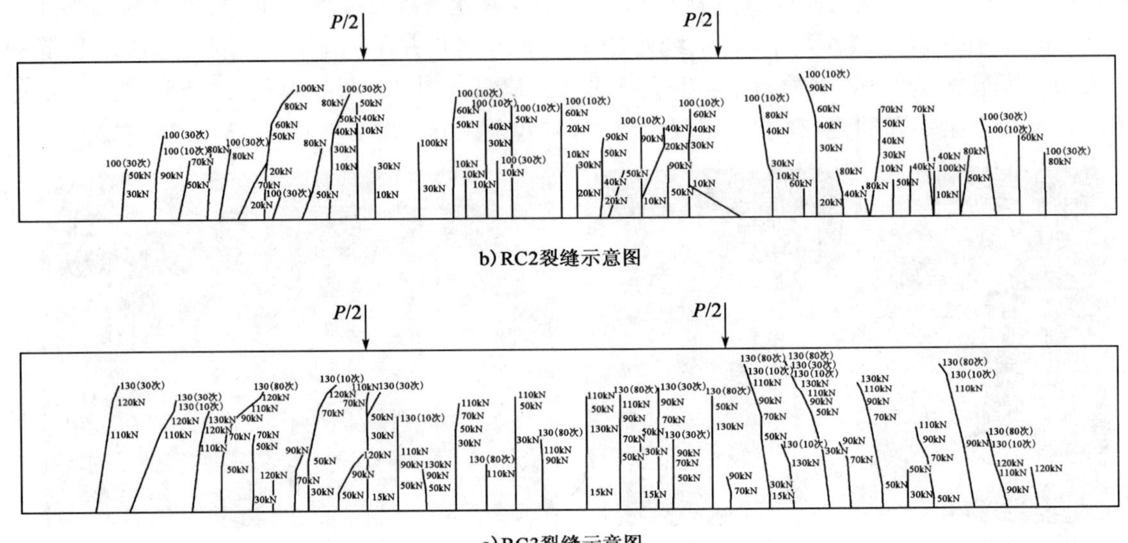

b)RC2裂缝示意图

c)RC3裂缝示意图

图 36 重复超载对 C 组各梁裂缝影响示意图

3.4 超载作用下混凝土梁挠度变形分析

(1)试验梁受力特性

挠度是预应力(钢筋)混凝土构件内部损伤积累和裂缝扩展的外观表现,可以从宏观上反映梁的受力性能和损伤状态。图 37 是三组不同种混凝土参考梁的荷载—挠度关系曲线。

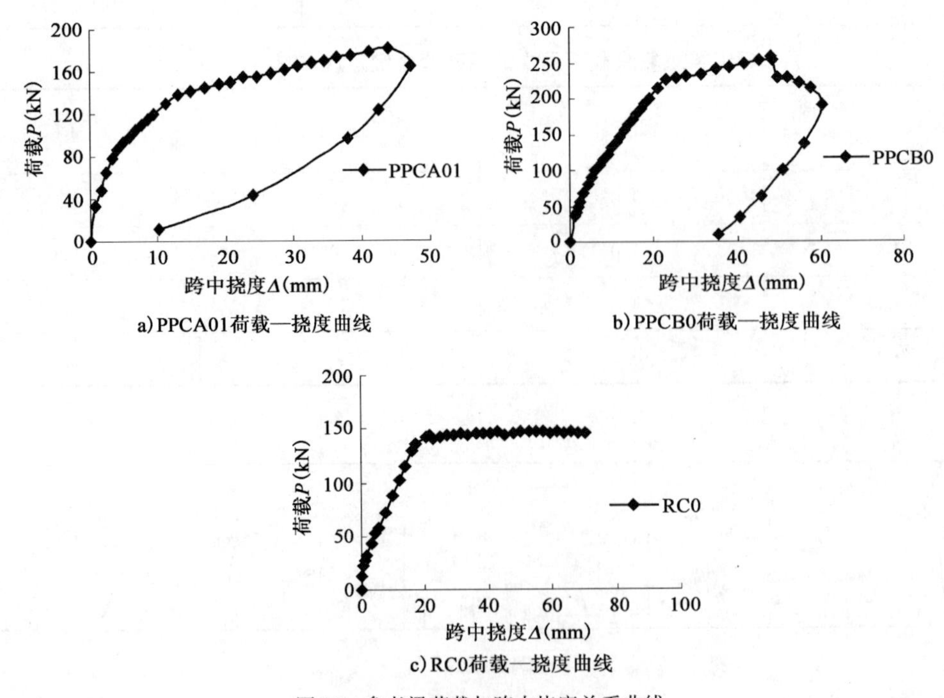

a)PPCA01荷载—挠度曲线

b)PPCB0荷载—挠度曲线

c)RC0荷载—挠度曲线

图 37 参考梁荷载与跨中挠度关系曲线

由图 37 可知，在加载过程中，混凝土梁的荷载—挠度曲线加载上升部分可分成三个近似呈线性增长的阶段。

第一阶段：从零加载到梁体出现裂缝。梁体出现裂缝后，梁截面刚度下降，荷载—挠度曲线出现转折点，挠度增长加剧。

第二阶段：从出现裂缝到梁底钢筋屈服。即从第一个转折点到下一个转折点。

第三阶段：从梁底钢筋屈服到梁顶受压区混凝土受压破坏。梁截面刚度进一步加剧降低，此时受拉区拉应力增长部分完全由预应力筋承担，挠度变形加剧，梁很快达到抗弯极限承载力，预应力钢筋尚未屈服。

对于部分预应力混凝土梁，受拉区非预应力钢筋的配筋率增大，延长了第二阶段作用范围，缩短了第三阶段的作用过程，使得当梁底钢筋屈服后，构件很快就达到抗弯极限承载能力。非预应力钢筋配筋率的适当增加，提高了梁的抗弯承载能力，最终受压区混凝土达到抗压强度被压碎而破坏。对于普通钢筋混凝土梁，其达到屈服荷载后，承载能力基本不再增长，而挠度变形继续增大，具有显著的延性，直到混凝土受压破坏，加载结束。

(2)超载对混凝土梁挠度变形的影响

在结构自重与长期荷载作用下，钢筋混凝土梁的挠度比较大，而部分预应力混凝土构件的挠度变形介于全预应力混凝土与钢筋混凝土之间，部分预应力混凝土构件没有开裂时其挠度变形与全预应力混凝土没有差别，但超载使部分预应力混凝土结构出现裂缝，大大降低了结构的刚度，并随着超载幅值的提高而加剧降低，产生了较大的挠度变形，影响了结构的正常使用。对混凝土梁进行重复超载试验，并在超载 10 次、30 次及 80 次后，进行单调加载至超载损伤，考查梁因超载及不同重复超载次数而引起结构变形性能的变化。由图 38～图 40 可知，超载导致混凝土梁产生了残余挠度变形，并随着超载度的提高而增大。通过对参考梁与超载梁荷载—挠度曲线的对比可以看出，部分预应力混凝土梁经过超载之后，其挠度变形增长曲线不在有第一阶段和第二阶段的明显分界，在钢筋屈服之前，挠度变形呈平滑曲线增长的趋势，而当钢筋屈服之后，荷载—挠度曲线基本与参考梁相同，直到梁达到极限承载力。当超载度不大的情况下，相对于参考梁，超载梁的极限挠度变形有所降低，配筋率较大的构件表现更为明显，其降低幅度可达 26.6%。对于超载损伤达到梁底钢筋屈服的超载梁 PPCA5，其表现出更大的极限挠度变形的能力，其挠度达到 48.8mm，超过了参考梁极限挠度变形近 10.7%。而对于超载梁 PPCB3，因其超载过程中，第 65 次重复超载时，荷载超出超载幅值 15kN，致使梁底钢筋屈服，故超载破坏时其极限挠度变形相对本组其他超载梁有所提高。对于普通钢筋混凝土超载梁，在钢筋屈服之前，挠度与荷载基本呈线性关系。与参考梁相比，梁屈服时的挠度变形较小。总体来说，由超载梁在不同超载次数后的荷载—挠度曲线可知，重复超载使得在相同荷载作用下梁挠度变形增大，且随着重复超载次数的增加而增长。

表 18 给出了不同损伤(超载)及不同配筋，对部分预应力混凝土及普通钢筋混凝土梁在重复加载过程中跨中挠度增长的影响情况。从试验结果看，挠度变形的增长随着超载幅值的增加而变大，而增长幅度却先降低后增大。对于部分预应力混凝土梁，配筋率对超载引起的挠度增长也具有一定的影响，配筋率增大，挠度变形增长降低，说明较多的非预应力钢筋对重复超载引起的刚度下降具有一定的削弱作用。在超载导致梁底钢筋屈服后，挠度变形增长幅度加剧。如 PPCA5 构件，在梁底钢筋屈服后，重复超载导致挠度增长了 5.14mm，增长幅度达 24.9%。而

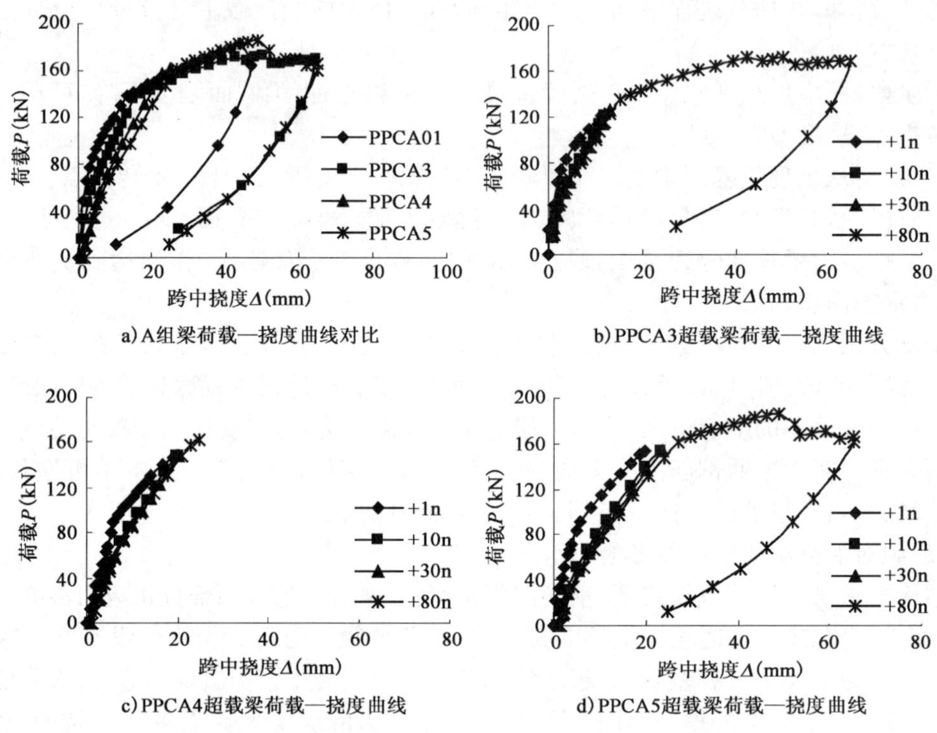

a) A组梁荷载—挠度曲线对比 b) PPCA3超载梁荷载—挠度曲线

c) PPCA4超载梁荷载—挠度曲线 d) PPCA5超载梁荷载—挠度曲线

图 38 重复超载对 A 组各梁跨中荷载—挠度关系曲线的影响

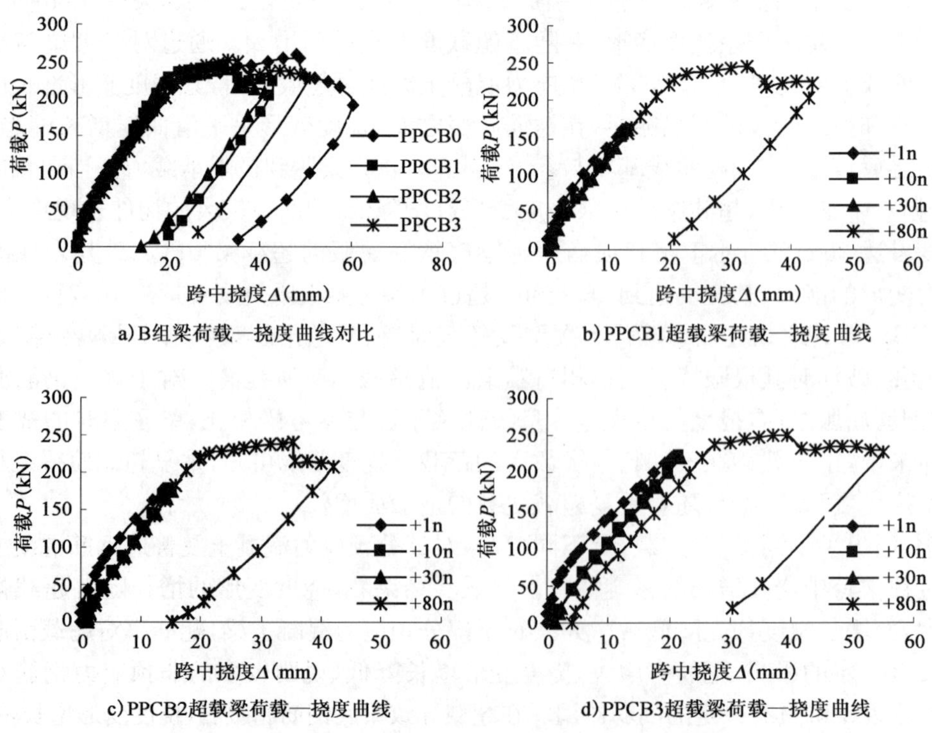

a) B组梁荷载—挠度曲线对比 b) PPCB1超载梁荷载—挠度曲线

c) PPCB2超载梁荷载—挠度曲线 d) PPCB3超载梁荷载—挠度曲线

图 39 重复超载对 B 组各梁跨中荷载—挠度关系曲线的影响

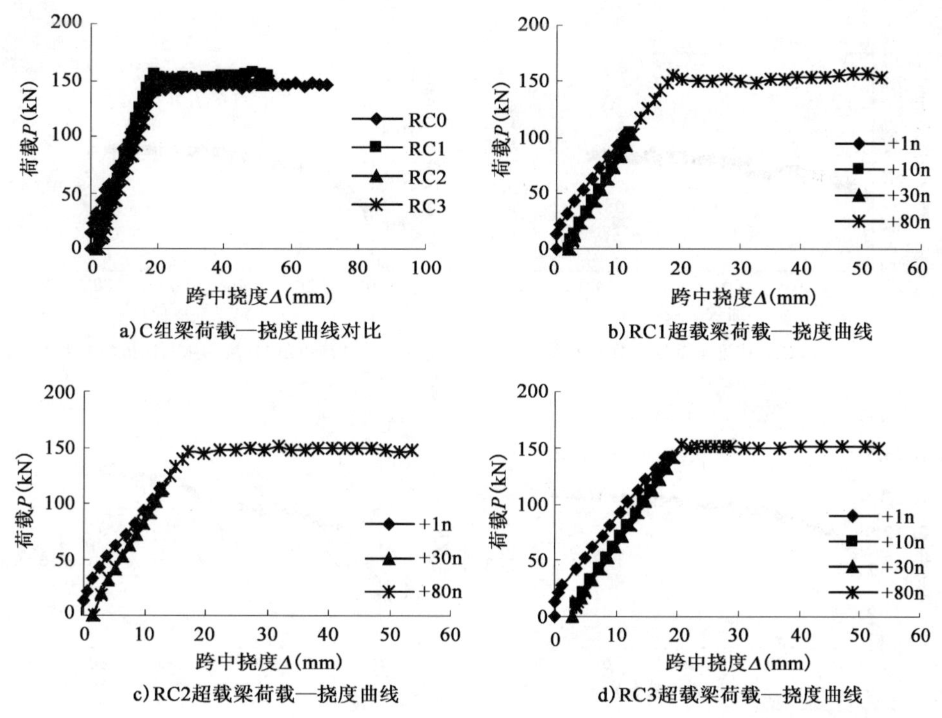

图 40 重复超载对 C 组梁跨中荷载—挠度关系曲线的影响

对于超载梁 PPCB3,第 50 次重复超载后,挠度变形增加了 1.63mm,增长幅度为 7.8%。由于在第 65 次超载时,加载超过了超载幅值 15kN,致使梁底钢筋屈服,梁体刚度急剧下降,挠度变形出现跳跃式增大,待第 80 次重复超载之后,挠度变形增长了 5.08mm,增长幅度达到 24.5%。普通钢筋混凝土梁挠度变形因重复超载引起的增长相对较小。各组超载梁挠度变形与重复超载次数的关系如图 41 所示。

重复超载对混凝土梁跨中挠度的影响(单位:mm) 表 18

试件	超载度(%)	第 1 次	第 10 次	第 30 次	第 50 次	第 80 次	超载后增长值(mm)	增长幅度(%)
PPCA1	—	5.21	5.51	5.63	5.90	5.95	0.74	14.2
PPCA2	18.3	9.10	9.45	9.81	10.05	10.08	0.98	10.8
PPCA3	24.0	11.94	12.58	12.81	12.91	13.14	1.20	10.1
PPCA4	36.1	18.87	20.01	20.50	20.66	21.05	2.18	11.8
PPCA5	49.5	20.68	22.08	23.99	25.21	25.82	5.14	24.9
PPCB1	17.6	12.52	12.95	13.27	13.29	13.36	0.84	6.7
PPCB2	27.7	15.78	16.31	16.71	16.89	17.03	1.25	7.9
PPCB3	66.9	20.77	21.41	22.17	22.40	25.85	5.08	24.5
RC1	24.4	11.56	11.95	12.25	12.33	12.42	0.83	7.4
RC2	37.8	12.79	12.86	12.96	12.88	12.91	0.12	0.9
RC3	54.3	18.35	18.78	1920	19.22	19.28	0.93	5.1

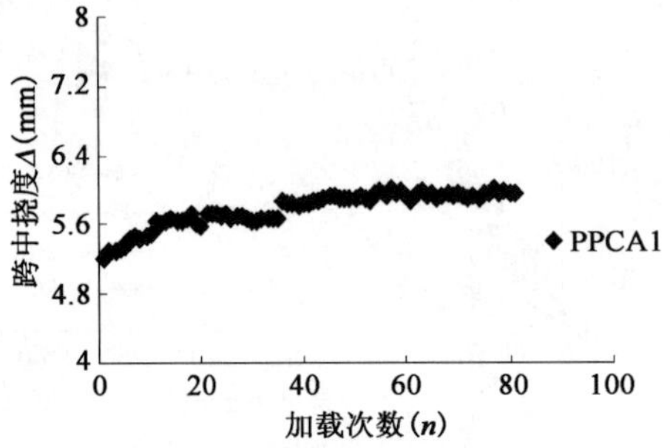

跨中挠度Δ(mm)
8 7.2 6.4 5.6 4.8 4
0 20 40 60 80 100
加载次数(*n*)
◆PPCA1

a)PPCA1挠度与重复次数的关系

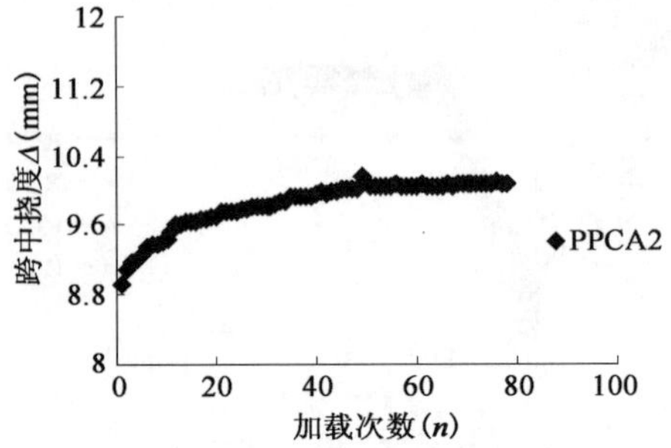

跨中挠度Δ(mm)
12 11.2 10.4 9.6 8.8 8
0 20 40 60 80 100
加载次数(*n*)
◆PPCA2

b)PPCA2挠度与重复次数的关系

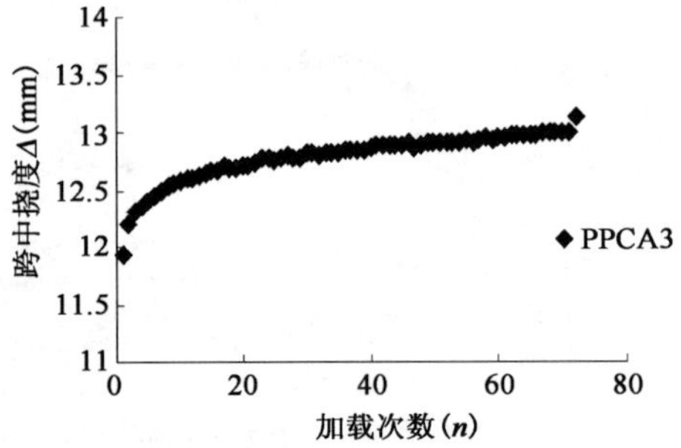

跨中挠度Δ(mm)
14 13.5 13 12.5 12 11.5 11
0 20 40 60 80
加载次数(*n*)
◆PPCA3

c)PPCA3挠度与重复次数的关系

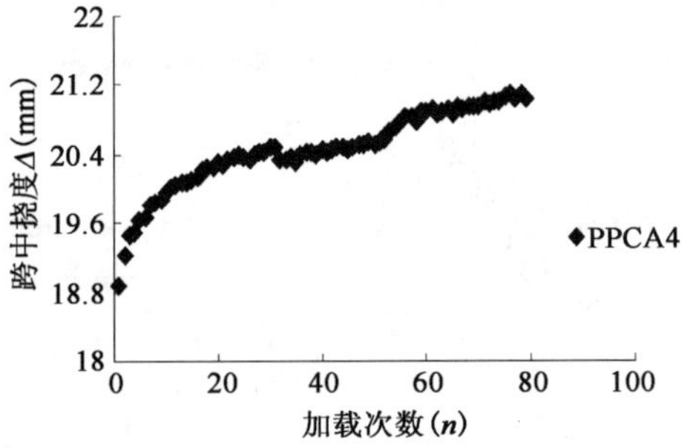

跨中挠度Δ(mm)
22 21.2 20.4 19.6 18.8 18
0 20 40 60 80 100
加载次数(*n*)
◆PPCA4

d)PPCA4挠度与重复次数的关系

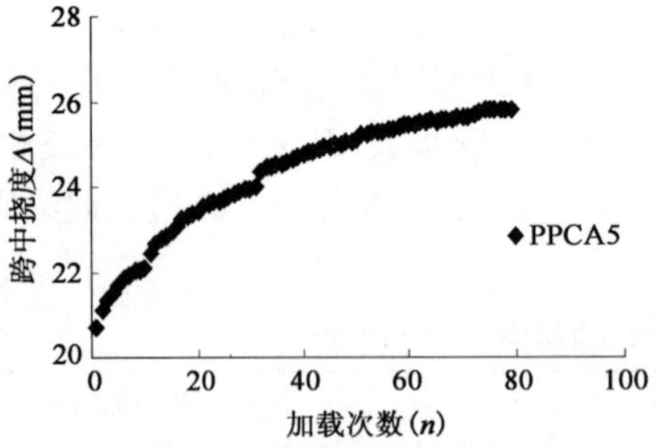

跨中挠度Δ(mm)
28 26 24 22 20
0 20 40 60 80 100
加载次数(*n*)
◆PPCA5

e)PPCA5挠度与重复次数的关系

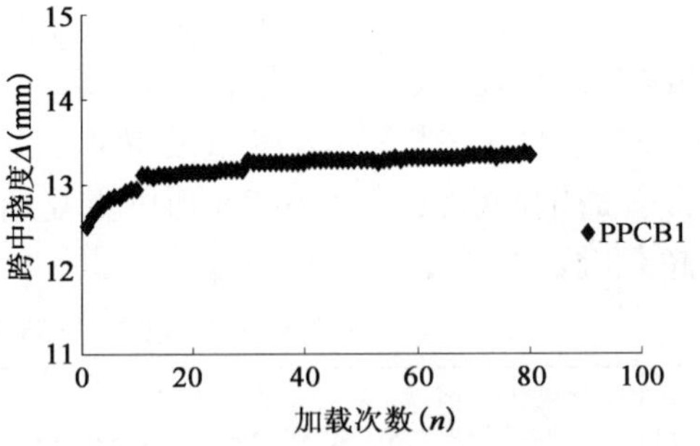

跨中挠度Δ(mm)
15 14 13 12 11
0 20 40 60 80 100
加载次数(*n*)
◆PPCB1

f)PPCB1挠度与重复次数的关系

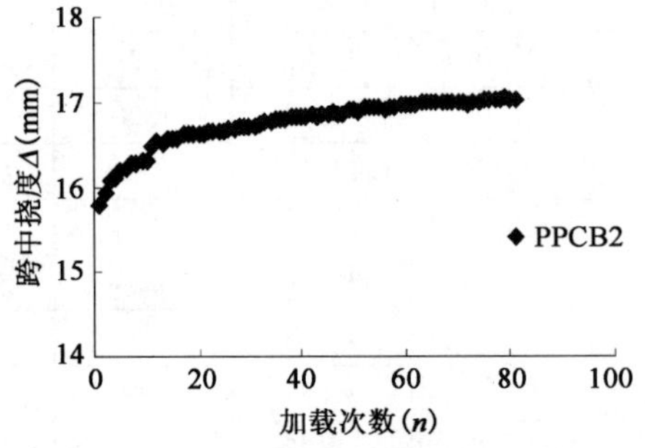

跨中挠度Δ(mm)
18 17 16 15 14
0 20 40 60 80 100
加载次数(*n*)
◆PPCB2

g)PPCB2挠度与重复次数的关系

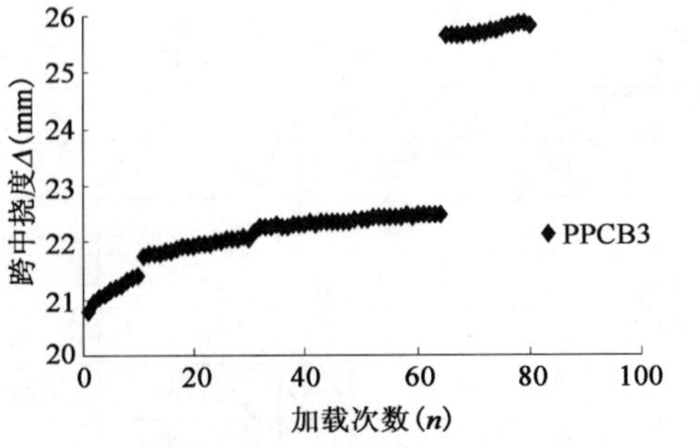

跨中挠度Δ(mm)
26 25 24 23 22 21 20
0 20 40 60 80 100
加载次数(*n*)
◆PPCB3

h)PPCB3挠度与重复次数的关系

图 41

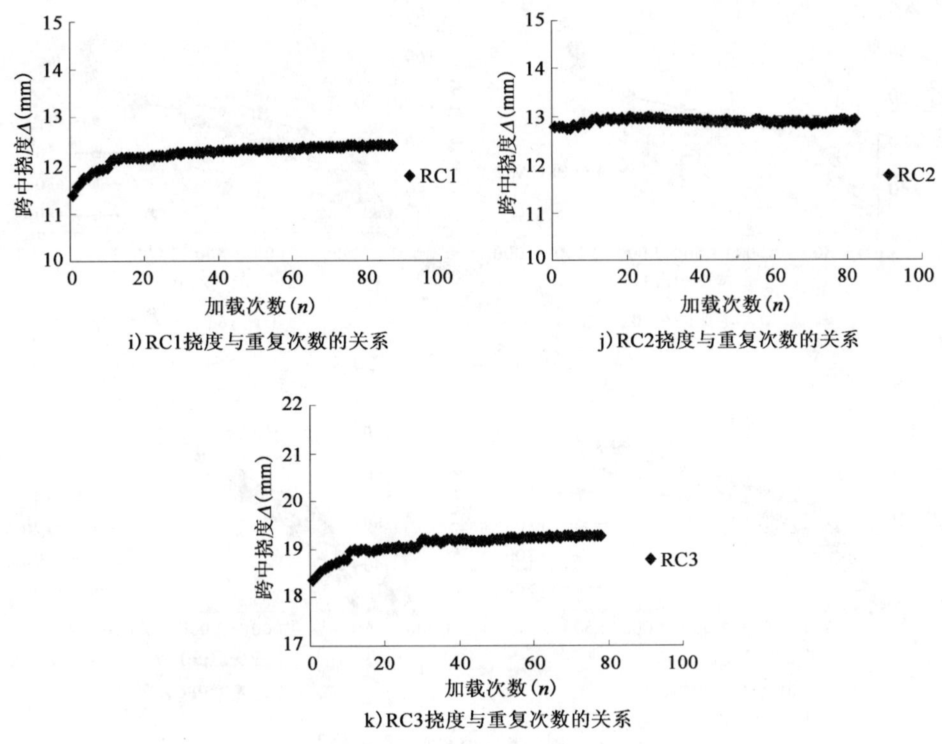

i)RC1挠度与重复次数的关系

j)RC2挠度与重复次数的关系

k)RC3挠度与重复次数的关系

图41 重复超载次数对各超载梁挠度的影响

3.5 超载作用下梁截面应变变化规律

(1)受拉钢筋应变分析

通过试验测试了纵向钢筋跨中和加载点处的应变,考查超载以及重复超载作用下,钢筋应变的变化规律,为桥梁使用性能的评估提供依据。本文主要分析了纯弯段梁底纵向受拉钢筋的拉应变。由图42、图43可知,部分预应力混凝土梁在加载过程中,其受拉钢筋应变随荷载的增长可分成两个主要阶段:第一阶段钢筋和混凝土共同承担拉应力,钢筋应变增长较为缓慢,荷载与梁底钢筋拉应变基本呈线性关系,直到梁底混凝土受拉开裂,梁截面拉应力出现重分布,此时主要由钢筋和预应力钢绞线承担拉应力;第二阶段钢筋拉应变增长较快,并呈线性增长,直到钢筋屈服。钢筋屈服之后,由于预应力的存在,拉应力主要由钢绞线承担,此时梁还具有一定的承载能力,随着荷载的增大,钢筋非屈服点处的应变并不增加。部分预应力混凝土梁经过超载之后,其钢筋应变与荷载关系曲线的两个阶段分界较为平滑,在相同荷载作用下,钢筋具有更大的应变变形,随着超载次数的增加,钢筋应变具有一定的增长,并随着超载幅值的增加而增大。当超载幅值较大,钢筋发生塑性变形或者屈服时,卸载之后,由于预应力的存在,导致钢筋残余应变变小,甚至受压而出现压应变。非预应力钢筋的配筋率对钢筋应变因重复超载导致的变化具有一定的影响,配筋率增加,钢筋应变增长相对较小,增长幅度在3.3%~8.5%之间,而配筋率较小的A组超载梁钢筋应变增长幅度在14.9%~30.0%之间。对于普通钢筋混凝土梁,其荷载与钢筋拉应变关系基本与部分预应力混凝土梁相同(图44),只是

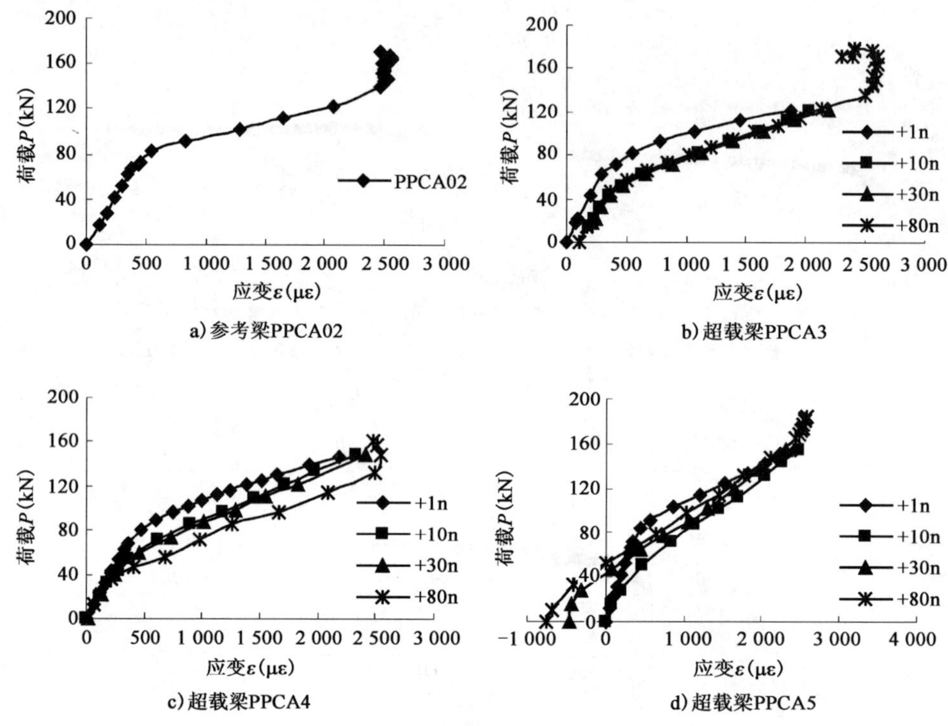

图 42　A组部分构件梁底钢筋应变与荷载关系曲线

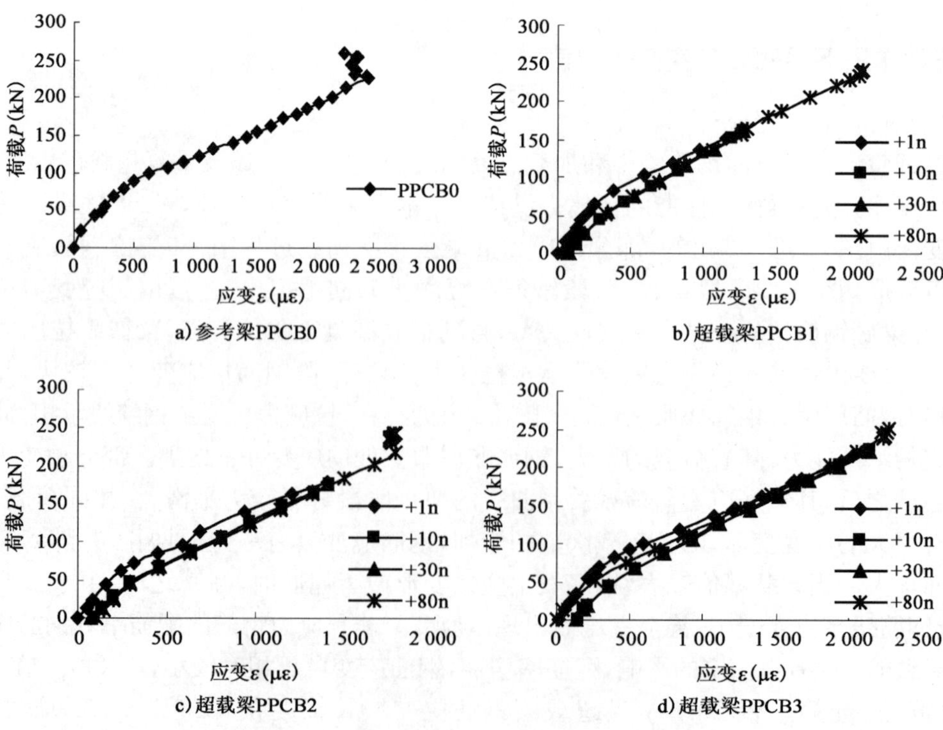

图 43　B组构件梁底钢筋应变与荷载关系曲线

在梁达到最大荷载时，钢筋应变还有所增长。超载之后，钢筋应变基本与荷载呈线性关系增长，直到钢筋屈服。重复超载导致钢筋产生较大的残余变形，然而重复超载对钢筋应变增长的影响并不明显。在重复重复超载作用下各构件钢筋应变的变化情况如表 19 所示。

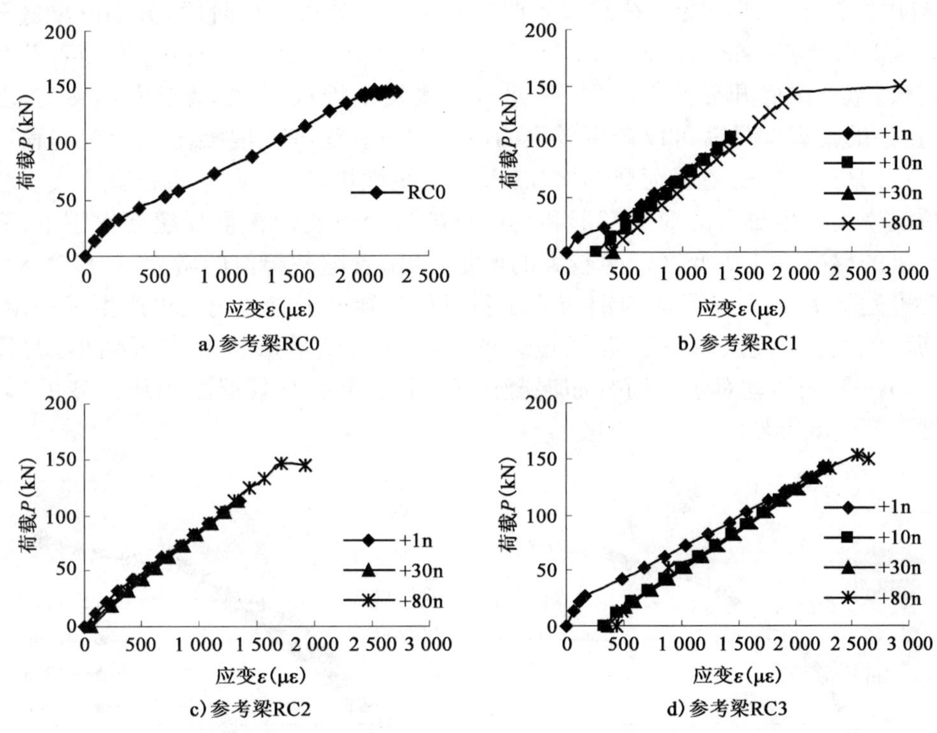

a)参考梁RC0

b)参考梁RC1

c)参考梁RC2

d)参考梁RC3

图 44 C 组构件梁底钢筋应变与荷载关系曲线

重复超载对超载梁梁底纵向受拉钢筋应变的影响(单位：$\mu\varepsilon$) 表 19

试 件	第 1 次	第 10 次	第 30 次	第 50 次	第 80 次	超载后增长(mm)	增长幅度(%)
PPCA1	681	820	860	882	885	204	30.0
PPCA2	1 329	1 458	1 511	1 517	1 529	200	15.0
PPCA3	1 868	2 004	2 156	—	2 147	279	14.9
PPCA4	2 179	2 325	2 409	—	2 543	364	16.7
PPCA5	2 422	2 473	2 696	2 831	2 984	562	23.2
PPCB1	1 247	1 280	1 278	1 277	1 288	41	3.3
PPCB2	1 400	1 424	1 442	1 462	1 463	63	4.5
PPCB3	2 128	2 215	2 265	2 308	2 308	180	8.5
RC1	1 422	1 420	1 415	1 407	1 403	−19	−1.3
RC2	1 347	1 347	1 333	1 334	1 332	−15	−1.1
RC3	2 250	2 266	2 268	2 282	2 292	42	1.9

(2)受压区混凝土应变分析

混凝土梁抗弯试验是以受压区混凝土达到极限压应力为破坏特征，应对梁顶混凝土压应变进行观测，考查其在超载及重复超载作用下的变化规律。试验结果表明(图 45～图 47)：受压区混凝土压应变与荷载关系曲线基本可以分成三个阶段，分别以梁底开裂和梁底钢筋屈服为分界点，各阶段曲线基本呈线性关系。受压区混凝土压应变随着荷载的增加呈线性增长，直到梁底开裂及钢筋屈服，此时曲线发生折点，应变增长发生突变，在钢筋屈服之后，较小的荷载增量就可以产生较大的应变增量。超载使混凝土压应变与荷载关系曲线发生一定的变化，应变随着荷载的增加，近似呈线性增加，直到钢筋屈服才发生折点。超载梁梁顶混凝土产生更大的应变变形和较明显的残余应变。在重复超载作用下，部分预应力混凝土梁的混凝土压应变会产生较大的增量，并随着超载幅值的增大，增量变大(表 20)，增长幅度可达 20.3%。非预应力钢筋的配筋率对混凝土压应变变化也产生了一定的影响，对于配筋率较大的 B 组超载梁，重复超载产生的压应变增量相对有所减小，增长幅度在 10.8%～11.6%之间。对于普通钢筋混凝土梁，重复超载对其混凝土压应变的影响很小，增长幅度不超过 3.5%。

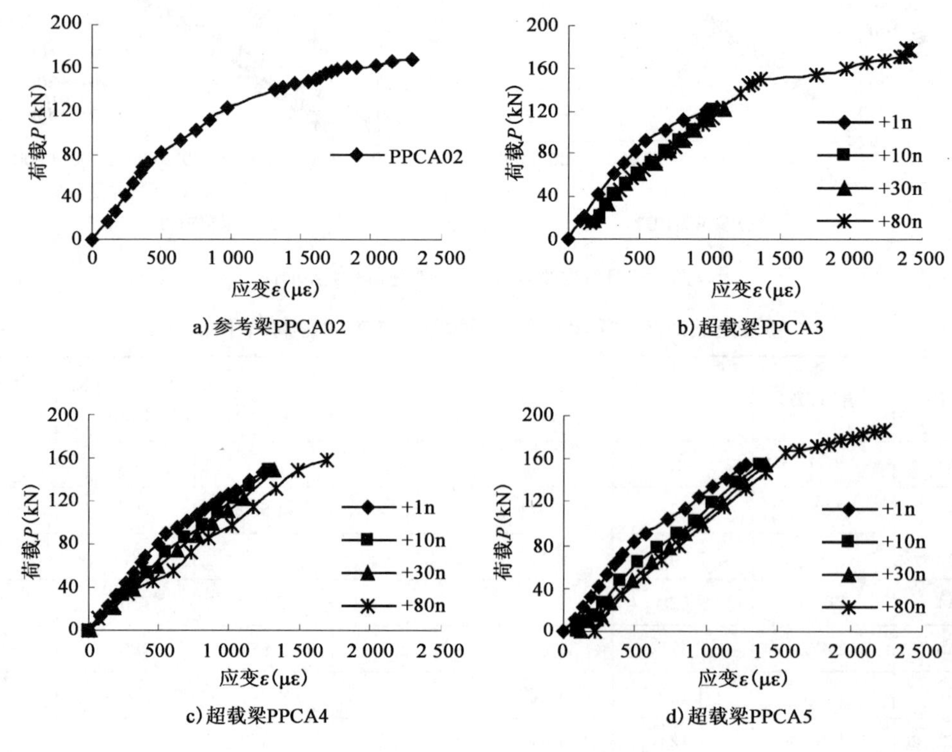

图 45　A 组构件受压区混凝土压应变与荷载关系曲线

(3)梁截面混凝土应变分析

通过对试验梁跨中及加载点处的截面应变进行测试(图 48)，本文主要分析了跨中截面混凝土应变的变化规律。

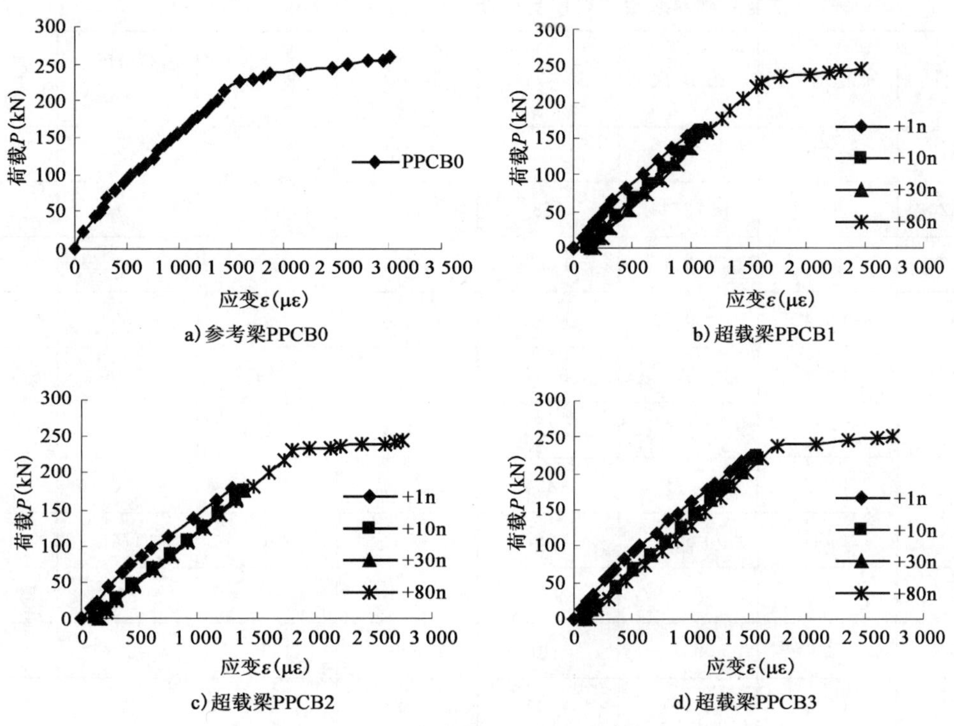

图 46 B组构件受压区混凝土压应变与荷载关系曲线

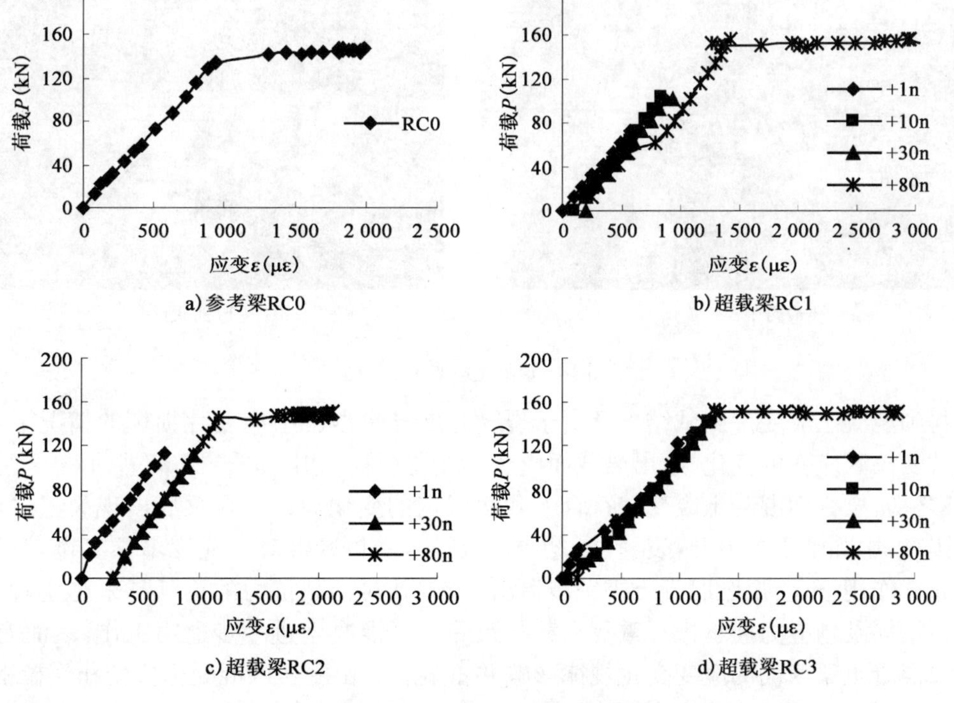

图 47 C组构件受压区混凝土压应变与荷载关系曲线

重复超载对超载梁梁顶受压混凝土压应变的影响(单位:με)　　表 20

试　　件	第 1 次	第 10 次	第 30 次	第 50 次	第 80 次	超载后增长(mm)	增长幅度(%)
PPCA1	575	582	603	613	618	43	7.5
PPCA2	691	737	758	770	770	79	11.4
PPCA3	982	1 038	1 085	1 088	1 100	118	12.0
PPCA4	1 244	1 285	1 332	—	1 497	253	20.3
PPCA5	1 277	1 371	1 427	1 490	1 516	239	18.7
PPCB1	1 041	1 072	1 120	1 143	1 153	112	10.8
PPCB2	1 288	1 371	1 424	1 438	1 438	150	11.6
PPCB3	1 494	1 556	1 587	1 597	1 668	174	11.6
RC1	866	832	928	890	896	30	3.5
RC2	928	931	940	950	955	27	2.9
RC3	1 248	1 240	1 241	1 228	1 221	−27	−2.2

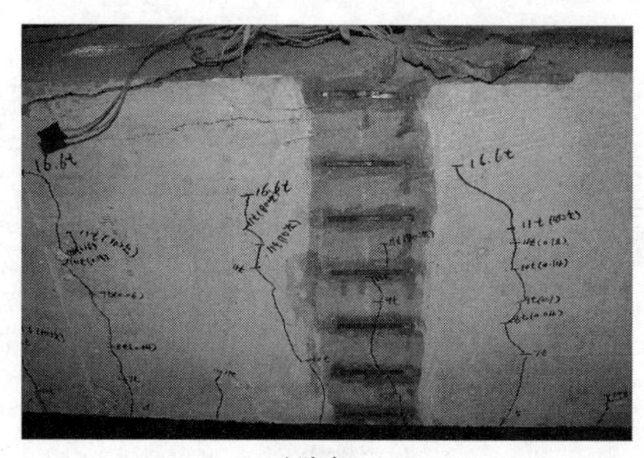
a)跨中

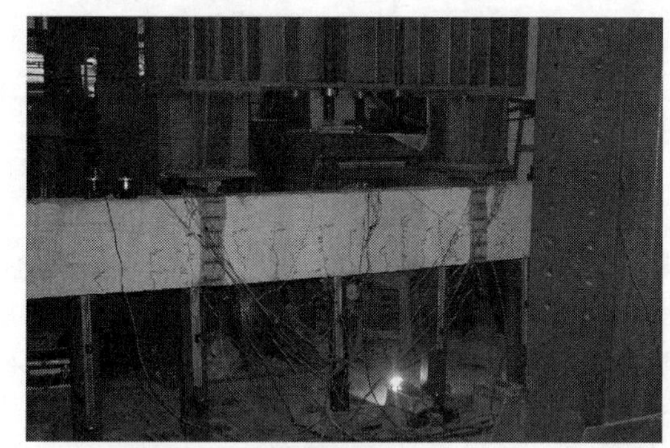
b)加载点

图 48　混凝土应变片位置图

在得到混凝土应变片测试结果及由于裂缝开展导致混凝土应变片损坏的情况下,用钢筋应变代替受拉区应变的变化,绘出梁截面应变的变化规律,如图 49～图 57 所示。试验结果表明:加载之初,梁截面混凝土应变较符合平截面假定的变化规律。在梁底出现裂缝之后,随着荷载的提高,中和轴不断上升,裂缝进一步向上延伸,受拉区混凝土应变增长变慢,甚至减小,表明在超载作用下,受拉区混凝土进一步退出工作,其对荷载抗力的贡献越来越小,此时拉应力主要由钢筋及预应力筋承担。重复超载导致受拉区混凝土进一步退出工作,然而有限次重复超载对混凝土梁截面的应变变化规律影响并不显著。由受压区混凝土应变和受拉钢筋应变绘出的截面应变变化规律曲线仍然较好地符合平截面假定。

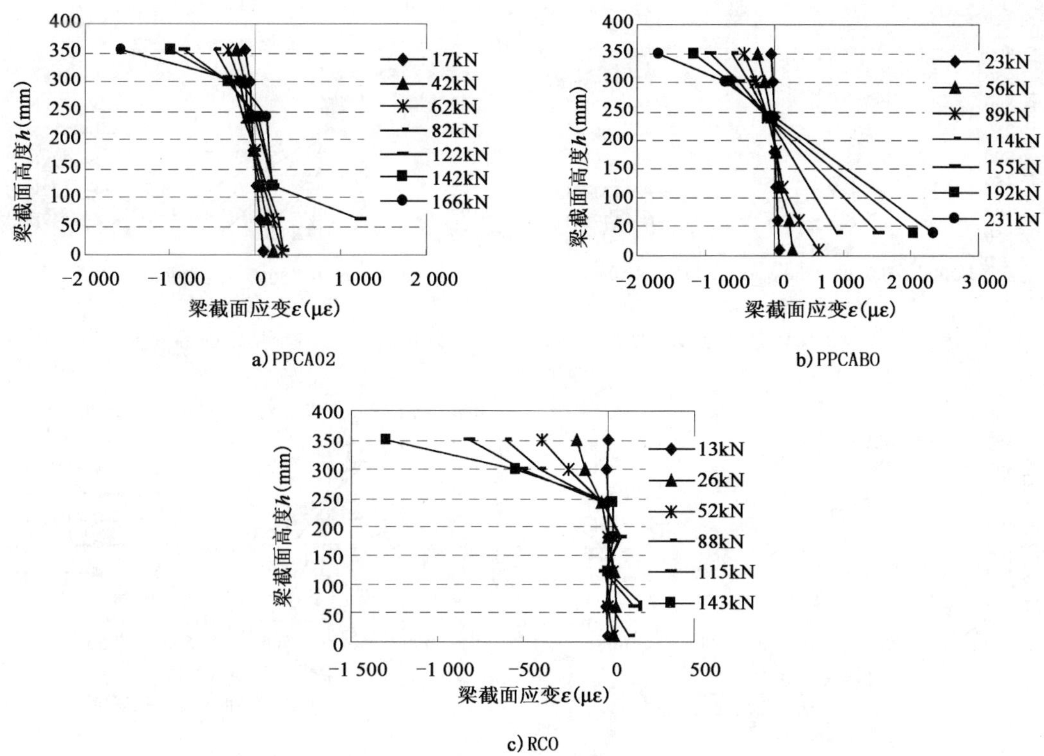

a) PPCA02

b) PPCAB0

c) RC0

图 49　参考梁截面应变的影响

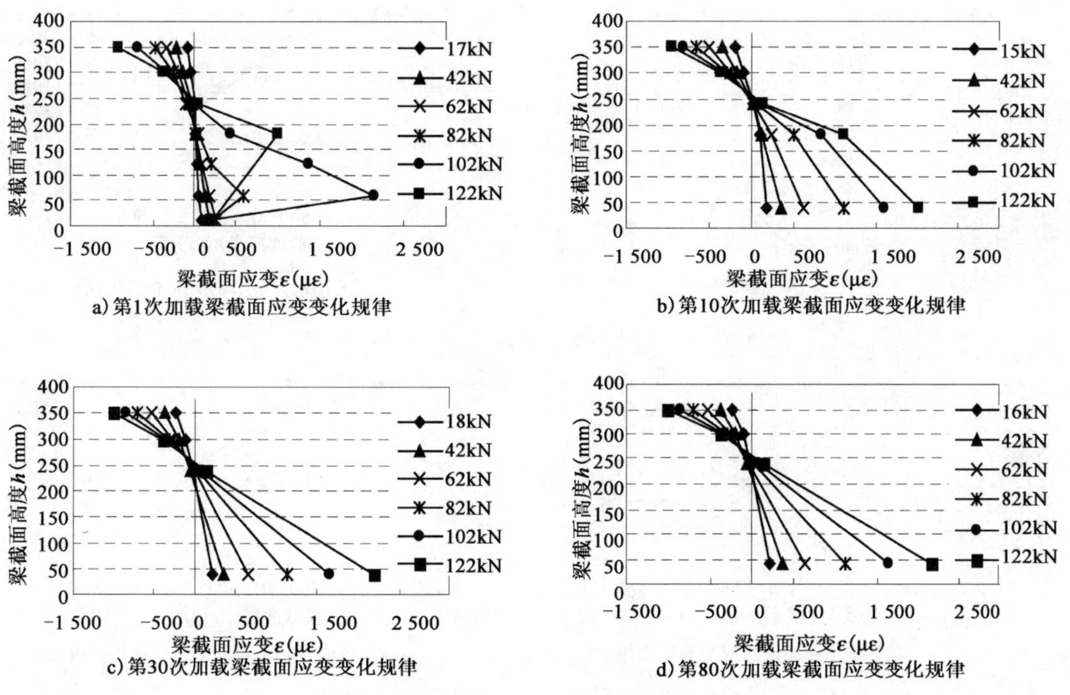

a) 第1次加载梁截面应变变化规律

b) 第10次加载梁截面应变变化规律

c) 第30次加载梁截面应变变化规律

d) 第80次加载梁截面应变变化规律

图 50　重复超载对 PPCA3 梁截面应变的影响

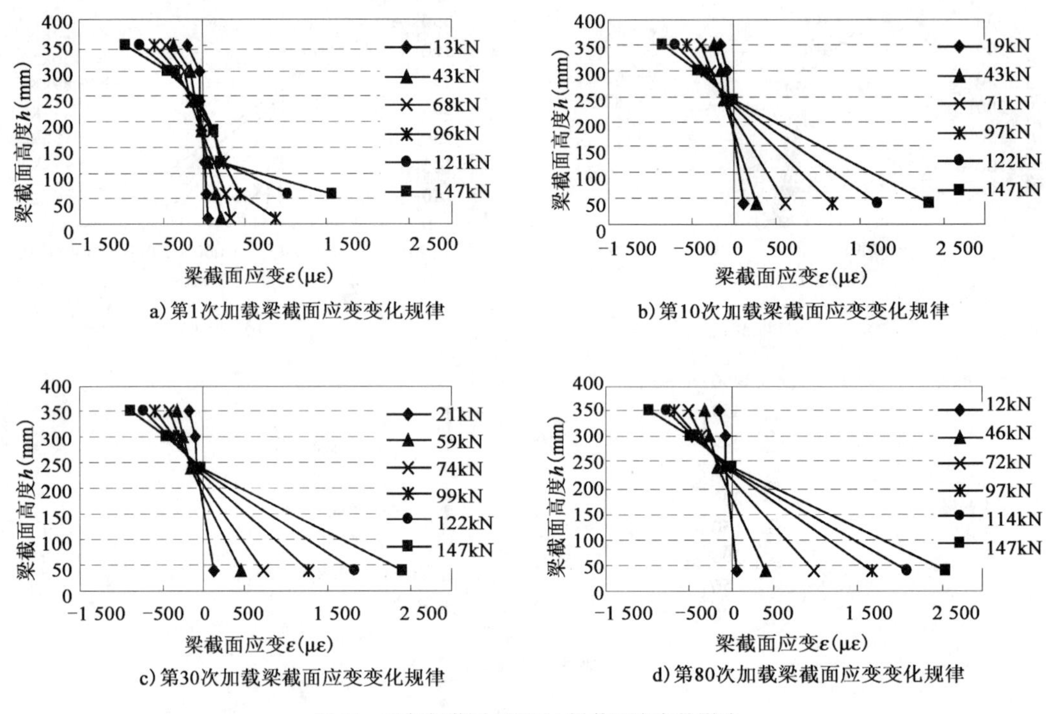

a)第1次加载梁截面应变变化规律

b)第10次加载梁截面应变变化规律

c)第30次加载梁截面应变变化规律

d)第80次加载梁截面应变变化规律

图 51　重复超载对 PPCA4 梁截面应变的影响

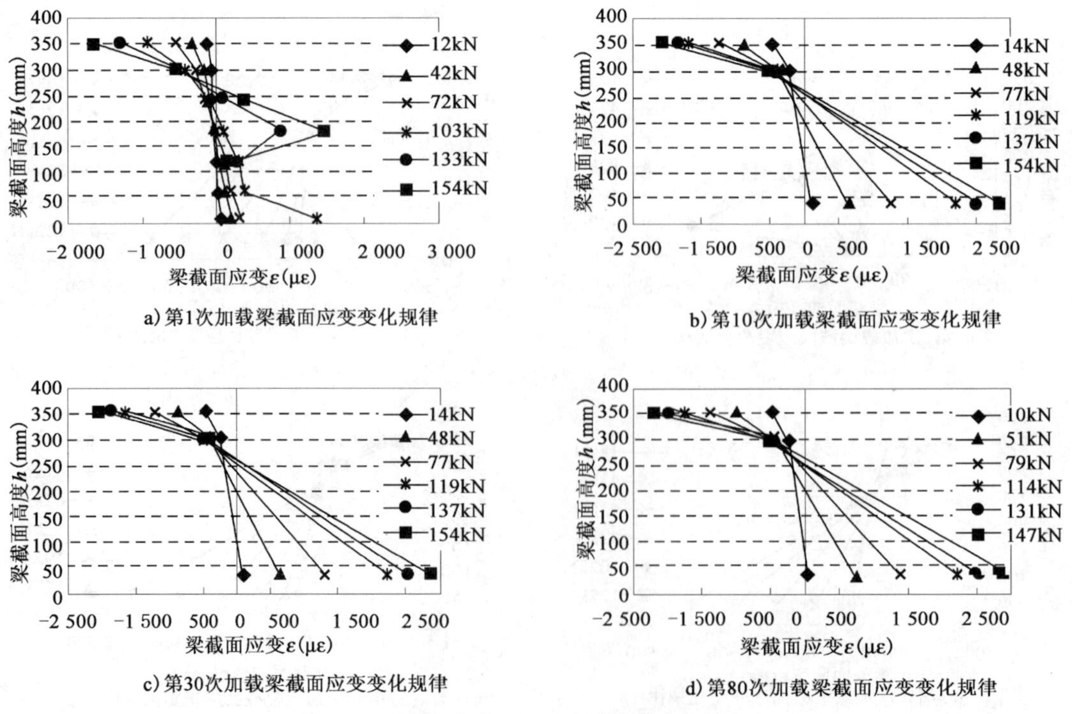

a)第1次加载梁截面应变变化规律

b)第10次加载梁截面应变变化规律

c)第30次加载梁截面应变变化规律

d)第80次加载梁截面应变变化规律

图 52　重复超载对 PPCA5 梁截面应变的影响

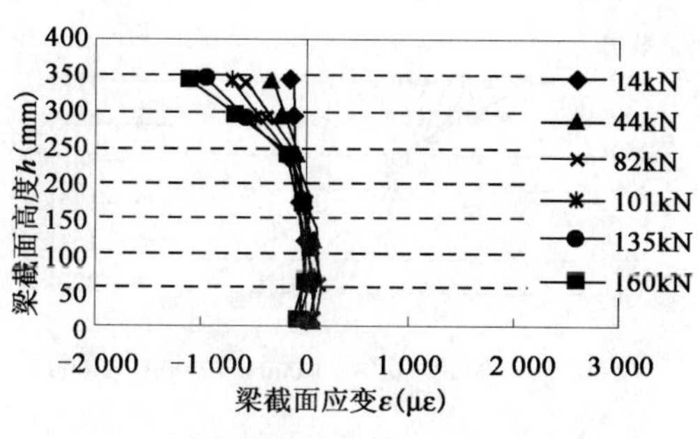

a)第1次加载梁截面应变变化规律

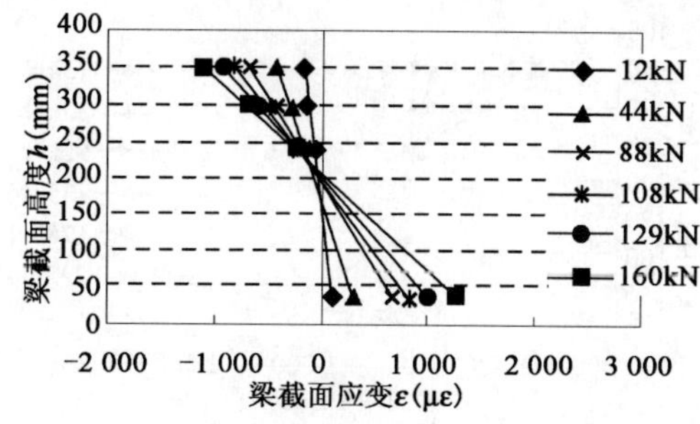

b)第10次加载梁截面应变变化规律

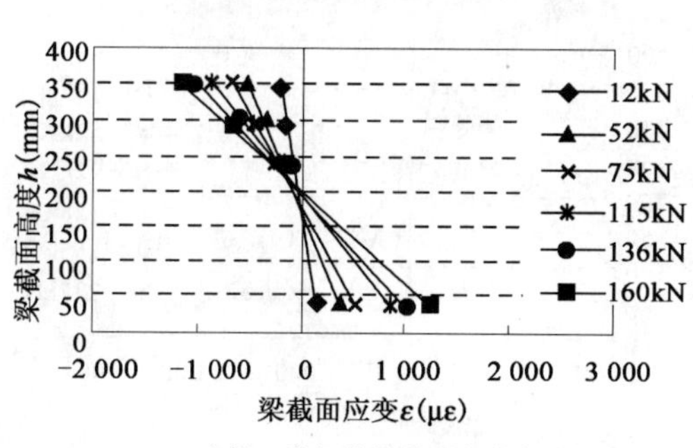

c)第30次加载梁截面应变变化规律

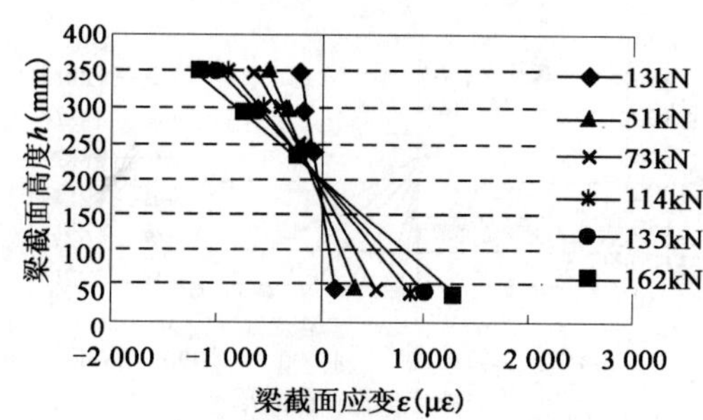

d)第80次加载梁截面应变变化规律

图 53 重复超载对 PPCB1 梁截面应变的影响

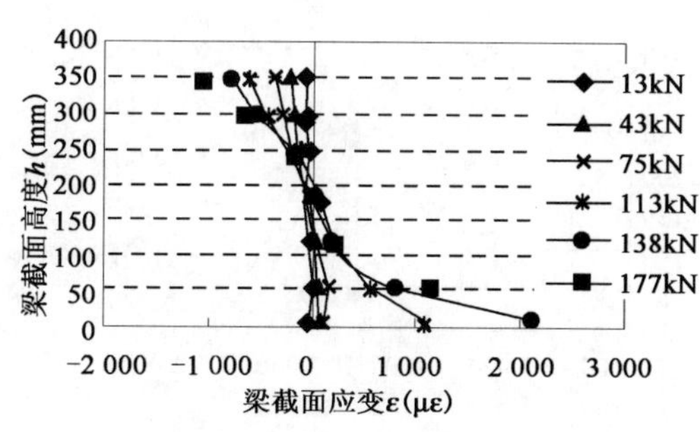

a)第1次加载梁截面应变变化规律

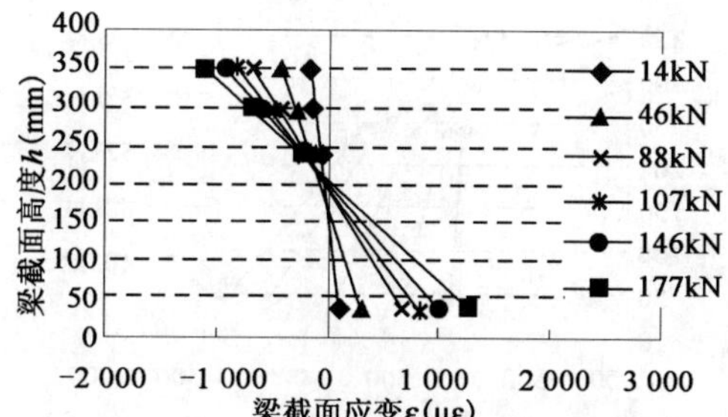

b)第10次加载梁截面应变变化规律

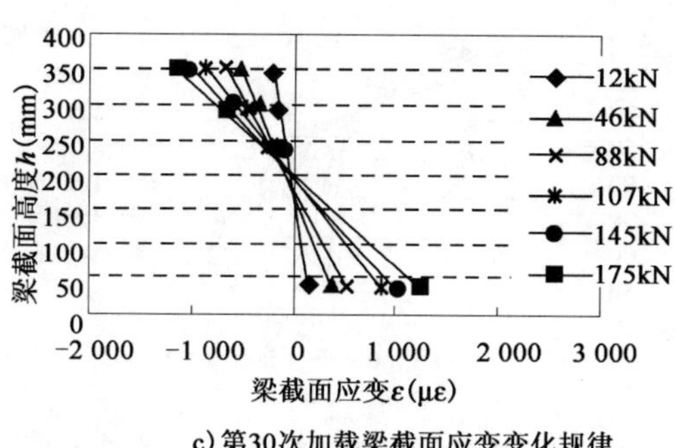

c)第30次加载梁截面应变变化规律

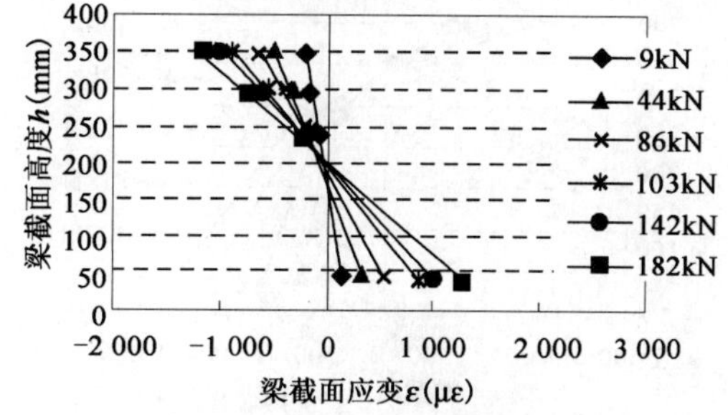

d)第80次加载梁截面应变变化规律

图 54 重复超载对 PPCB2 梁截面应变的影响

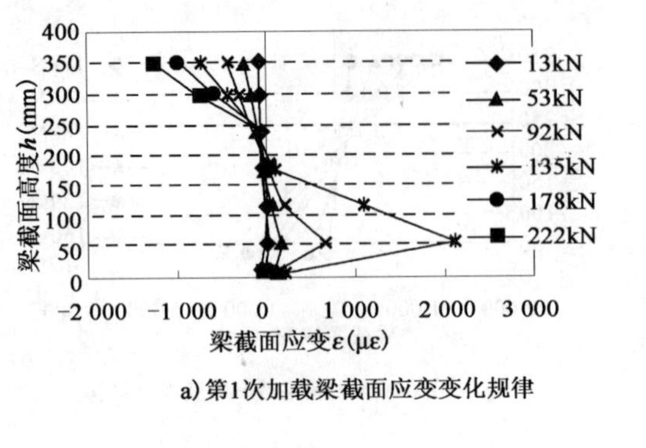

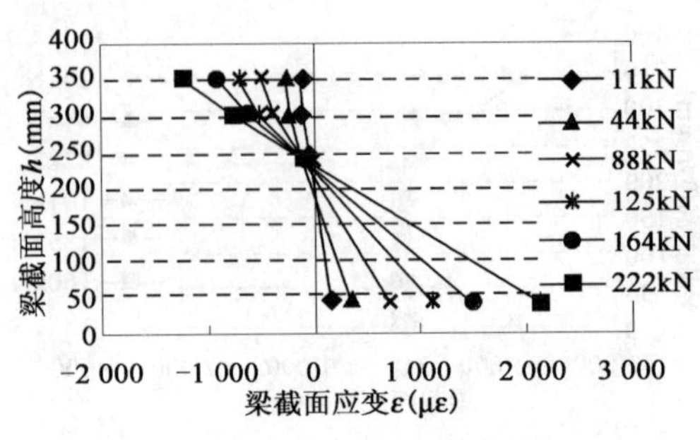

a)第1次加载梁截面应变变化规律　　b)第10次加载梁截面应变变化规律

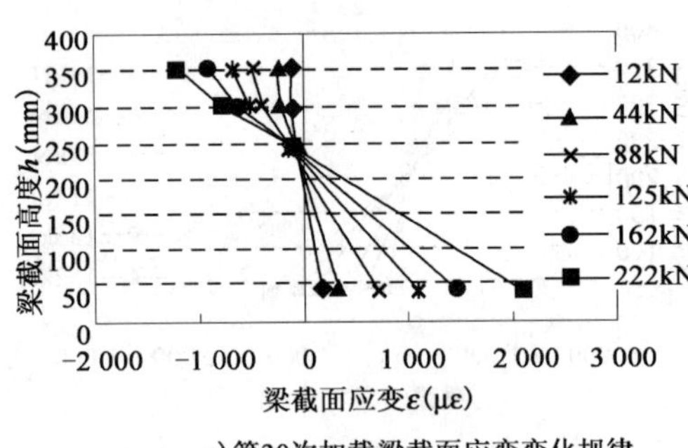

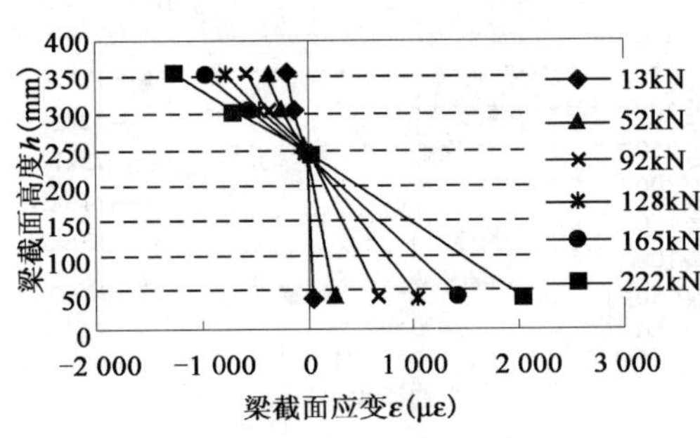

c)第30次加载梁截面应变变化规律　　d)第80次加载梁截面应变变化规律

图 55　重复超载对 PPCB3 梁截面应变的影响

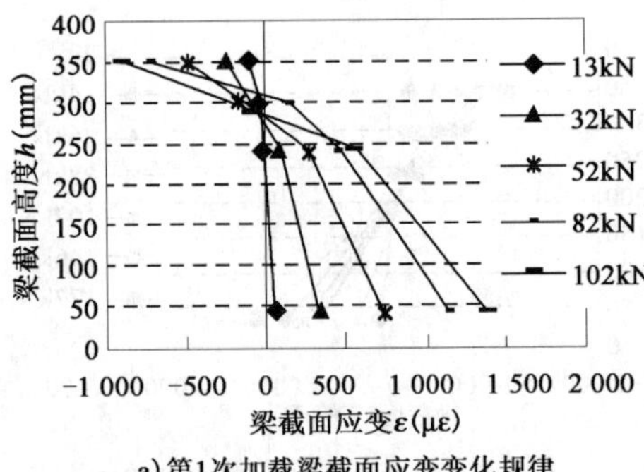

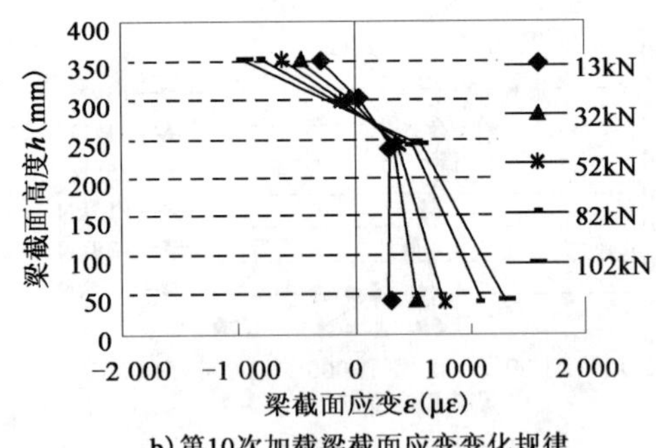

a)第1次加载梁截面应变变化规律　　b)第10次加载梁截面应变变化规律

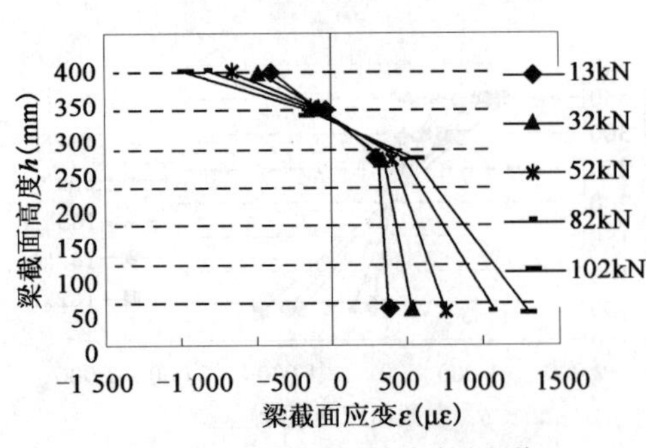

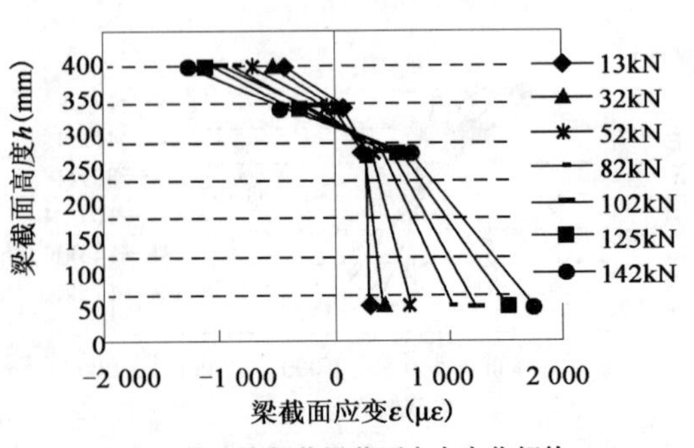

c)第30次加载梁截面应变变化规律　　d)第80次加载梁截面应变变化规律

图 56　重复超载对 RC1 梁截面应变的影响

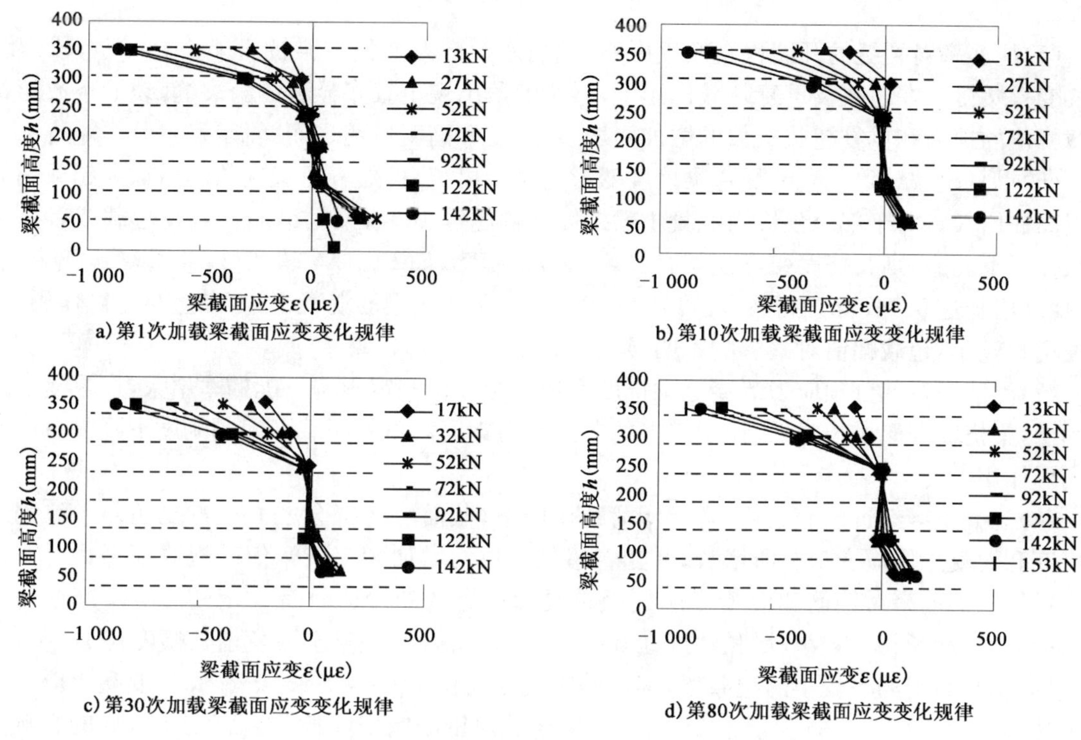

图 57　重复超载对 RC3 梁截面应变的影响

3.6　小结

通过对两组不同配筋的部分预应力混凝土梁及一组普通钢筋混凝土梁进行抗弯超载试验，考查其在不同超载损伤状态下的承载力退化机理，以及不同重复超载次数对其裂缝增长、挠度变形(刚度)变化规律和梁截面应变变化规律的影响。主要得出如下结论：

(1)部分预应力混凝土梁经过重复超载之后，极限承载力有所退化(5.4%～7%)，而超载或者重复超载导致梁底非预应力钢筋屈服之后，由于钢筋应力强化的作用，梁极限承载力得到一定的提高，提高幅度可达 1.6%。普通钢筋混凝土梁承载力退化不明显。

(2)超载导致混凝土梁出现较大裂缝。在重复超载作用下，裂缝有所增长，影响了结构的正常使用性能，并随着重复超载次数的增加，正常使用极限承载力进一步退化，对于部分预应力混凝土梁，退化幅度在 16.2%～26.6%之间，超载幅值越大，正常使用极限承载力降低幅度越大。而钢筋混凝土梁正常使用极限承载力的退化幅度在 2.4%～12.2%之间。

(3)超载损伤使梁具有更大的裂缝宽度，并随着超载幅值的增加而加剧，梁体裂缝更加密集。重复超载使裂缝高度和宽度进一步增大，并会出现新的裂缝，损伤进一步加剧。

(4)对于部分预应力混凝土梁，由于预应力的存在，卸载之后，梁体残余裂缝宽度较小，甚至闭合，重复超载对其影响不大。但是，一旦梁底钢筋屈服，裂缝则显著增长，残余裂缝宽度无法闭合，甚至超过规范规定的限值，达不到结构正常使用的要求，使梁失去了正常使用承载能力。而钢筋混凝土梁，裂缝并不完全闭合，且在重复超载作用下，梁残余裂缝宽度有所增加。

(5)配筋率对裂缝的开展也会产生影响,配筋率的增大增强了梁抗弯能力,使纯弯段裂缝增长变得缓慢。在超载及重复超载作用下,梁弯剪段出现了较多显著的斜裂缝,裂缝条数随着超载幅值的提高和重复超载次数的增加而增多,宽度和高度也随之而增长。

(6)重复超载导致混凝土受弯梁挠度变形进一步增长,且随着超载次数的增加和超载幅值的提高而增大。对于部分预应力混凝土梁挠度增幅超过10%,梁底钢筋一旦在超载或者重复超载作用下屈服,则其挠度变形就具有显著的增长趋势,如PPCA5超载梁,在重复超载80次后,挠度增长达5.14mm,增长幅度可达24.9%。对于普通钢筋混凝土梁,在重复超载作用下,挠度增长较小,超载幅值对其影响不明显。

(7)配筋率对部分预应力混凝土梁挠度变形也会产生一定影响。配筋率增大,在重复超载作用下,梁挠度变形增长降低,说明较多的非预应力钢筋对重复超载引起的刚度下降具有一定的削弱作用。

(8)混凝土梁经过超载之后,在相同荷载作用下,截面应变将会增大。重复超载导致钢筋拉应变和混凝土压应变都有所增长,并随着超载次数的增加和超载幅值的提高而增大。非预应力钢筋的配筋率对钢筋和混凝土应变因重复超载导致的变化具有一定的影响。配筋率增加,钢筋应变增长相对较小,增长幅度在3.3%～8.5%之间,混凝土应变增长幅度在10.8%～11.6%之间;而配筋率较小的超载梁,其钢筋应变增幅在14.9%～30.0%之间,混凝土应变增幅可达20.3%。对于普通钢筋混凝土梁,重复超载对钢筋应变增长及混凝土压应变的影响并不明显。

(9)超载及重复超载会导致梁中和轴上升,受拉区混凝土进一步退出工作。

此外,虽然梁极限承载力会因超载引起非预应力钢筋屈服而有小幅提高,但其极限承载力总体上会下降,挠度会因重复超载而增大,刚度不断下降,残余裂缝宽度也会超过规范规定的限值,故建议在重车通过部分预应力混凝土桥梁时,采取必要措施保证其不致使梁底钢筋屈服,以维持桥梁的正常使用。

4 混凝土损伤梁动力特性研究

近十几年来,国内外学者一直在寻找能适用于复杂结构整体损伤评估的方法。目前普遍认可的一种最有前途的方法是结合系统识别、振动理论、振动测试技术、信号采集与分析等跨学科技术的试验模态分析法,即动力评估方法。所谓动力评估方法就是通过测量桥梁的振动信号,提取与桥梁特性有关的特征参数,利用它们对桥梁的整体和部分结构进行评估,得到桥梁的实际工作状态。结构在各种激励下的动力响应是其整体状态的一种度量。当结构的质量、刚度和阻尼特性因结构的损伤而发生任何变化时,其振动响应也必将发生变化,而通过振动测试测量这些变化,实现动力法对桥梁结构的评估。自20世纪90年代以来,国内外学者相继展开了用振动测试方法对钢筋混凝土桥梁结构承载力和工作性能进行评定的研究。然而,超载对钢筋混凝土桥梁结构,特别是对预应力混凝土结构动力性能的影响及其振动参数变化规律的研究,国内外均较为少见。

本着对以上一些问题进行深入研究的想法,本文通过对部分预应力及普通钢筋简支梁模型进行抗弯超载试验，研究不同超载幅值、不同超载次数对应的损伤状态对结构频率等振动参数的影响，进一步探讨混凝土梁不同损伤状态下的振动频率与荷载等级的关系。

4.1 振动试验

(1)数据处理分析仪器及传感器测点布置

振动测试仪器采用北京东方振动与噪声技术研究所生产的 INV306 智能信号自动采集处理和分析系统(图 58)，加速度传感器采用中国地震局工程力学研究所生产的 941B 型拾振器。测点布置如图 59 所示，采用钢锤敲击激振，结构自由振动信号通过均布在梁体上的加速度传感器采集，再经过 INV306 智能信号自动采集处理和 MACEC 分析系统进行处理和分析。

图 58 采集处理和分析系统

图 59 传感器测点布置

(2)振动试验步骤

振动试验主要测试构件在各种试验状态下，其竖向、横向及纵向三个方向的振动参数。具体试验步骤如下：

①参考梁。

对参考梁进行单次分级加载的抗弯试验，加载至破坏，在每级荷载损伤状态下对梁进行振动测试，测得梁在对应损伤状态下竖向、横向及纵向的频率等振动参数。

②超载梁。

对超载梁进行不同预加超载幅值的重复超载抗弯试验，主要测试超载梁在完整、破坏和重复超载 1 次、10 次、30 次及 80 次损伤后，其竖向、横向及纵向的频率等振动参数。

(3)振动试验数据的处理方法

采用 MACEC 软件对所测得的试验数据进行处理，得到实测的自振频率，振型及阻尼比。MACEC 软件处理数据主要有两种方法：一种是峰值法(PP)，另一种是随机子空间(SSI)法。用峰值法比较直观，但是峰值的选取主观性较大，用峰值法得到的功率谱如图 60 所示。随机子空间法是一种比较先进的模态识别方法，由随机子空间法得到的稳定图如图 61 所示。本试验振动参数主要采用 SSI 法进行识别。此外，用随机子空间方法还可以得到振型，见表 21。

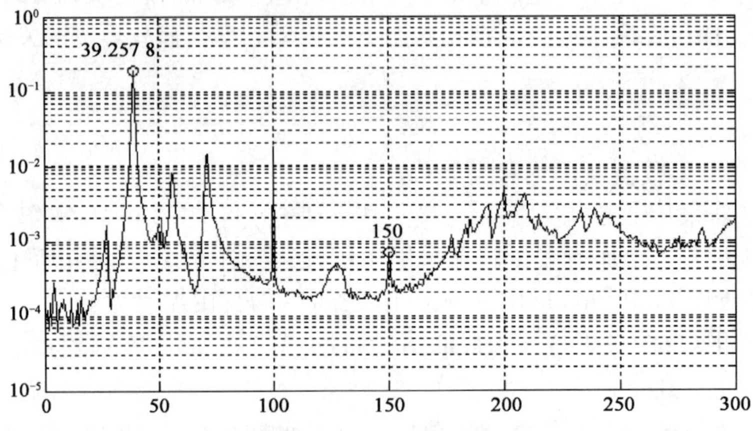

图 60　平均正则化功率谱密度(峰值法)

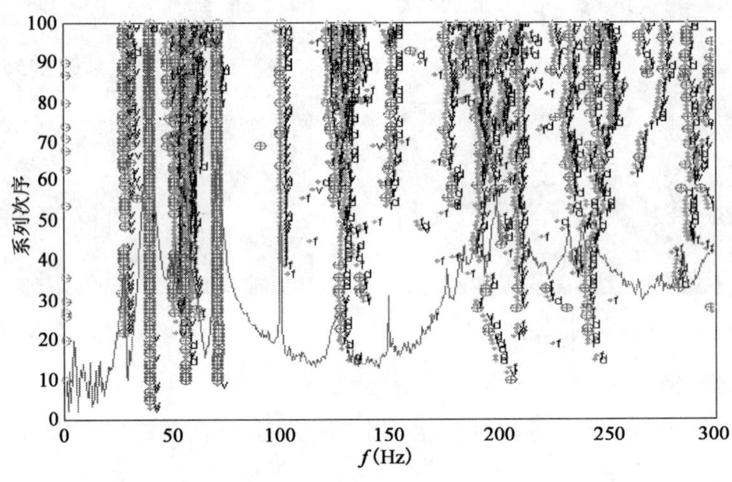

图 61　稳定图(SSI 法)

实测与计算振型　　表 21

模　　态	实　　测	有限元计算
竖向一阶		
竖向二阶		

续上表

模　态	实　测	有限元计算
竖向三阶	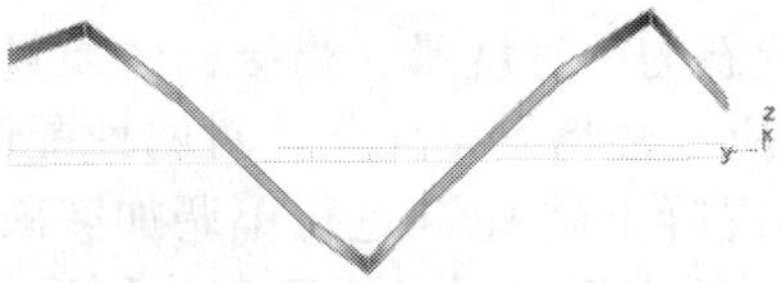	
纵向一阶		
横向一阶	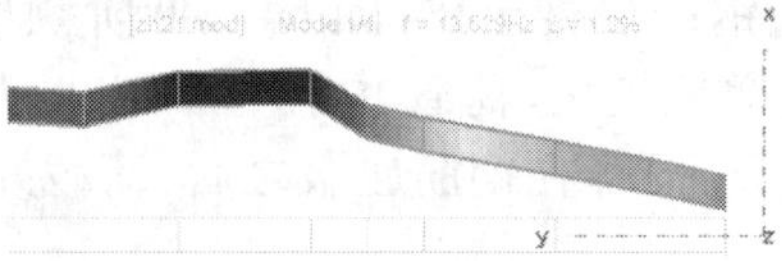	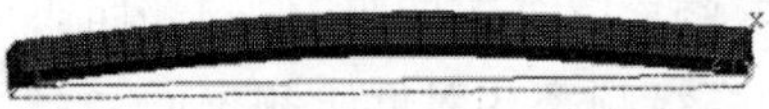
横向二阶	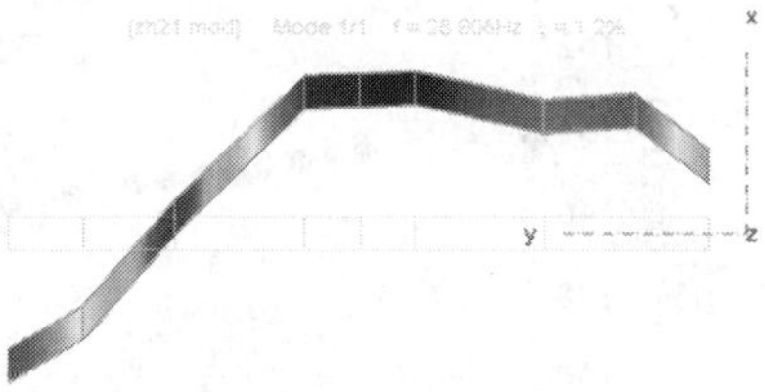	
横向三阶	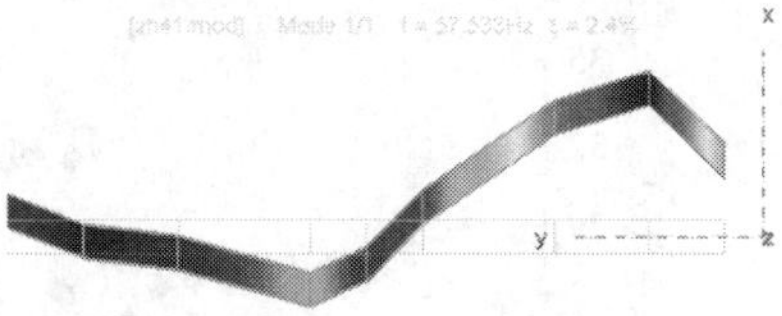	
横向四阶	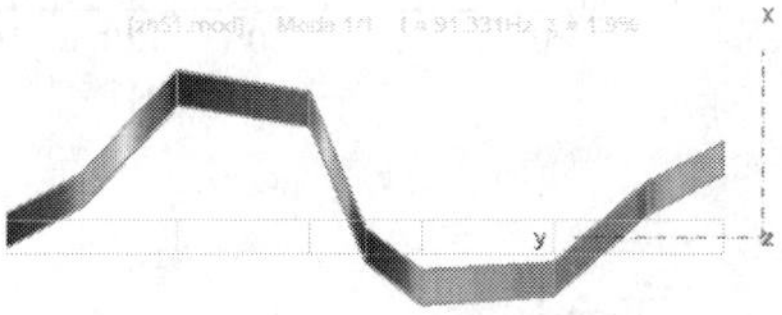	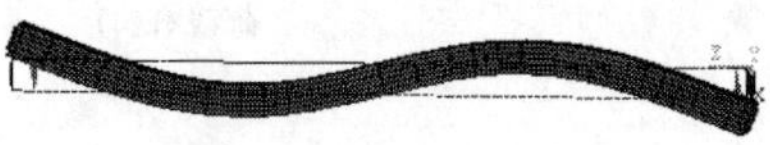
横向五阶	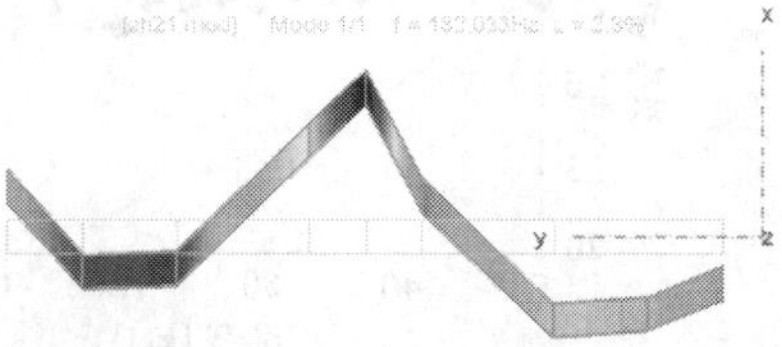	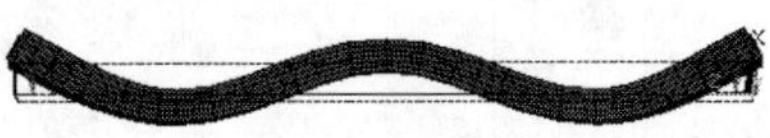

4.2 振动频率测试结果与分析

(1)梁自振频率与荷载等级的关系

结构在各种激励下的动力响应是其整体状态的一种度量。当结构的质量、刚度和阻尼特性因结构的损伤而发生任何变化时,其振动响应也必将发生变化。对两种配筋的部分预应力混凝土简支梁 PPCA02 和 PPCB0 及普通钢筋混凝土梁 RC0 进行单调加载破坏试验,并在每级荷载作用后卸载,对其进行动力测试,得到了梁在完整及各级荷载作用后损伤状态下的竖向、纵向及横向各阶频率。试验结果表明:梁体在荷载损伤之后,频率有所降低,并随着荷载等级的提高而降低(图 62 和图 63)。

一般对于部分预应力混凝土梁,在荷载等级较低的情况下,卸载后裂缝闭合,低阶频率的变化并不明显,而当荷载等级达 0.8 左右(梁达到屈服荷载)时,下降幅度明显增大,梁体最终破坏时,竖向基频降幅可高达 10%。对于普通钢筋混凝土梁(图 64),低阶频率在较小荷载损伤下,频率降低不明显,但钢筋屈服之后,挠度增长较快,荷载并不增加,此时频率降低幅度较大。高级频率相对低阶频率而言,变化较为明显,同样在钢筋屈服之后,荷载并不增加,而挠度增长较快,频率降低幅度增大。

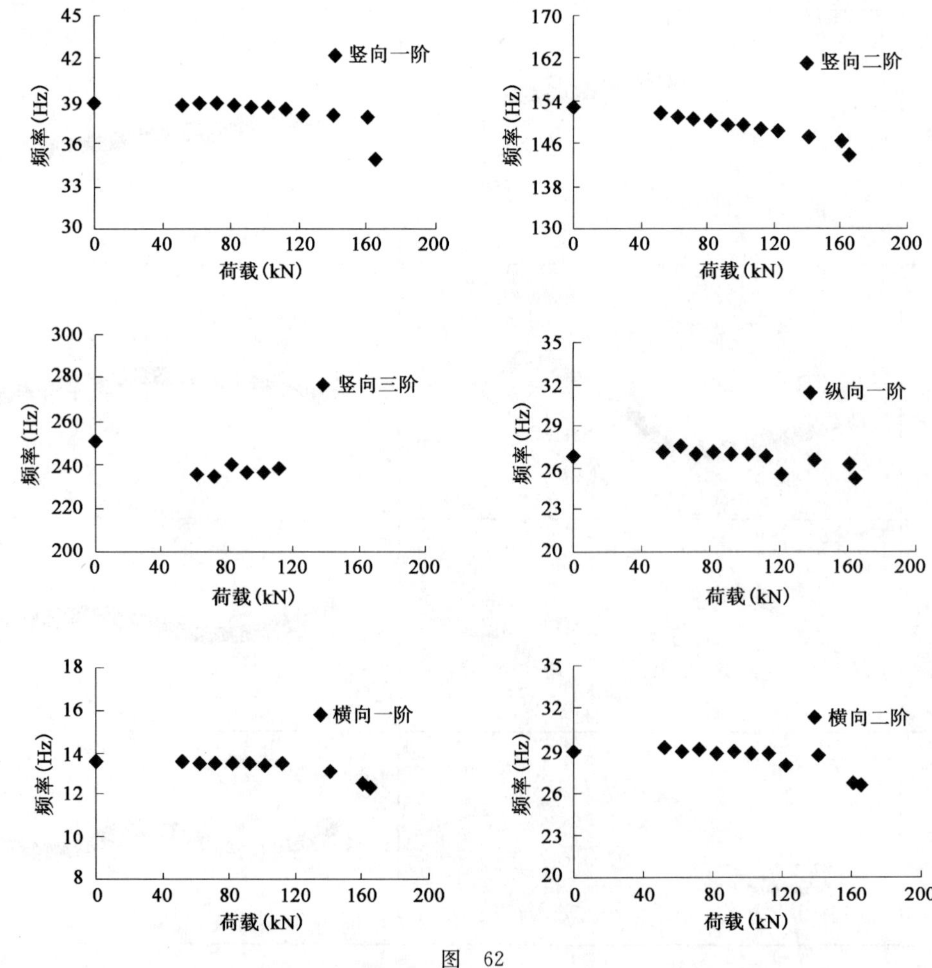

图 62

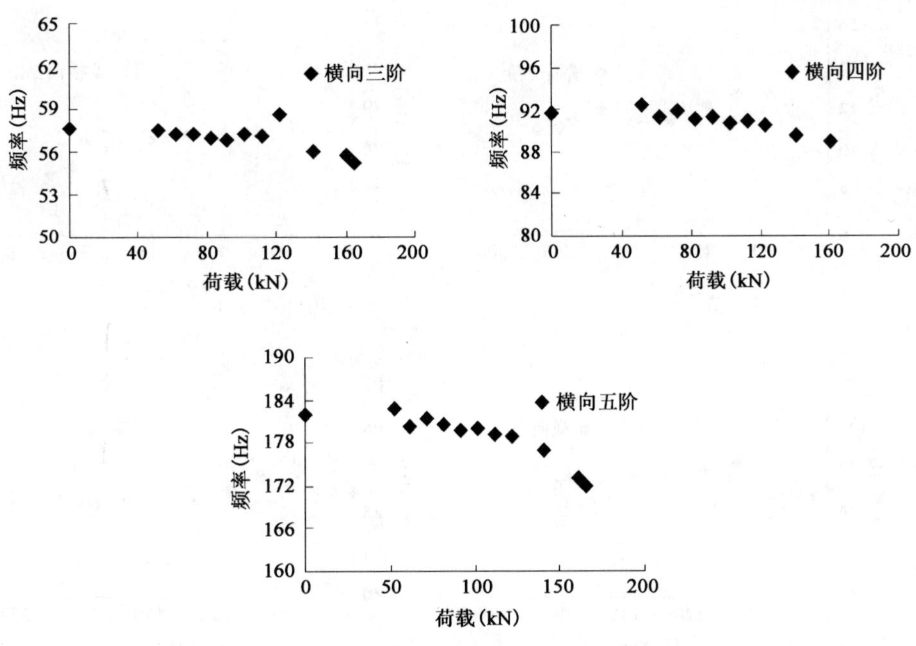

图 62 PPCA02 梁实测各阶频率随荷载等级的变化

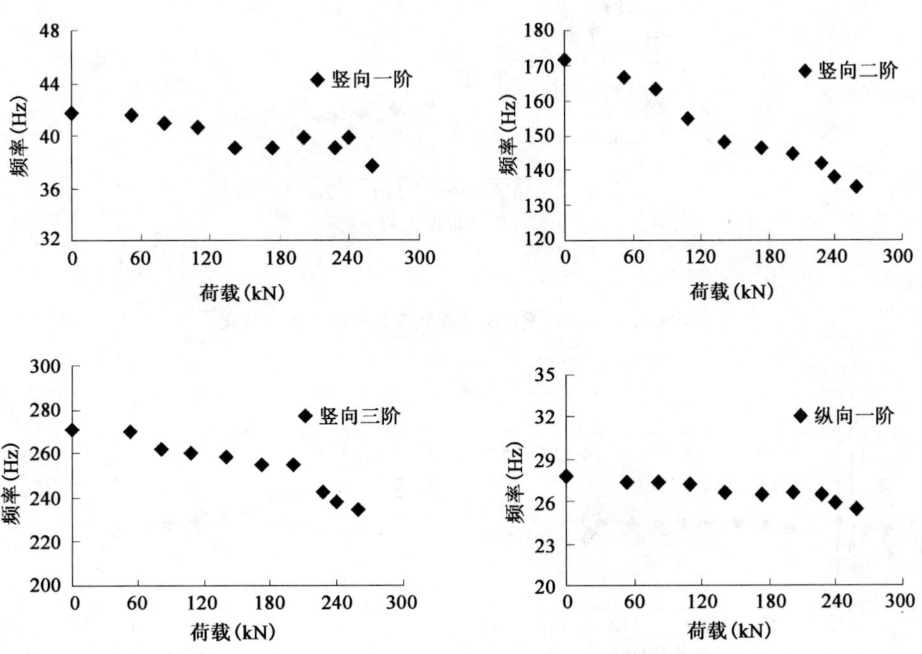

图 63

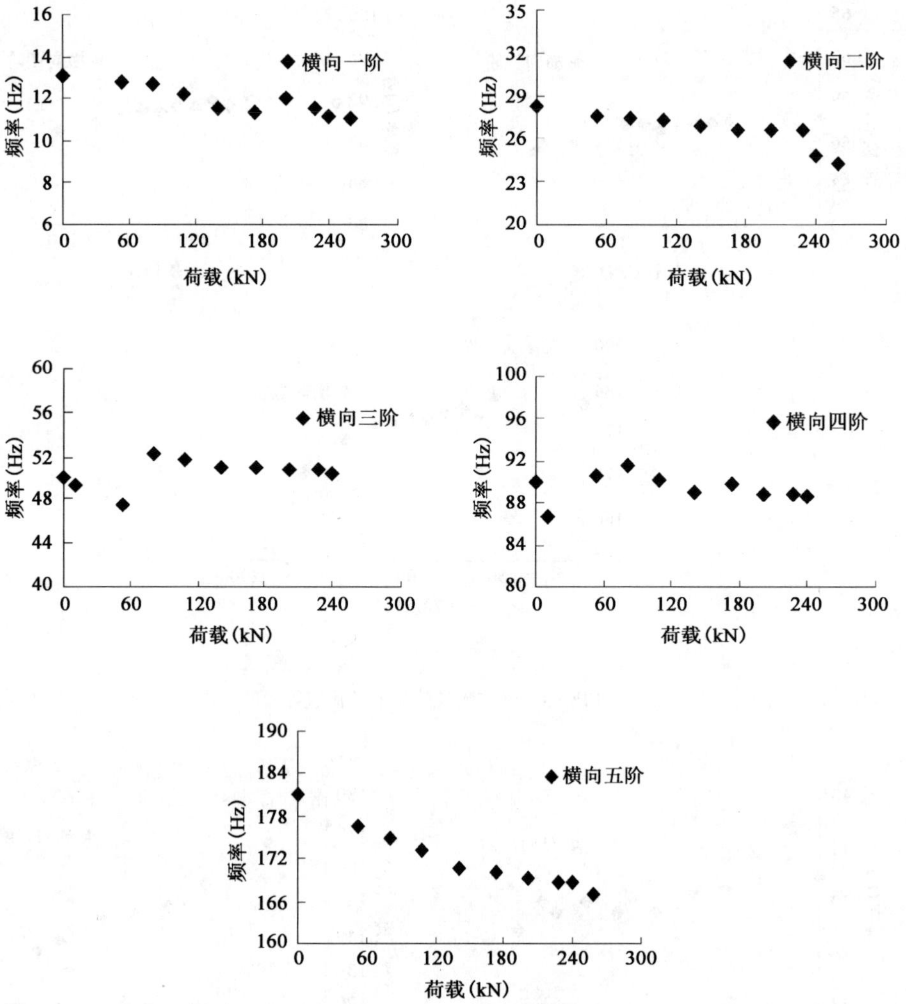

横向一阶
频率(Hz)
荷载(kN)
横向二阶
频率(Hz)
荷载(kN)
横向三阶
频率(Hz)
荷载(kN)
横向四阶
频率(Hz)
荷载(kN)
横向五阶
频率(Hz)
荷载(kN)

图 63　PPCB0 梁各阶实测频率随荷载等级的变化

竖向一阶
频率(Hz)
荷载(kN)
竖向二阶
频率(Hz)
荷载(kN)

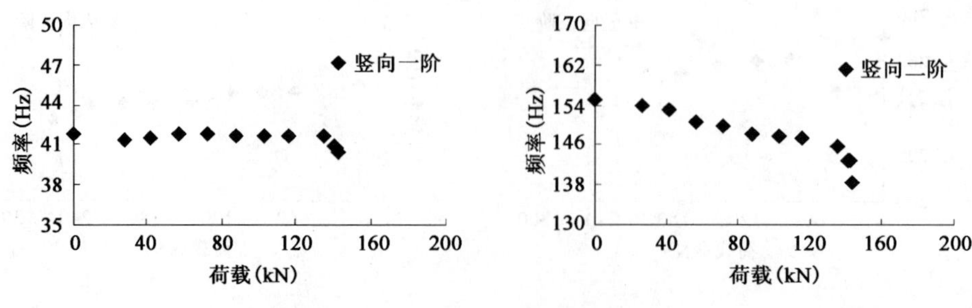

图　64

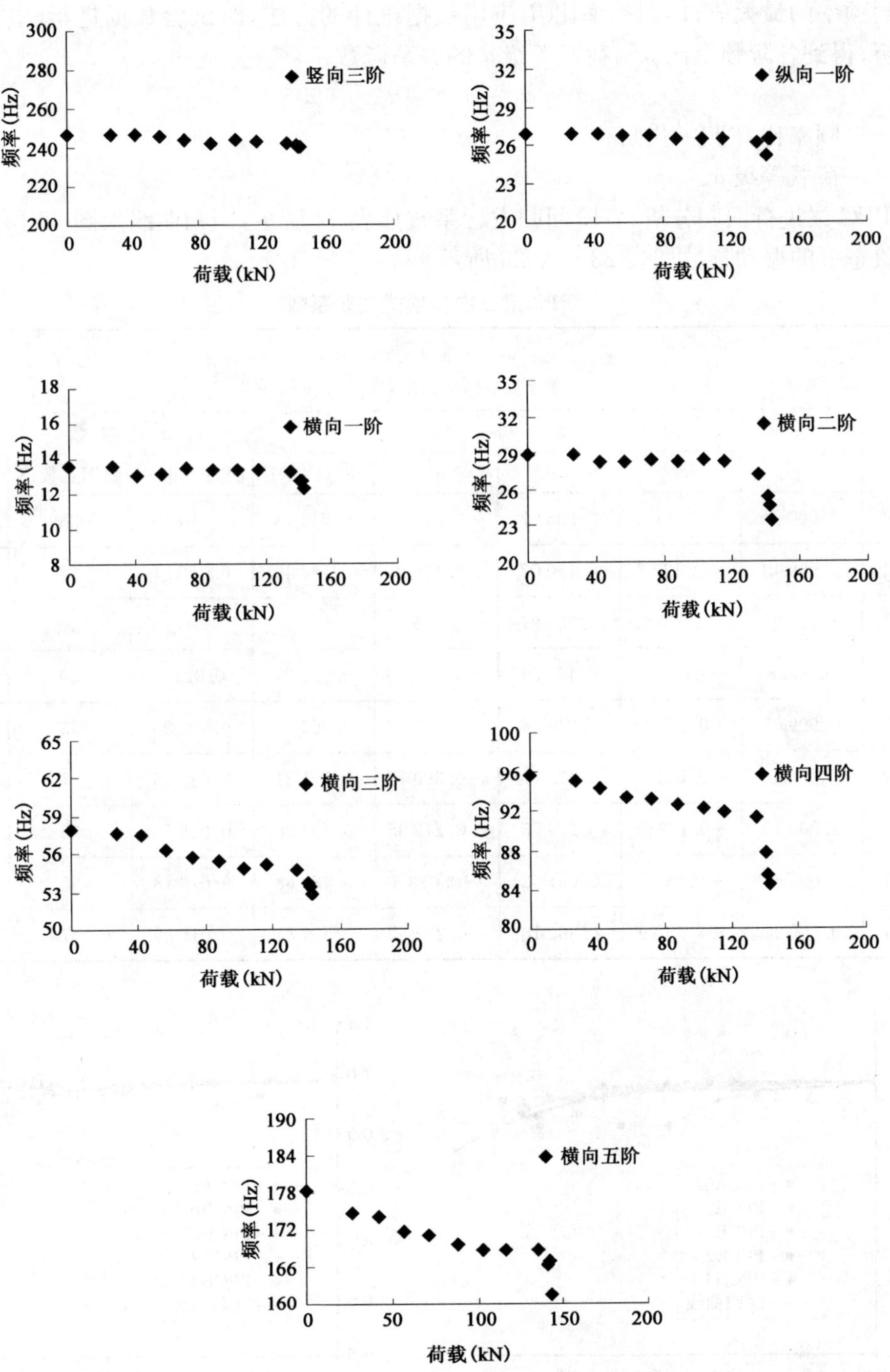

图 64 RC0 梁各阶实测频率随荷载等级的变化

对所测每级荷载损伤状态下的频率作归一化处理，即每级荷载频率除以所有荷载损伤状态下所测频率的最大值，得到频率比 β，应用数据统计的方法，对试验数据进行三次多项式的回归分析，得到各阶频率比 β 与荷载等级 α 的关系函数：

$$y = \alpha_0 + \alpha_1 x + \alpha_2 x^2 + \alpha_3 x^3 \tag{1}$$

式中：y——频率比 β(归一化)；

x——荷载等级 α。

对 PPC 梁进行回归分析，各阶回归方程系数如表 22 所示，回归曲线如图 65 所示，其所测各损伤状态下的振动参数如表 23～表 26 所示。

PPC 梁三次多项式回归系数 表 22

$y = \alpha_0 + \alpha_1 x + \alpha_2 x^2 + \alpha_3 x^3$

y——频率比 β(归一化)；x——荷载等级

模态	回归方程系数				相关参数			
	α_0	α_1	α_2	α_3	R^2(COD)	回归标准 SD	数据点数 N	P 值
竖向一阶	1.000 94	−0.090 53	0.236 97	−0.216 93	0.613 73	0.018 7	36	<0.000 1
竖向二阶	0.998 43	−0.127 6	0.150 07	−0.100 91	0.168 49	0.056 91	37	0.103 24
竖向三阶	1.000 94	−0.090 53	0.236 97	−0.216 93	1	0	50	<0.000 1
纵向一阶	0.993 8	−0.059 82	0.133 89	−0.110 06	0.230 27	0.021 3	39	0.025 72
横向一阶	0.999 68	−0.126 14	0.240 68	−0.203 59	0.367 57	0.038 28	35	0.002 38
横向二阶	0.998 5	−0.168 04	0.479 71	−0.399 78	0.591 31	0.025 16	37	<0.000 1
横向三阶	1.000 46	−0.102 94	0.279 75	−0.218 95	0.598 08	0.006 72	33	<0.000 1
横向四阶	1.000 63	−0.034 7	0.061 93	−0.073 5	0.489 68	0.016 18	35	<0.000 1
横向五阶	0.999 24	−0.148 9	0.362 18	−0.276 53	0.534 84	0.018 86	37	0.001 03

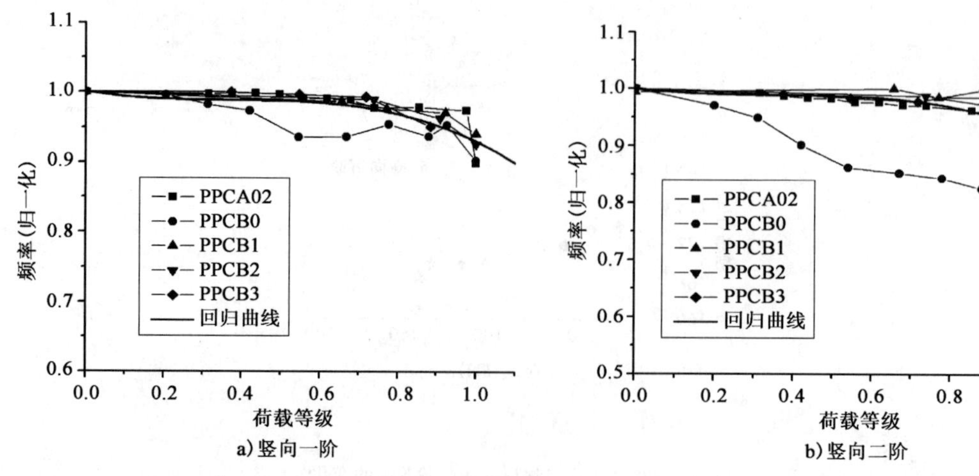

图 65

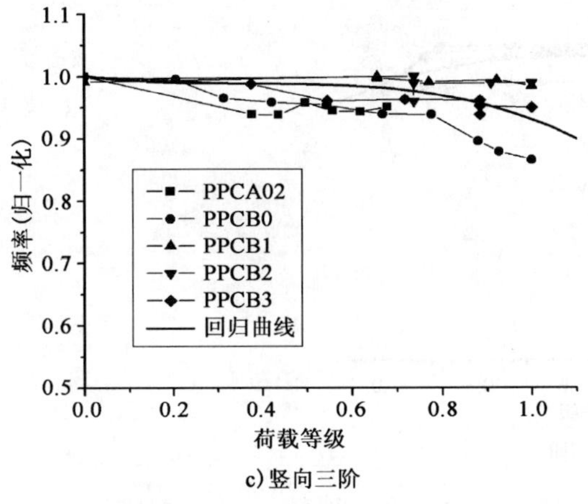

c)竖向三阶

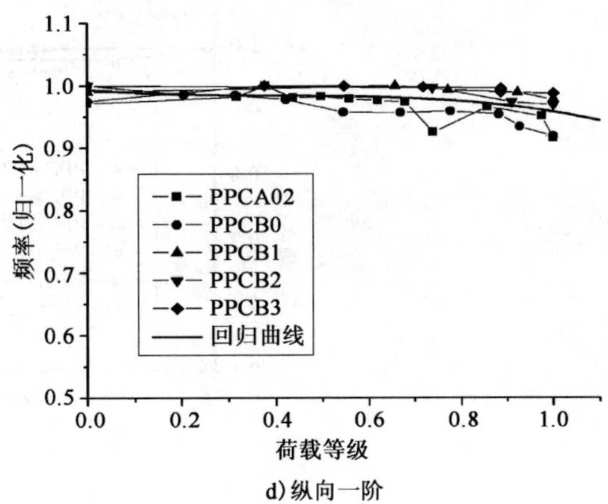

d)纵向一阶

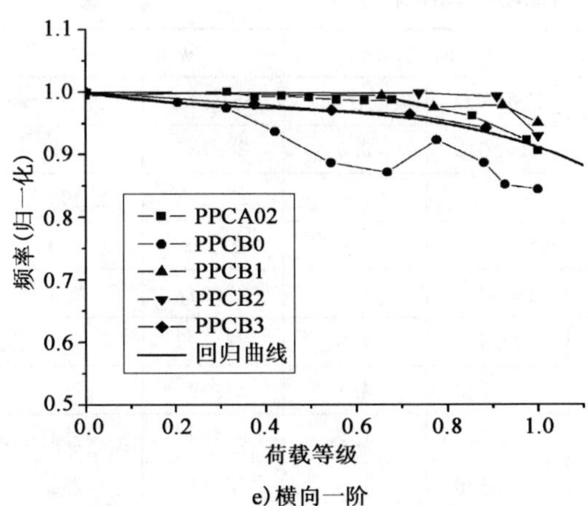

e)横向一阶

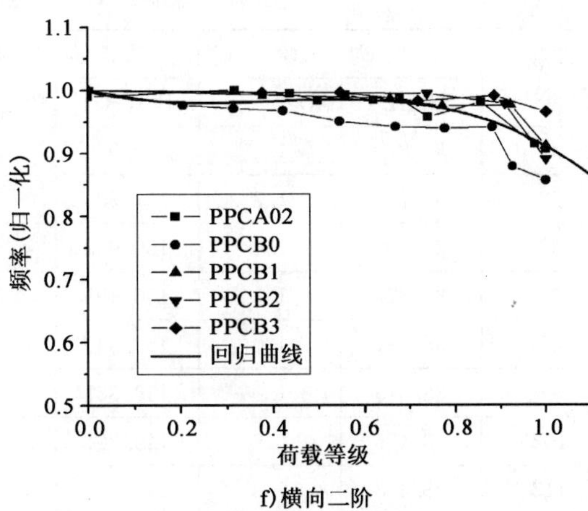

f)横向二阶

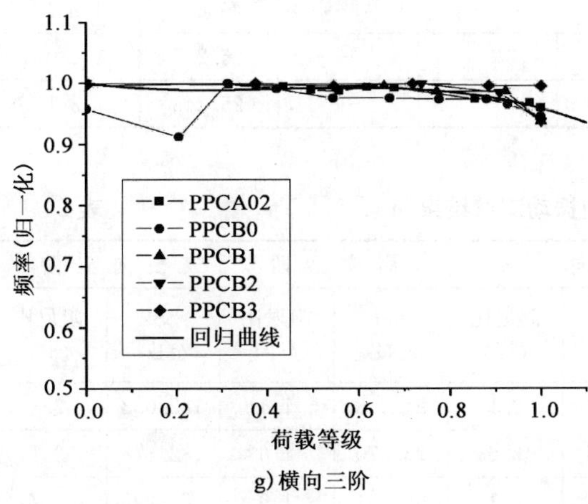

g)横向三阶

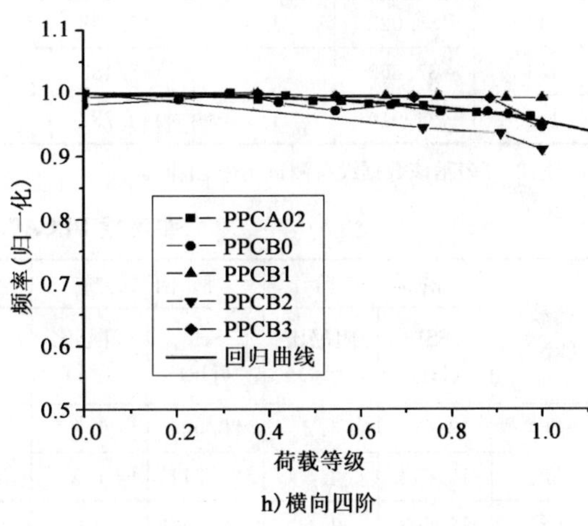

h)横向四阶

图 65

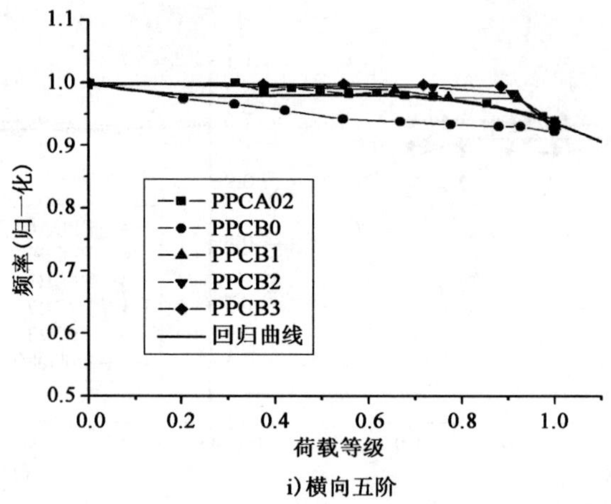

i)横向五阶

图 65 PPC 梁各阶频率比 β(归一化)与荷载等级关系的回归曲线

参考梁 PPCA02 竖向及纵向振动测试结果 表 23

荷载(kN)	竖向一阶		竖向二阶		竖向三阶		纵向一阶	
	SSI(Hz)	阻尼比(%)	SSI(Hz)	阻尼比(%)	SSI(Hz)	阻尼比(%)	SSI(Hz)	阻尼比(%)
0	38.842	1.2	152.974	2.3	250.615	2.0	26.787	2.3
52	38.733	1.3	151.733	1.7	—	—	27.083	0
62	38.792	1.1	150.933	1.6	235.347	1.0	27.58	2.0
72	38.778	1.0	150.491	1.6	235.085	1.5	27.047	2.4
82	38.731	1.0	150.340	1.6	239.918	4.0	27.100	2.1
92	38.515	1.0	149.331	1.4	236.743	4.1	26.991	2.2
102	38.486	0.9	149.301	1.3	236.342	1.2	26.935	2.1
112	38.428	1.0	148.544	1.3	238.275	1.0	26.846	2.0
122	37.987	1.6	148.387	1.6	—	—	25.514	2.3
141	38.022	1.0	147.188	1.5	—	—	26.620	2.2
161	37.862	1.4	146.483	1.5	—	—	26.217	2.0
165	34.910	1.6	143.787	2.4	—	—	25.248	2.1

注:"—"表示该数据没有测试出来,下同。

参考梁 PPCA02 横向振动测试结果 表 24

荷载(kN)	横向一阶		横向二阶		横向三阶		横向四阶		横向五阶	
	SSI(Hz)	阻尼比(%)	SSI(Hz)	阻尼比(%)	SSI(Hz)	阻尼比(%)	SSI(Hz)	阻尼比(%)	SSI(Hz)	阻尼比(%)
0	13.529	1.2	28.908	1.2	57.583	2.1	91.698	1.4	182.033	2.3
52	13.614	1.5	29.211	1.5	57.441	3.6	92.370	1.6	182.878	2.1
62	13.503	1.6	28.982	1.0	57.200	3.1	91.331	1.9	180.297	1.7
72	13.519	1.1	29.064	1.0	57.277	2.8	91.933	2.1	181.300	2.3

续上表

荷载(kN)	横向一阶		横向二阶		横向三阶		横向四阶		横向五阶	
	SSI(Hz)	阻尼比(%)	SSI(Hz)	阻尼比(%)	SSI(Hz)	阻尼比(%)	SSI(Hz)	阻尼比(%)	SSI(Hz)	阻尼比(%)
82	13.487	1.3	28.709	0.2	56.934	3.1	91.119	2.5	180.552	2.3
92	13.437	0.9	28.972	1.3	56.808	2.2	91.175	2.4	179.730	1.7
102	13.412	2.1	28.735	1.7	57.208	2.3	90.746	2.2	179.988	1.7
112	13.434	1	28.807	1.2	57.142	2.6	90.800	2.0	179.259	1.5
122	15.406	4.6	27.95	1.2	58.527	5	90.511	2.5	178.845	1.4
141	13.083	2	28.641	1.2	56.056	2.2	89.441	1.9	176.847	1.1
161	12.556	2.9	26.691	2.1	55.676	2.5	88.921	1.4	173.15	1.7

参考梁 PPCB0 竖向及纵向振动测试结果 表 25

荷载(kN)	竖向一阶		竖向二阶		竖向三阶		纵向一阶	
	SSI(Hz)	阻尼比(%)	SSI(Hz)	阻尼比(%)	SSI(Hz)	阻尼比(%)	SSI(Hz)	阻尼比(%)
0	41.730	1.8	171.777	0.9	271.187	2.700	27.749	2.5
53	41.578	1.6	166.686	2.4	269.987	2.200	27.346	1.5
81	40.990	1.7	162.999	2.4	261.614	1.500	27.311	2.0
109	40.641	2.3	154.860	3.3	259.891	1.700	27.135	3.7
141	39.046	4.0	148.033	2.5	258.651	5.000	26.56	1.9
173	39.080	3.2	146.406	2.4	254.771	1.000	26.53	2.8
201	39.833	3.3	144.810	2.4	254.517	1.000	26.603	3.7
228	39.101	3.4	141.691	2.6	242.829	3.400	26.472	1.8
240	39.779	2.3	137.800	2.0	238.311	4.400	25.925	1.9
259	37.662	1.9	135.111	1.7	234.801	5.100	25.499	1.7
259	39.865	1.7	136.249	1.6	234.492	3.600	24.31	1.8

参考梁 PPCB0 横向振动测试结果 表 26

荷载(kN)	横向一阶		横向二阶		横向三阶		横向四阶		横向五阶	
	SSI(Hz)	阻尼比(%)	SSI(Hz)	阻尼比(%)	SSI(Hz)	阻尼比(%)	SSI(Hz)	阻尼比(%)	SSI(Hz)	阻尼比(%)
0	13.052	2.7	28.252	1.4	49.961	4.4	89.936	1.9	181.101	3.2
53	12.830	2.7	27.575	2.6	47.574	1.7	90.636	2.0	176.569	2.2
81	12.710	3.2	27.425	3.0	52.175	5.4	91.632	1.1	174.967	2.7
109	12.222	5.5	27.331	3.1	51.686	1.0	90.236	2.3	173.189	3.8
141	11.560	5.1	26.853	3.8	50.897	4.1	89.012	2.4	170.689	4.5
173	11.362	4.1	26.616	3.4	50.889	1.4	89.864	2	170.01	3.1
201	12.045	7	26.539	5.4	50.795	4.6	88.872	2.6	169.142	3.2
228	11.562	4.5	26.597	2.9	50.779	1.6	88.891	2.3	168.581	0.7
240	11.108	4.2	24.805	3.0	50.344	1.1	88.531	1.6	168.554	1.0
259	12.673	2.4	24.147	2.0	49.263	1.9	86.690	2.0	166.95	0.8

对 4 根普通钢筋混凝土梁进行回归分析，各阶回归方程系数见表 27，回归曲线如图 66 所示，其所测各损伤状态下的振动参数见表 28～表 35。

RC 梁三次多项式回归系数 表 27

$$y=\alpha_0+\alpha_1 x+\alpha_2 x^2+\alpha_3 x^3$$

y——频率比 β(归一化)；x——荷载等级

模态	回归方程系数				相关参数			
	α_0	α_1	α_2	α_3	R^2(COD)	回归标准 SD	数据点数 N	P 值
竖向一阶	1.002 39	−0.198 01	0.508 33	−0.375 62	0.379 5	0.024 92	34	0.002 25
竖向二阶	0.999 06	−0.060 31	0.062 07	−0.089 07	0.762 45	0.017 02	34	<0.000 1
竖向三阶	0.998 54	−0.017 95	0.033 58	−0.040 83	0.628 92	0.006 49	34	<0.000 1
纵向一阶	1.000 97	−0.107 4	0.217 76	−0.165 96	0.568 48	0.015 05	34	<0.000 1
横向一阶	1.003 59	−0.265 35	0.703 61	−0.549 09	0.596 44	0.028 43	34	<0.000 1
横向二阶	1.005 86	−0.310 52	0.827 48	−0.652 56	0.762 45	0.017 02	34	<0.000 1
横向三阶	1.004 08	−0.151 84	0.302 11	−0.283 82	0.842 67	0.018 46	34	<0.000 1
横向四阶	1.003 73	−0.121 12	0.292 57	−0.275 08	0.554 88	0.031 34	34	<0.000 1
横向五阶	1.002 11	−0.118 49	0.273 22	−0.239 63	0.516 82	0.027 03	34	<0.000 1

参考梁 RC0 竖向及纵向振动测试结果 表 28

荷载 (kN)	竖向一阶		竖向二阶		竖向三阶		纵向一阶	
	SSI(Hz)	阻尼比(%)	SSI(Hz)	阻尼比(%)	SSI(Hz)	阻尼比(%)	SSI(Hz)	阻尼比(%)
0	40.769	3.9	155.199	2.4	246.452	2.3	26.959	3.1
27	40.332	3	153.877	2.2	246.325	1.3	26.940	5.2
42	41.59	1.4	152.884	2	246.259	1.8	26.943	4.5
57	41.791	2.5	150.506	2	245.623	2.4	26.765	3.7
72	41.795	1.8	149.706	1.7	244.158	1.7	26.764	4.1
88	41.681	1.5	148.294	2	242.379	5.5	26.545	2.4
103	41.659	1.8	147.798	2	243.585	1.8	26.502	3.6
116	41.645	1.9	147.255	2.9	242.894	2.8	26.470	3.1
135	41.633	1.6	145.89	1.7	241.732	2.7	26.216	4.4
141	40.876	1.8	143.01	1.8	240.615	4.9	25.182	4.8
142	40.695	1.6	142.881	1.8	240.202	4.3	26.472	3.8
143	40.526	2.2	138.298	2.2	240.089	4.3	26.419	2.5

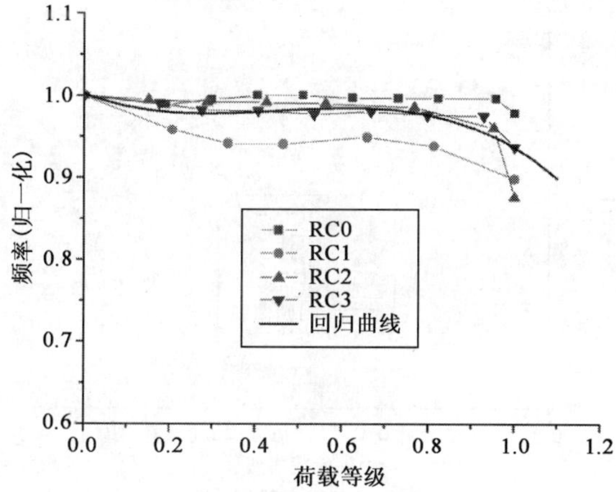

a)竖向一阶

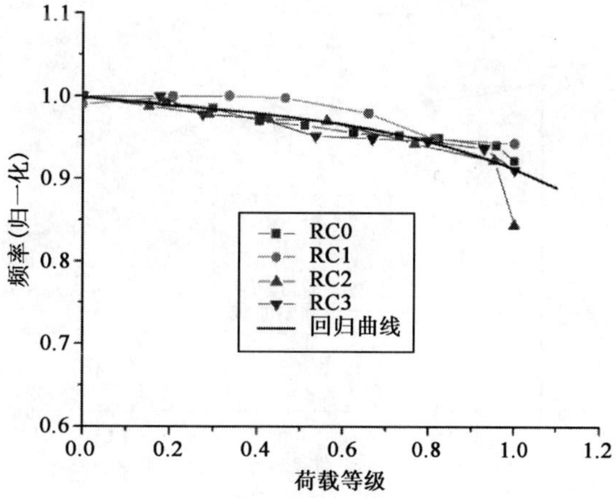

b)竖向二阶

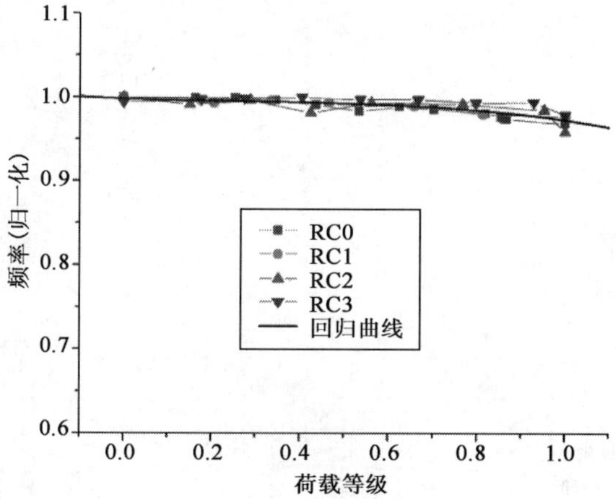

c)竖向三阶

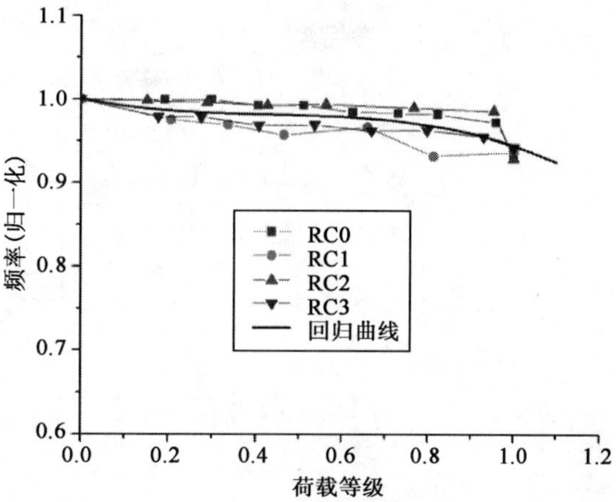

d)纵向一阶

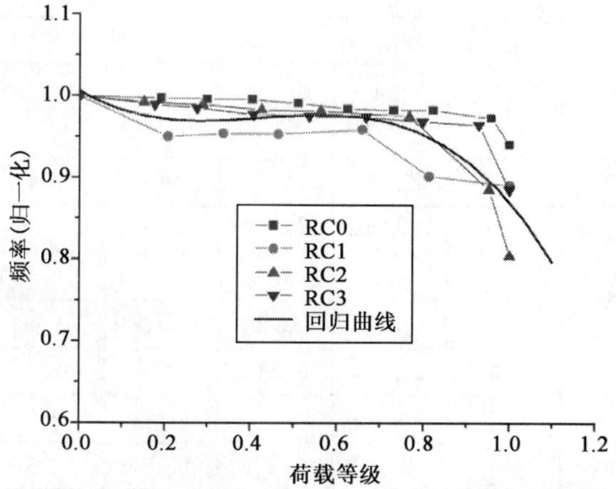

e)横向一阶

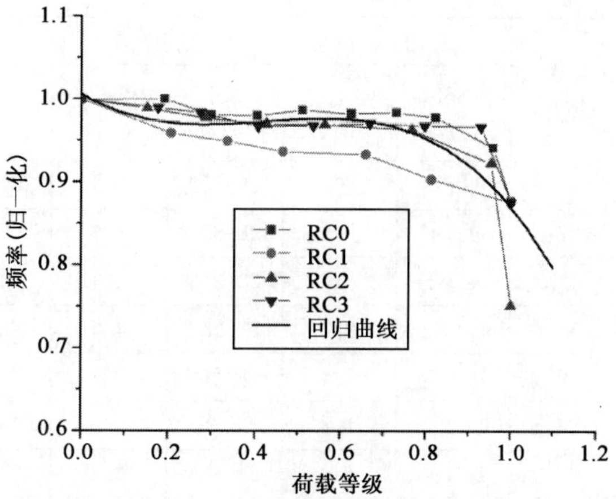

f)横向二阶

图 66

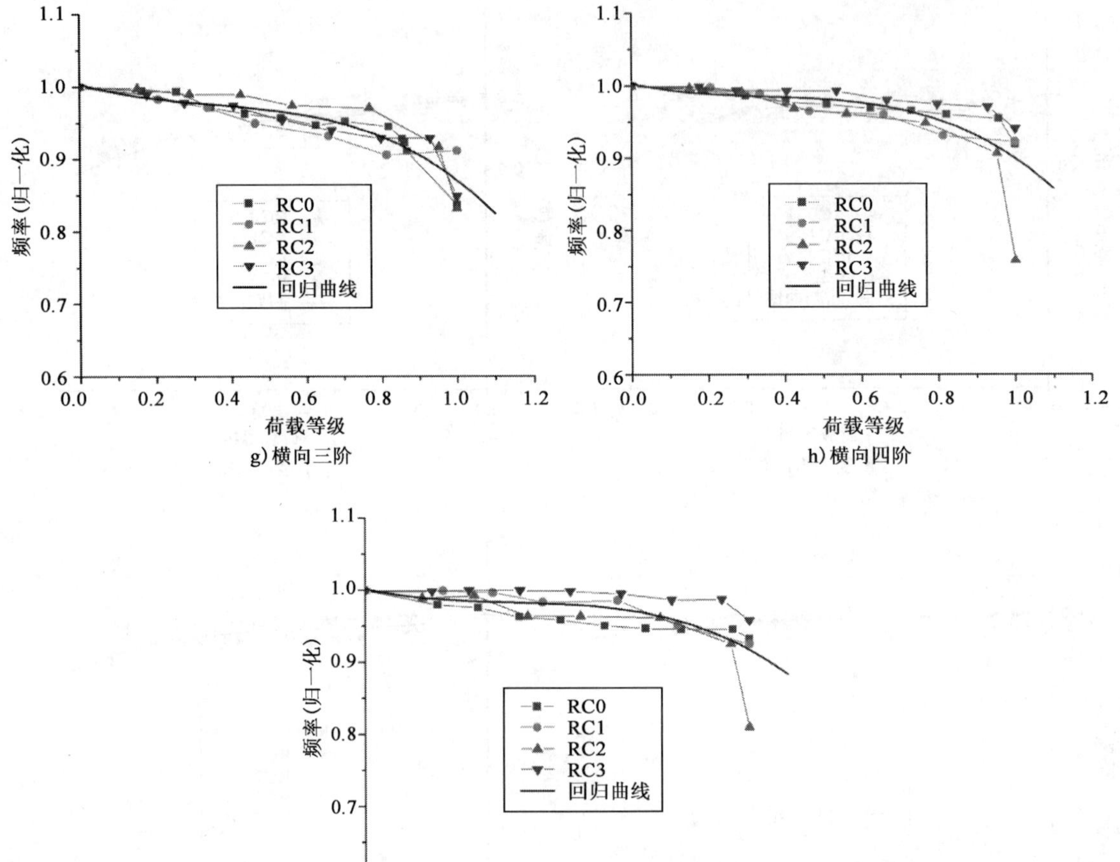

图 66 RC 梁各阶频率比 β(归一化)与荷载等级关系的回归曲线

参考梁 RC0 横向振动测试结果 表 29

荷载 (kN)	横向一阶		横向二阶		横向三阶		横向四阶		横向五阶	
	SSI (Hz)	阻尼比 (%)	SSI (Hz)	阻尼比 (%)	SSI (Hz)	阻尼比 (%)	SSI (Hz)	阻尼比 (%)	SSI (Hz)	阻尼比 (%)
0	11.58	6	28.822	3.4	57.922	3.3	95.569	2.6	178.369	2.4
27	11.543	5	28.854	3.7	57.602	3.9	95.003	2.4	174.775	2.3
42	13.024	3.4	28.303	4.4	57.543	3.3	94.26	1.9	174.054	2.3
57	13.115	2.2	28.283	4.4	56.286	2.8	93.438	2.2	171.784	2.4
72	13.458	2.4	28.469	2.7	55.761	3.1	93.144	2.4	170.974	2.9
88	13.366	1.8	28.34	3.9	55.44	2.5	92.618	2.4	169.534	2.7
103	13.343	1.8	28.385	3.5	54.845	2.6	92.302	2	168.848	3.6
116	13.343	1.9	28.215	3.2	55.159	3.5	91.8	2.2	168.641	2.4
135	13.212	2.6	27.172	3.4	54.725	2.8	91.253	2.5	168.583	2.4

续上表

荷载(kN)	横向一阶		横向二阶		横向三阶		横向四阶		横向五阶	
	SSI(Hz)	阻尼比(%)	SSI(Hz)	阻尼比(%)	SSI(Hz)	阻尼比(%)	SSI(Hz)	阻尼比(%)	SSI(Hz)	阻尼比(%)
141	12.771	2.2	25.31	3	53.741	3.5	87.774	2.1	166.277	2.2
142	12.696	2.1	24.521	3	53.424	3.1	85.397	1.9	166.798	3.1
143	12.268	1.9	23.441	2.5	52.727	2.7	84.565	3.6	161.472	3.3

RC1 超载梁竖向及纵向振动测试结果 表 30

荷载(kN)	竖向一阶		竖向二阶		竖向三阶		纵向一阶	
	SSI(Hz)	阻尼比(%)	SSI(Hz)	阻尼比(%)	SSI(Hz)	阻尼比(%)	SSI(Hz)	阻尼比(%)
0	40.525	2	164.607	5.2	255.61	2.7	27.379	2.9
32	38.837	2.7	166.223	3	253.807	3.6	26.704	2.7
52	38.154	2.9	166.305	3.1	254.653	3.3	26.547	2.6
72	38.139	2.3	165.955	2.9	253.939	4.4	26.216	2.1
102(1)	38.454	2.1	162.882	5.3	252.899	4.1	26.47	3.9
102(10)	38.385	2.4	161.035	3.6	251.613	6.7	26.196	5.3
102(30)	38.299	2.4	159.382	3.3	251.748	1.6	25.721	5.4
102(80)	38.187	3	158.525	2.9	250.884	1.3	25.636	2.4
126	38.039	1.8	157.723	3.4	250.453	3.3	25.529	2.1
155	36.405	4	156.78	3.2	249.714	3.6	25.666	5

注:括号内数字表示超载次数,下同。

RC1 超载梁横向振动测试结果 表 31

荷载(kN)	横向一阶		横向二阶		横向三阶		横向四阶		横向五阶	
	SSI(Hz)	阻尼比(%)	SSI(Hz)	阻尼比(%)	SSI(Hz)	阻尼比(%)	SSI(Hz)	阻尼比(%)	SSI(Hz)	阻尼比(%)
0	13.27	2.2	28.338	2.4	54.193	4.6	92.783	3.2	168.947	1.4
32	11.659	4	27.174	2.7	53.259	3.5	92.616	3	168.87	1.7
52	11.705	2.8	26.898	2.7	52.657	4.3	91.767	2.9	168.425	2.2
72	11.694	3	26.548	3.1	51.458	4.4	89.569	2.8	166.143	2.2
102(1)	11.764	5.3	26.453	4.7	50.489	2.4	89.089	3.2	166.531	3
102(10)	11.789	4.6	26.113	5	50.217	2.3	88.421	1.7	164.186	1.9
102(30)	11.893	4.2	25.97	4.8	50.437	2.4	86.35	2.9	162.479	2.2
102(80)	12.19	3.7	25.553	4.8	49.175	5.4	86.356	3.9	161.384	3.1
126	12.064	3.8	25.6	5.1	49.056	4.4	86.364	2.6	160.715	2
155	10.927	4.8	24.808	3.9	49.373	4.6	85.56	3.5	156.286	2.1

RC2 超载梁竖向及纵向振动测试结果 表 32

荷载(kN)	竖向一阶		竖向二阶		竖向三阶		纵向一阶	
	SSI(Hz)	阻尼比(%)	SSI(Hz)	阻尼比(%)	SSI(Hz)	阻尼比(%)	SSI(Hz)	阻尼比(%)
0	39.189	1.2	157.858	2.3	250.006	3.1	26.146	3.7
22	38.999	1.3	155.884	2.0	247.824	3.9	26.108	3.2
42	38.887	1.4	154.39	1.9	249.158	2.7	26.051	3.8
62	38.886	1.3	153.501	2.3	245.344	3.3	25.965	4.6
82	38.818	1.4	153.132	3.4	248.378	1.2	25.989	4.2
112(1)	38.642	1.4	148.77	2.0	247.979	4.0	25.881	2.3
112(10)	38.473	1.5	147.548	2.6	248.709	5.3	26.112	3.5
112(30)	38.162	1.6	146.803	2.6	249.055	4.7	26.006	4.3
112(80)	37.622	1.9	145.146	2.6	248.809	3.1	25.94	3.2
139	37.645	1.7	145.552	2.1	246.162	5.2	25.781	3.8
146	34.329	2.0	133.218	2.4	239.7	3.9	24.292	2.0

RC2 超载梁横向振动测试结果 表 33

荷载(kN)	横向一阶		横向二阶		横向三阶		横向四阶		横向五阶	
	SSI(Hz)	阻尼比(%)	SSI(Hz)	阻尼比(%)	SSI(Hz)	阻尼比(%)	SSI(Hz)	阻尼比(%)	SSI(Hz)	阻尼比(%)
0	13.209	1.7	27.978	1.3	57.126	1.9	93.902	1.5	174.849	2.1
22	13.11	2.2	27.665	2.2	56.99	2.6	93.621	1.1	172.891	1.7
42	13.061	1.9	27.338	2.4	56.547	2.1	93.141	1.9	173.53	1.2
62	12.986	1.3	27.137	2.4	56.514	1.8	91.017	2.1	168.576	2.5
82	12.963	1.2	27.122	2.6	55.647	2.1	90.301	1.6	168.553	1.2
112(1)	12.879	1.1	26.943	2.4	55.465	2.2	89.077	2.2	168.13	1.9
112(10)	12.634	2	26.525	2.2	52.751	2.2	87.099	2.9	166.539	1.6
112(30)	12.363	1.9	26.467	2.3	52.605	2.6	87.064	3.1	161.269	2.5
112(80)	11.14	3.7	25.828	2.5	52.637	2.3	85.611	2.9	160.397	1.5
139	11.694	2.2	25.813	2.1	52.341	2.2	85.133	3.5	161.756	1.9
146	10.619	2.1	21.014	2.1	47.5	2.8	71.202	2.4	141.504	2.2

RC3 超载梁竖向及纵向振动测试结果 表 34

荷载(kN)	竖向一阶		竖向二阶		竖向三阶		纵向一阶	
	SSI(Hz)	阻尼比(%)	SSI(Hz)	阻尼比(%)	SSI(Hz)	阻尼比(%)	SSI(Hz)	阻尼比(%)
0	39.945	1.3	155.358	1.6	236.576	3.8	27.154	1.6
27	39.574	1.5	155.319	2	237.413	3.8	26.576	2.4
42	39.248	1.6	151.913	2.6	237.728	4.4	26.574	1.9
62	39.217	1.6	151.103	3.2	238.058	2.7	26.303	2.3

续上表

荷载(kN)	竖向一阶		竖向二阶		竖向三阶		纵向一阶	
	SSI(Hz)	阻尼比(%)	SSI(Hz)	阻尼比(%)	SSI(Hz)	阻尼比(%)	SSI(Hz)	阻尼比(%)
82	39.05	1.6	147.823	3.6	237.401	3.2	26.327	1.9
102	39.168	1.9	147.319	2.5	237.511	2.3	26.13	2.2
122	39.004	1.9	146.909	2.8	236.541	4.3	26.154	2.1
142(1)	38.963	1.5	145.527	2.4	236.718	1.6	25.95	2.3
142(10)	38.608	2	144.54	2.3	236.957	3	26.039	2.4
142(30)	38.541	1.5	144.456	2.4	235.292	1.8	25.940	2.6
142(80)	38.3	1.6	144.500	2	236.96	1.7	25.999	2.2
153	37.453	1.9	141.494	3.9	233.141	2.2	25.603	2.8
153	35.91	2.2	132.247	1.8	231.42	5.0	24.233	2.6

RC3超载梁横向振动测试结果 表35

荷载(kN)	横向一阶		横向二阶		横向三阶		横向四阶		横向五阶	
	SSI(Hz)	阻尼比(%)	SSI(Hz)	阻尼比(%)	SSI(Hz)	阻尼比(%)	SSI(Hz)	阻尼比(%)	SSI(Hz)	阻尼比(%)
0	14.123	1.4	28.228	1.2	60.985	3.1	92.684	1.9	171.411	3.2
27	13.973	1.5	27.939	1.4	60.379	4.5	92.601	2.2	171.348	3.0
42	13.907	1.8	27.763	2.2	59.641	2.9	92.103	2.3	171.61	1.8
62	13.805	2.1	27.3	2.1	59.4	3.2	92.083	1.8	171.577	2.2
82	13.773	2.1	27.327	1.7	58.191	4.1	92.048	2.1	171.331	2.0
102	13.762	1.9	27.403	2.0	57.307	2.8	90.866	2.0	170.734	1.3
122	13.679	1.8	27.327	1.7	56.613	3.1	90.361	2.0	169.16	3.2
142(1)	13.622	2.0	27.285	1.6	56.601	3.3	90.003	2.1	169.305	2.3
142(10)	13.566	1.6	27.282	1.9	56.055	3.9	89.986	2.2	168.932	1.5
142(30)	13.58	1.8	27.241	2.0	55.636	3.7	89.583	2.2	166.874	2.3
142(80)	13.472	1.5	27.15	2.1	55.356	4.1	89.298	2.0	165.209	2.2
153	12.505	2.9	24.711	2.7	51.769	4.3	87.168	2.6	164.32	3.2
153	10.773	2.9	20.456	2.3	47.664	4.7	73.859	2.7	157.597	4.1

(2)超载对梁自振频率的影响

结构的损伤改变了结构的质量、刚度和阻尼特性，因而也改变了结构的振动响应。超载及重复超载使结构的裂缝扩展，损伤加剧，这必然会给结构的动力响应带来影响。本文通过对部分预应力混凝土及普通钢筋混凝土简支梁进行抗弯超载试验，测试各不同超载度下的超载梁在不同超载次数作用后的频率，考查重复超载对预应力混凝土结构动力响应的影响。各超载梁超载损伤程度见表36。

超载梁加载损伤情况

表 36

组别	构件	超载度（%）	损伤水平			
			荷载（kN）	挠度（mm）	最大裂缝宽度（mm）	最大裂缝高度（cm）
A	PPCA1	0	89	7.7	0.06	13.0
	PPCA2	18.3	97	7.7	0.14	21.0
	PPCA3	24.0	124	11.7	0.20	23.0
	PPCA4	36.1	147	17.5	0.30	24.0
	PPCA5	49.5	154	19.8	0.40	25.0
B	PPCB1	17.6	160	12.4	0.15	22.0
	PPCB2	27.7	177	18.9	0.20	22.5
	PPCB3	66.9	222	20.4	0.25	24.5
C	RC1	24.4	102	11.0	0.24	25.0
	RC2	37.8	113	12.6	0.28	25.0
	RC3	54.3	142	17.9	0.30	25.0

图 67 给出了 A 组部分预应力混凝土超载梁，在完整、破坏以及在一定超载幅值和不同重复超载次数后的损伤状态下各阶频率的变化情况。试验结果表明：A 组梁破坏后的频率相对完整时要低，超载损伤降低了结构的频率；在重复超载过程中，梁的振动频率会有变大的现象，不过总体来说，超载损伤梁的振动频率随着超载次数的增加而有所降低，但并不明显。

图 68～图 70 给出了 B 组部分预应力混凝土超载梁 PPCB1、PPCB2 及 PPCB3 在完整、破坏、不同荷载损伤及超载损伤状态下的各阶振动频率的变化情况。表 37～表 40 给出了 B 组各超载损伤梁的振动频率相对各自完整梁的降低幅度。试验结果表明：

(1)对于超载梁 PPCB1，其超载度为 17.6%。除竖向二、三阶和纵向一阶个别频率出现增大现象外，其他各向各阶频率基本随着荷载损伤的提高而不断降低。在重复超载超载作用下，除横向四阶频率外，其余各阶频率基本呈现下降趋势。在 80 次重复超载之后，损伤梁的竖向基频相对完整时降低幅度可达 2.22%，在梁破坏后，其降低幅度达到 5.91%。

(2)对于超载梁 PPCB2，其超载度为 27.7%。除竖向三阶和横向五阶频率出现增大外，其各向各阶频率基本上都随着损伤的加剧而不断降低。在重复超载超载作用下，除横向四阶频率逐渐升高外，其余各阶频率基本呈现下降趋势。在 80 次重复超载之后，损伤梁的竖向基频相对完整时降低幅度可达 3.65%，在梁破坏后，其降低幅度达到 7.39%。

(3)对于超载梁 PPCB3，其超载度为 66.9%。除竖向二阶和横向二、三阶频率值出现较大波动外，其各向各阶频率基本上都随着损伤的加剧而不断降低。在重复超载作用下，除第 10 次重复超载后所测频率出现较大离散外，其余各阶频率基本随超载次数的增加而呈现下降趋势。在 80 次重复超载之后，损伤梁的竖向基频相对完整时降低幅度可达 3.31%，在梁破坏后，其降低幅度达到 4.78%。

总体来说，部分预应力混凝土梁损伤后的振动频率相对完整时要低，超载损伤降低了梁的振动频率。重复超载对梁的频率也有一定的影响，一般随着超载的次数增加而有所降低，但表现并不明显，降低幅度较小，不超过 2.64%（表 40）。超载幅值（超载度）对梁的振动频率因重复超载而变化的影响不明显。在达到抗弯极限承载能力而破坏后，梁竖向基频降低幅度在 4.78%～7.91%之间。

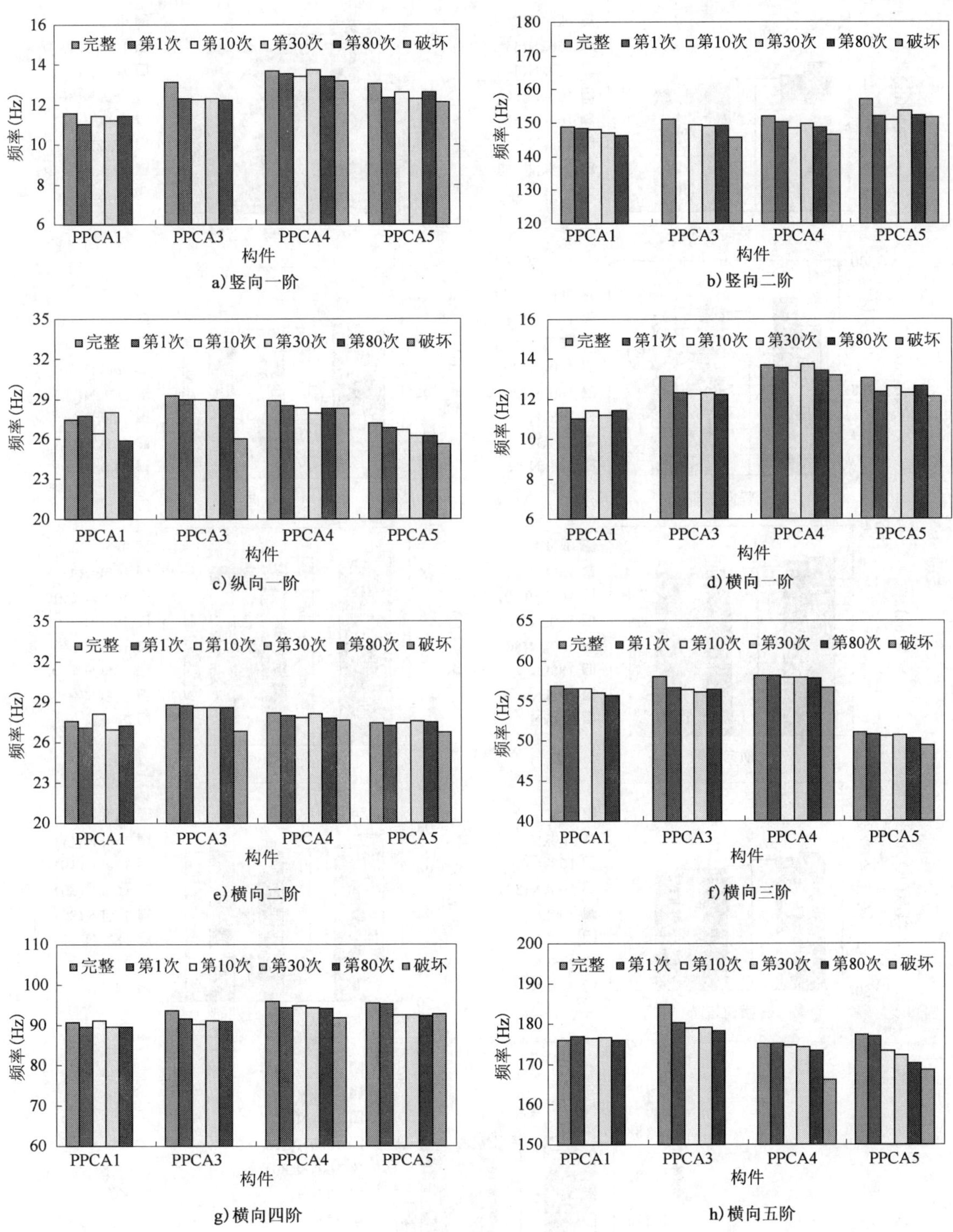

图 67　超载对 A 组梁振动频率的影响

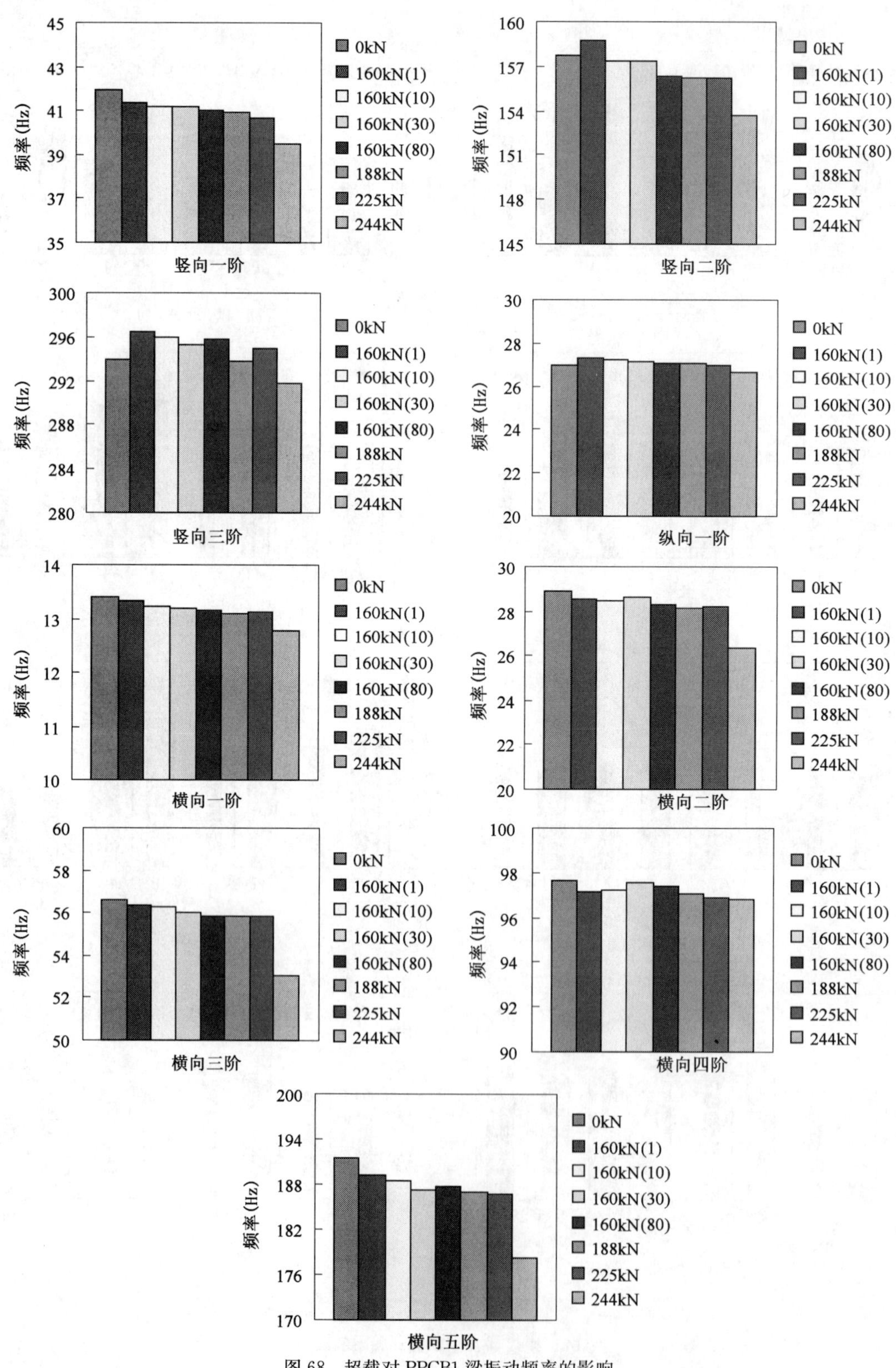

图 68 超载对 PPCB1 梁振动频率的影响

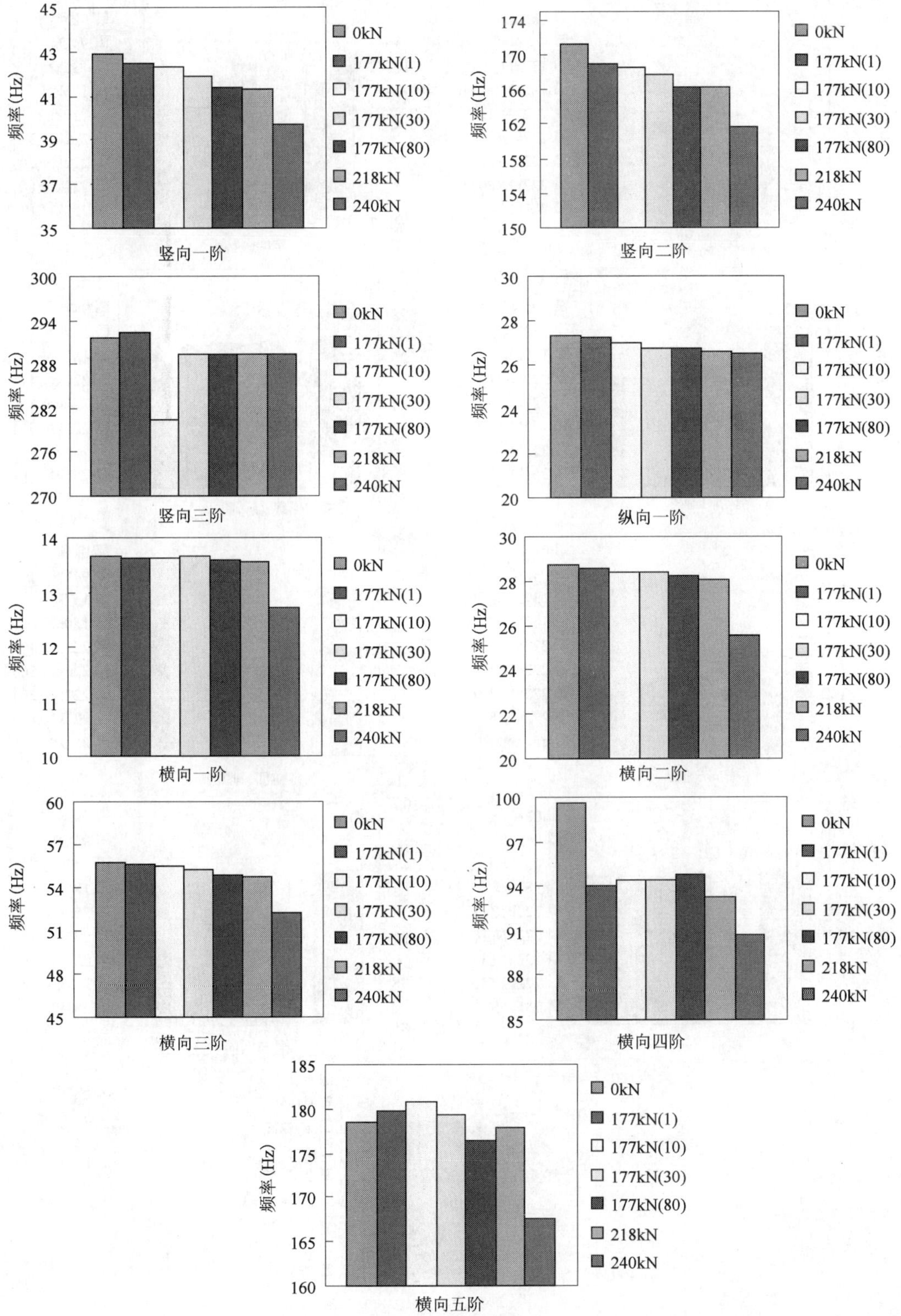

竖向一阶　竖向二阶　竖向三阶　纵向一阶　横向一阶　横向二阶　横向三阶　横向四阶　横向五阶

图 69　超载对 PPCB2 梁振动频率的影响

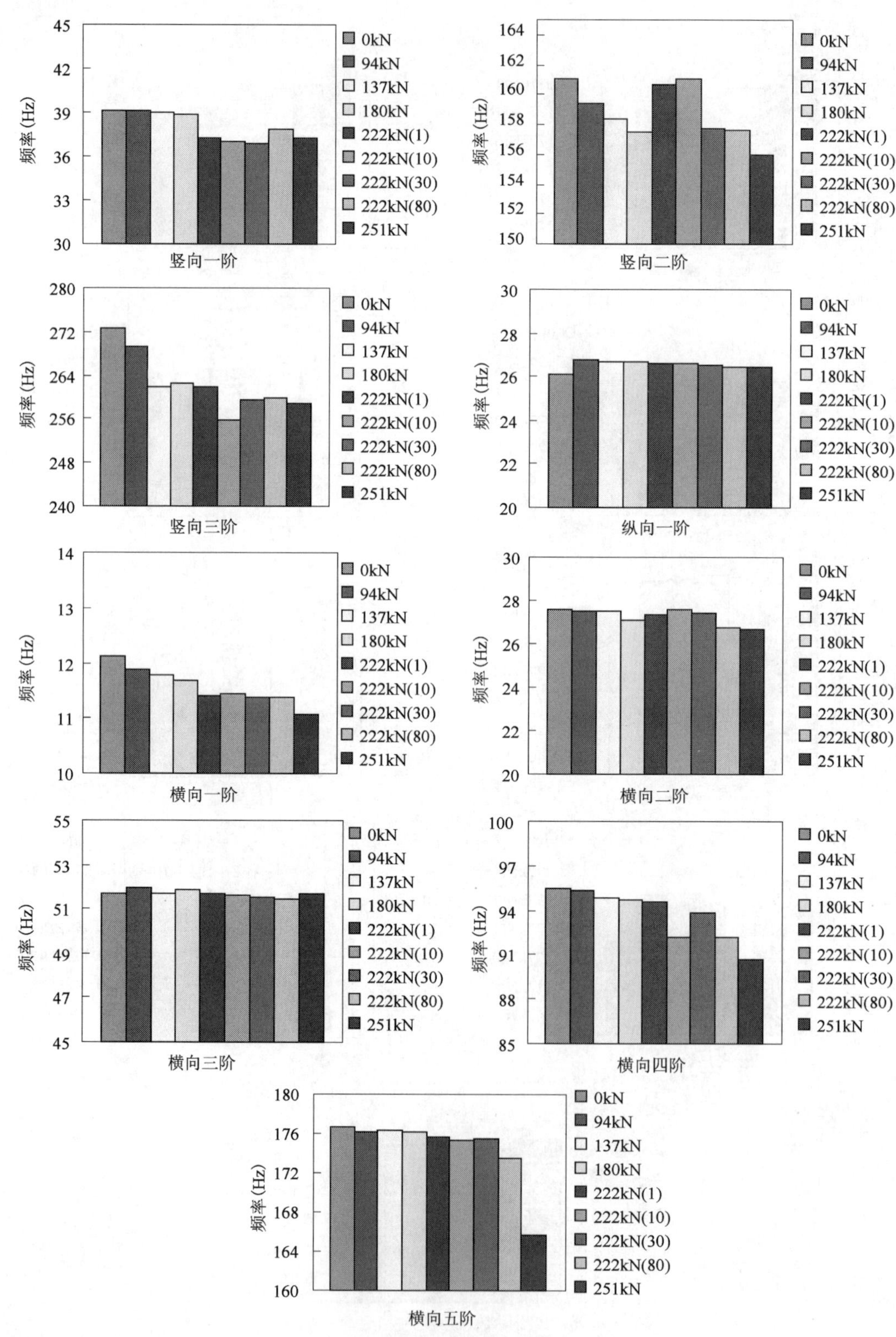

图 70　超载对 PPCB3 梁振动频率的影响

PPCB1 梁各向各阶频率降低幅度(单位:%) 表 37

荷载(kN)	竖向			纵向	横向				
	一阶	二阶	三阶	一阶	一阶	二阶	三阶	四阶	五阶
160(1)	1.32	−0.59	−0.88	−1.02	0.69	1.38	0.45	0.48	1.12
160(10)	1.81	0.28	−0.72	−0.78	1.49	1.51	0.63	0.42	1.55
160(30)	1.85	0.30	−0.50	−0.63	1.76	1.02	1.05	0.07	2.15
160(80)	2.22	0.87	−0.63	−0.03	2.08	2.21	1.32	0.18	1.99
188	2.32	0.95	0.03	−0.30	2.49	2.57	1.36	0.59	2.33
225	2.89	0.97	−0.34	0.11	2.15	2.39	1.40	0.77	2.47
244(破坏)	5.91	2.58	0.75	1.26	4.96	8.88	6.27	0.87	6.92

PPCB2 梁各向各阶频率降低幅度(单位:%) 表 38

荷载(kN)	竖向			纵向	横向				
	一阶	二阶	三阶	一阶	一阶	二阶	三阶	四阶	五阶
177(1)	1.01	1.28	−0.33	0.34	0.26	0.57	1.71	5.58	−0.62
177(10)	1.45	1.54	3.79	1.40	0.34	1.08	2.00	5.25	−1.32
177(30)	2.46	2.03	0.74	1.68	0.11	1.18	2.41	5.20	−0.47
177(80)	3.65	2.87	0.78	2.14	0.61	1.81	3.09	4.87	1.15
218	3.72	2.90	0.74	2.65	0.81	2.20	3.21	6.46	0.36
240(破坏)	7.39	5.61	0.77	3.10	7.07	10.99	7.81	9.00	6.17

PPCB3 梁各向各阶频率降低幅度(单位:%) 表 39

荷载(kN)	竖向			纵向	横向				
	一阶	二阶	三阶	一阶	一阶	二阶	三阶	四阶	五阶
94	0.00	1.02	1.21	−2.57	1.97	0.38	−0.43	0.03	0.22
137	0.32	1.62	3.97	−2.50	2.97	0.40	0.02	0.63	0.16
180	0.66	2.21	3.73	−2.32	3.59	1.81	−0.32	0.70	0.26
222(1)	4.88	0.23	3.90	−2.12	5.80	0.94	0.03	0.86	0.51
222(10)	5.44	0.03	6.20	−1.88	5.75	0.07	0.23	3.36	0.71
222(30)	5.81	2.03	4.81	−1.71	6.09	0.77	0.46	1.63	0.63
222(80)	3.31	2.10	4.75	−1.50	6.20	3.25	0.55	3.33	1.79
251(破坏)	4.78	3.17	5.07	−1.27	8.75	3.46	0.09	4.94	6.15

B 组超载梁各向各阶频率因重复超载产生的降低幅度(单位:%) 表 40

B组超载梁	超载度(%)	竖向			纵向	横向				
		一阶	二阶	三阶	一阶	一阶	二阶	三阶	四阶	五阶
PPCB1	17.6	0.90	1.46	0.25	0.99	1.39	0.83	0.86	−0.29	0.87
PPCB2	27.7	2.64	1.59	1.10	1.80	0.36	1.24	1.38	−0.71	1.77
PPCB3	66.9	−1.57	1.88	0.85	0.62	0.40	2.31	0.52	2.47	1.28

图 71～图 73 给出了 C 组普通钢筋混凝土超载梁 RC1、RC2 及 RC3 在完整、破坏、不同荷载损伤及不同超载次数损伤状态下的各阶振动频率的变化情况。表 41～表 44 给出了 C 组各超载损伤梁的振动频率相对各自完整梁的降低幅度。试验结果表明：

(1)对于超载梁 RC1，其超载度为 24.4%。除竖向二阶个别频率出现增大现象外，其他各向各阶频率基本随着荷载损伤的提高而不断降低。在重复超载超载作用下，除横向一阶频率外，其余各阶频率的降低幅度都在增大。在 80 次重复超载之后，损伤梁的竖向基频相对完整时降低幅度可达 5.77%，在梁达到极限荷载后，其降低幅度达到 10.17%。

(2)对于超载梁 RC2，其超载度为 37.8%。除竖向三阶频率外，其他各向各阶频率基本随着损伤的加剧而不断降低。在重复超载作用下，除竖向三阶频率外，其余各阶频率基本呈现下降趋势。在 80 次重复超载之后，损伤梁的竖向基频相对完整时降低幅度可达 4.00%，在梁达到极限荷载后，其降低幅度达到 12.40%。

(3)对于超载梁 RC3，其超载度为 54.3%。除竖向三阶频率出现较大波动外，其余各向各阶频率基本上都随着损伤的加剧而不断降低。在重复超载作用下，除竖向三阶频率外，其余各向各阶频率基本随超载次数的增加而呈现变化甚微或下降趋势。在 80 次重复超载之后，损伤梁的竖向基频相对完整时降低幅度可达 4.12%，在梁达到极限荷载后，其降低幅度达到 6.24%。

总体来说，钢筋混凝土梁损伤后的振动频率相对完整时要低，超载损伤降低了梁的振动频率。重复超载对梁的频率也有一定的影响，一般随着超载的次数增加而有所降低，但表现并不明显，降低幅度较小，除个别较大外，一般不超过 5%(表 44)，而且高阶频率的测试误差较大。超载幅值(超载度)对普通钢筋混凝土梁的振动频率因重复超载而变化的影响同样不明显。在梁达到抗弯极限承载能力而破坏后，梁竖向基频降低幅度在 6.24%～12.70%之间，相对部分预应力混凝土梁来讲，降低幅度较大。

RC1 梁各向各阶频率降低幅度(单位：%)　　表 41

荷载(kN)	竖向			纵向	横向				
	一阶	二阶	三阶	一阶	一阶	二阶	三阶	四阶	五阶
32	4.17	−0.98	0.71	2.47	12.14	4.11	1.72	0.18	0.05
52	5.85	−1.03	0.37	3.04	11.79	5.08	2.83	1.10	0.31
72	5.89	−0.82	0.65	4.25	11.88	6.32	5.05	3.46	1.66
102(1)	5.11	1.05	1.06	3.32	11.35	6.65	6.83	3.98	1.43
102(10)	5.28	2.17	1.56	4.32	11.16	7.85	7.34	4.70	2.82
102(30)	5.49	3.17	1.51	6.06	10.38	8.36	6.93	6.93	3.83
102(80)	5.77	3.69	1.85	6.37	8.14	9.83	9.26	6.93	4.48
126	6.13	4.18	2.02	6.76	9.09	9.66	9.48	6.92	4.87
155	10.17	4.75	2.31	6.26	17.66	12.46	8.89	7.78	7.49

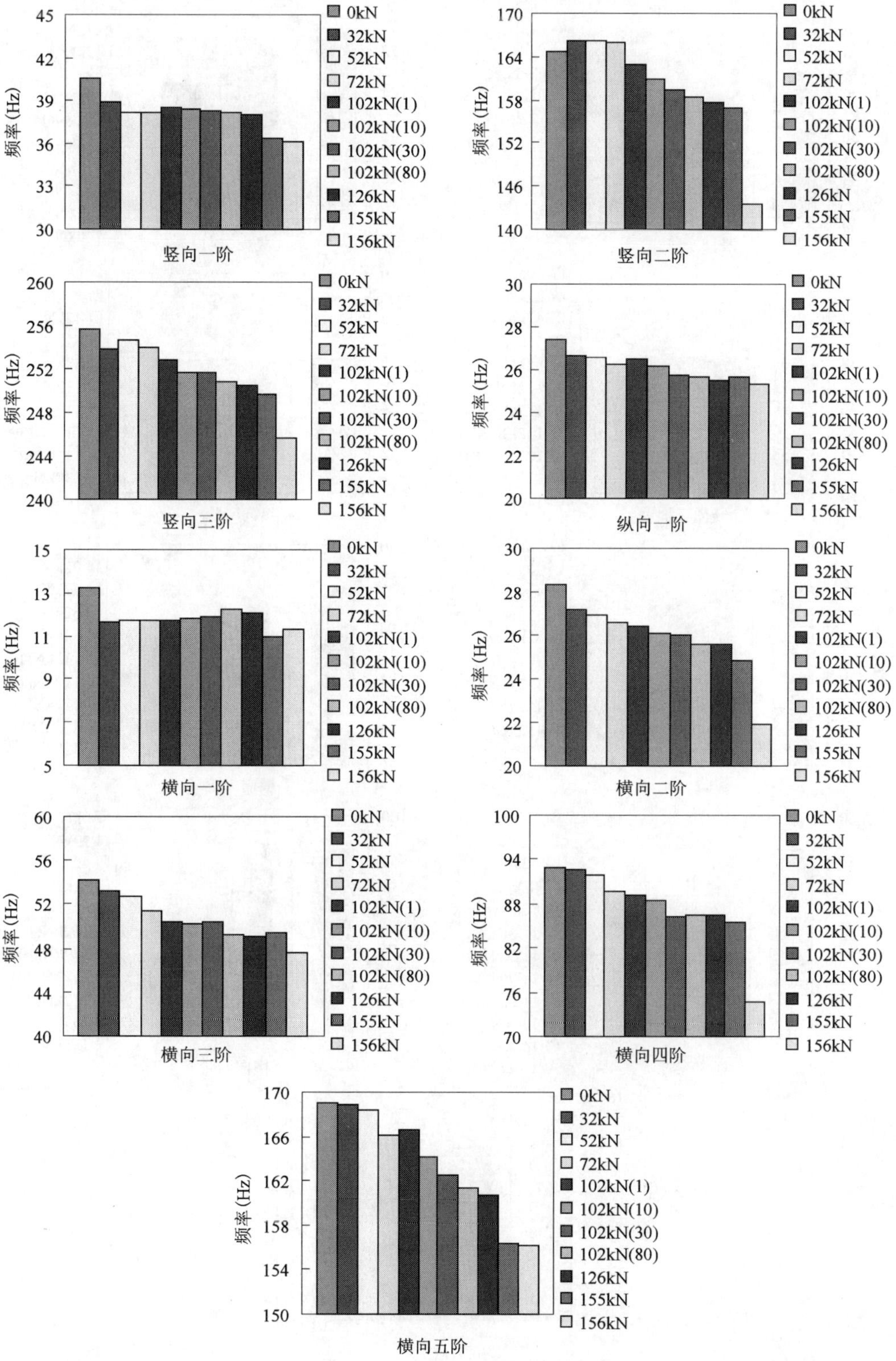

竖向一阶

竖向二阶

竖向三阶

纵向一阶

横向一阶

横向二阶

横向三阶

横向四阶

横向五阶

图 71　超载对 RC1 梁振动频率的影响

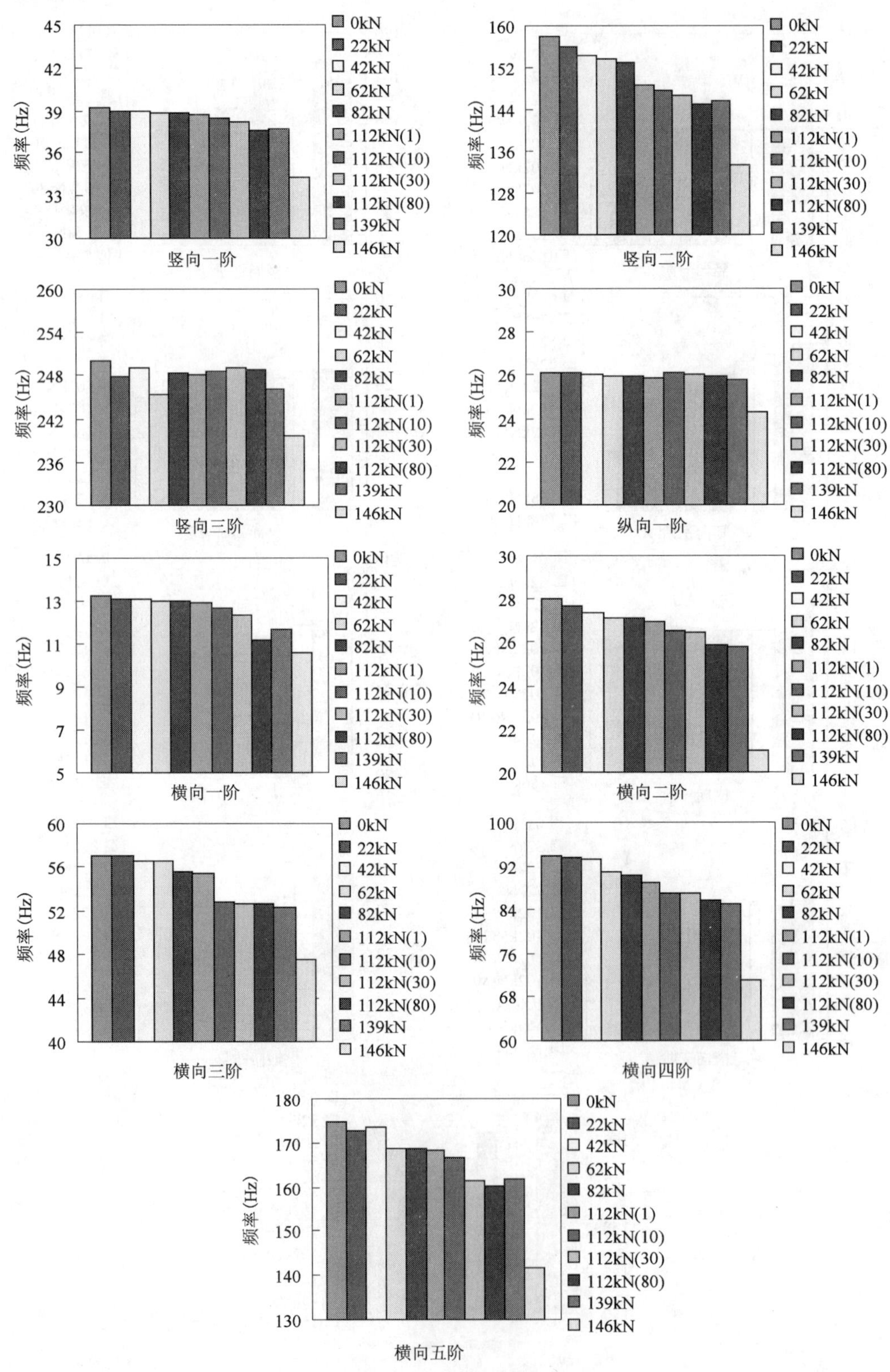

图 72 超载对 RC2 梁振动频率的影响

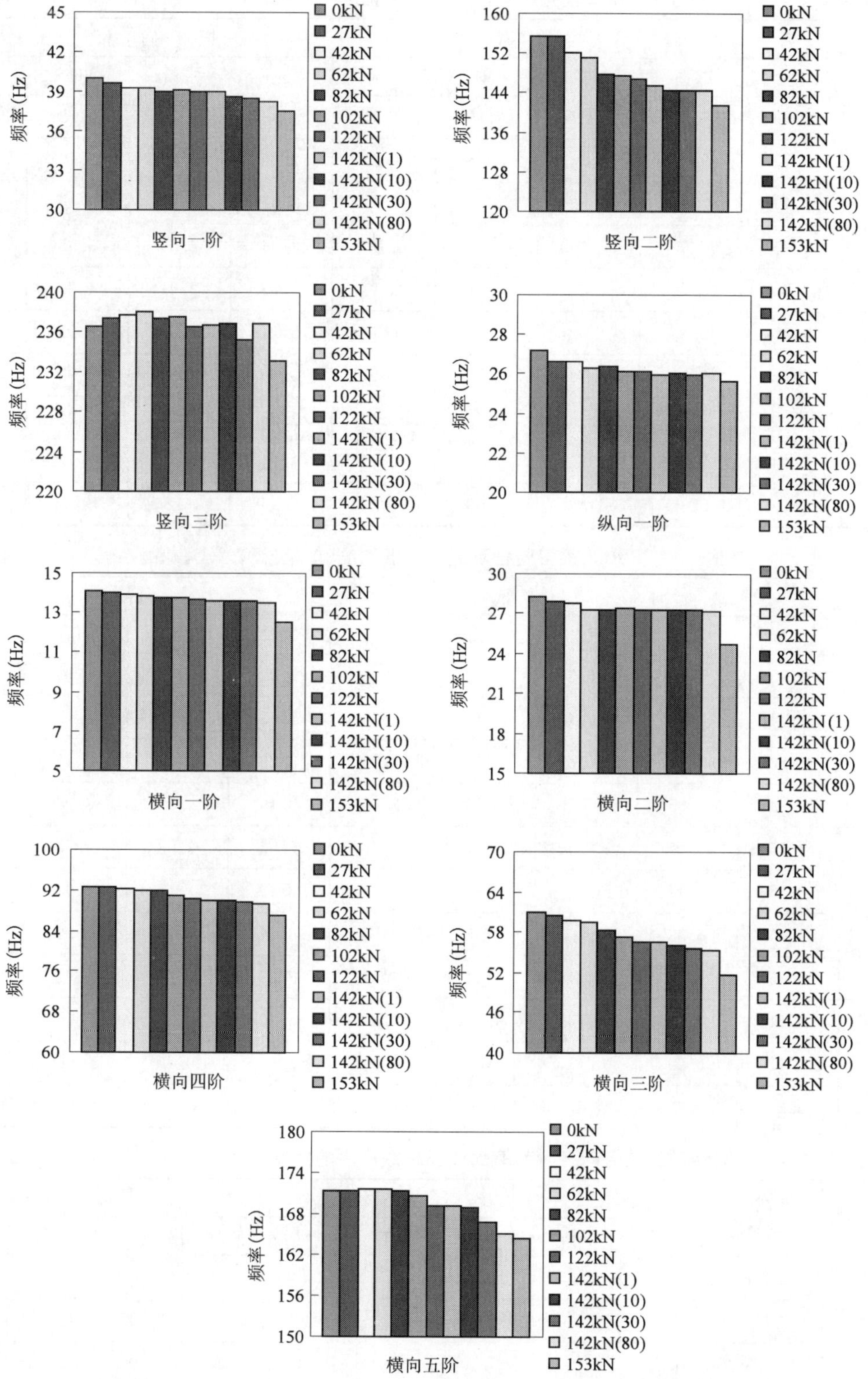

图 73 超载对 RC3 梁振动频率的影响

RC2 梁各向各阶频率降低幅度(单位:%)　　表 42

荷载(kN)	竖向			纵向	横向				
	一阶	二阶	三阶	一阶	一阶	二阶	三阶	四阶	五阶
22	0.48	1.25	0.87	0.15	0.75	1.12	0.24	0.18	1.12
42	0.77	2.20	0.34	0.36	1.12	2.29	1.01	1.10	0.75
62	0.77	2.76	1.86	0.69	1.69	3.01	1.07	3.46	3.59
82	0.95	2.99	0.65	0.60	1.86	3.06	2.59	3.98	3.60
112(1)	1.40	5.76	0.81	1.01	2.50	3.70	2.91	4.70	3.84
112(10)	1.83	6.53	0.52	0.13	4.35	5.19	7.66	6.93	4.75
112(30)	2.62	7.00	0.38	0.54	6.40	5.40	7.91	6.93	7.77
112(80)	4.00	8.05	0.48	0.79	15.66	7.68	7.86	6.92	8.27
139	3.94	7.80	1.54	1.40	11.47	7.74	8.38	7.78	7.49
146	12.40	15.61	4.12	7.09	19.61	24.89	16.85	19.41	19.07

RC3 梁各向各阶频率降低幅度(单位:%)　　表 43

荷载(kN)	竖向			纵向	横向				
	一阶	二阶	三阶	一阶	一阶	二阶	三阶	四阶	五阶
27	0.93	0.03	−0.35	2.13	1.06	1.02	0.99	0.18	1.12
42	1.74	2.22	−0.49	2.14	1.53	1.65	2.20	1.10	0.75
62	1.82	2.74	−0.63	3.13	2.25	3.29	2.60	3.46	3.59
82	2.24	4.85	−0.35	3.05	2.48	3.19	4.58	3.98	3.60
102	1.95	5.17	−0.40	3.77	2.56	2.92	6.03	4.70	3.84
122	2.36	5.44	0.01	3.68	3.14	3.19	7.17	6.93	4.75
142(1)	2.46	6.33	−0.06	4.43	3.55	3.34	7.19	6.93	7.77
142(10)	3.35	6.96	−0.16	4.11	3.94	3.35	8.08	6.92	8.27
142(30)	3.51	7.02	0.54	4.47	3.84	3.50	8.77	7.78	7.49
142(80)	4.12	6.99	−0.16	4.25	4.61	3.82	9.23	19.41	19.07
153	6.24	8.92	1.45	5.71	11.46	12.46	15.11	0.00	0.00

C 组超载梁各向各阶频率因重复超载产生的降低幅度(单位:%)　　表 44

C 组超载梁	超载度(%)	竖向			纵向	横向				
		一阶	二阶	三阶	一阶	一阶	二阶	三阶	四阶	五阶
RC1	24.4	0.66	2.65	0.79	3.05	−3.21	3.18	2.42	2.95	3.05
RC2	37.8	2.60	2.30	−0.33	−0.23	13.17	3.99	4.95	2.22	4.42
RC3	54.3	1.66	0.66	−0.10	−0.18	1.06	0.48	2.04	12.49	11.30

表45～表60给出了A组和B组超载梁测试的主要振动参数。

PPCA1超载梁竖向及纵向振动测试结果 表45

加载次数及荷载	竖向一阶		竖向二阶		纵向一阶	
	SSI(Hz)	阻尼比(%)	SSI(Hz)	阻尼比(%)	SSI(Hz)	阻尼比(%)
完整	39.978	1.9	148.944	3.8	27.454	1.4
1次	39.456	1.7	148.323	3.4	27.752	2.7
10次	39.598	1.4	147.977	2.9	26.472	2
30次	39.474	1.5	147.097	3	28.044	2.8
80次	39.363	1.3	146.227	2.2	25.871	2
104kN	39.518	1.3	146.461	2.3	26.348	1.2

PPCA1超载梁横向振动测试结果 表46

加载次数	横向一阶		横向二阶		横向三阶		横向四阶		横向五阶	
	SSI (Hz)	阻尼比 (%)	SSI (Hz)	阻尼比 (%)	SSI (Hz)	阻尼比 (%)	SSI (Hz)	阻尼比 (%)	SSI (Hz)	阻尼比 (%)
完整	11.589	2.4	27.576	2.6	56.876	1.6	90.78	2.9	176.123	1.6
1	11.012	5.9	27.06	3.6	56.57	3.8	89.613	3.4	176.851	2.1
10	11.43	10.2	28.117	1	56.535	2.4	91.132	3.2	176.495	2.3
30	11.213	3.5	26.968	2.4	55.974	2.7	89.461	3.2	176.628	2.3
80	11.432	13.8	27.242	4.4	55.634	5.8	89.455	4.4	176.067	2.4
104kN	10.941	4.2	27.053	2.8	55.773	2.9	89.825	3.3	176.114	2.5

PPCA2超载梁竖向及纵向振动测试结果 表47

加载次数	竖向一阶		竖向二阶		纵向一阶	
	SSI(Hz)	阻尼比(%)	SSI(Hz)	阻尼比(%)	SSI(Hz)	阻尼比(%)
完整	38.135	1.8	151.308	2.4	26.713	3.7
1	38.156	2.4	147.312	2.5	25.390	1.6
10	38.124	1.8	145.502	3.2	26.566	0.4
30	37.959	1.8	145.956	2.4	26.390	0.8
80	37.985	2.5	145.912	2.2	26.140	1.4
113kN	37.811	2.3	146.325	2.2	25.626	1.5

PPCA2超载梁横向振动测试结果 表48

加载次数	横向一阶		横向二阶		横向三阶		横向四阶		横向五阶	
	SSI (Hz)	阻尼比 (%)	SSI (Hz)	阻尼比 (%)	SSI (Hz)	阻尼比 (%)	SSI (Hz)	阻尼比 (%)	SSI (Hz)	阻尼比 (%)
完整	10.325	3.2	27.443	2.6	43.899	2.7	—	—	—	—
1	—	1.9	27.383	1.8	45.585	2.1	88.985	2.6	—	—
10	10.873	2.5	26.445	2.4	—	—	—	—	179.911	0.5
30	—	—	—	—	—	—	—	—	—	—
80	—	12.6	27.59	2.8	48.523	2.4	91.698	1.8	177.142	2.5
113kN	—	13.9	27.359	2.6	44.855	2.1	87.713	3.6	176.235	—

PPCA3 超载梁竖向及纵向振动测试结果 表 49

加载次数	竖向一阶		竖向二阶		纵向一阶	
	SSI(Hz)	阻尼比(%)	SSI(Hz)	阻尼比(%)	SSI(Hz)	阻尼比(%)
完整	41.348	1.6	151.003	2.0	29.269	1.7
10	40.184	1.9	149.45	2.2	28.981	1.9
30	40.172	2.0	149.258	2.0	28.903	1.6
80	40.166	1.6	149.224	2.1	28.973	1.7
破坏	39.914	1.9	145.671	1.6	26.060	1.7

PPCA3 超载梁横向振动测试结果 表 50

加载次数	横向一阶		横向二阶		横向三阶		横向四阶		横向五阶	
	SSI (Hz)	阻尼比 (%)	SSI (Hz)	阻尼比 (%)	SSI (Hz)	阻尼比 (%)	SSI (Hz)	阻尼比 (%)	SSI (Hz)	阻尼比 (%)
完整	13.125	1.7	28.825	1.1	58.027	0.6	93.565	2	184.729	1.9
1	12.317	1.4	28.727	1.4	56.712	1.5	91.671	2.6	180.25	2.1
10	12.258	1.4	28.603	1.4	56.454	1.5	90.334	2.3	178.972	1.8
30	12.296	1.1	28.577	1.3	56.116	1.6	91.237	2.4	179.163	1.5
80	12.237	1.2	28.616	1.2	56.426	1.7	90.831	2.4	178.310	2.2
破坏	12.173	2	26.829	1.4	55.966	1.8	87.876	3.6	169.908	2.1

PPCA4 超载梁竖向及纵向振动测试结果 表 51

加载次数	竖向一阶		竖向二阶		竖向三阶		纵向一阶	
	SSI(Hz)	阻尼比(%)	SSI(Hz)	阻尼比(%)	SSI(Hz)	阻尼比(%)	SSI(Hz)	阻尼比(%)
完整	40.986	1.4	151.78	1.3	287.348	3	28.887	1.6
1	40.175	1.2	150.327	2.2	285.200	1.3	28.503	1.6
10	40.081	1.1	148.269	1.7	286.240	1.6	28.364	2.1
30	40.042	2.2	149.848	1.8	280.940	1.7	27.967	2.2
80	39.900	1.6	148.578	2.9	280.843	4.4	28.299	2.5
破坏	38.882	1.8	146.500	1.5	280.653	2.6	28.267	2.5

PPCA4 超载梁横向振动测试结果 表 52

加载次数	横向一阶		横向二阶		横向三阶		横向四阶		横向五阶	
	SSI (Hz)	阻尼比 (%)	SSI (Hz)	阻尼比 (%)	SSI (Hz)	阻尼比 (%)	SSI (Hz)	阻尼比 (%)	SSI (Hz)	阻尼比 (%)
完整	13.69	1.1	28.169	2.1	58.14	1.8	95.85	1.4	175.192	1.9
1	13.561	0.9	27.972	2.1	58.097	1.2	94.263	1.1	175.027	1.6
10	13.433	1.2	27.852	2.4	57.901	3	94.877	1	174.711	1.3
30	13.751	1.3	28.095	2	57.867	2.8	94.299	1.5	174.319	1.4
80	13.439	1.5	27.805	2.3	57.851	3.4	94.064	1.6	173.215	1.6
破坏	13.188	1.5	27.614	3	56.613	3.6	91.708	1.5	166.105	1

PPCA5 超载梁竖向及纵向振动测试结果 表 53

加载次数	竖向一阶		竖向二阶		竖向三阶		纵向一阶	
	SSI(Hz)	阻尼比(%)	SSI(Hz)	阻尼比(%)	SSI(Hz)	阻尼比(%)	SSI(Hz)	阻尼比(%)
完整	38.476	3.5	157.181	4.4	283.471	3.8	27.206	2.6
1	38.826	3.8	151.826	4.4	268.6930	2.8	26.826	1.9
10	38.756	3.9	150.919	5.4	262.997	5.8	26.706	2.3
30	37.887	5.7	153.55	5.5	262.543	5.9	26.219	2.9
80	37.812	3.5	152.203	4.4	263.844	6.3	26.2	2.4
破坏	37.58	4.4	151.669	1.5	263.672	3.1	25.602	1.7

PPCA5 超载梁横向振动测试结果 表 54

加载次数	横向一阶		横向二阶		横向三阶		横向四阶		横向五阶	
	SSI (Hz)	阻尼比 (%)	SSI (Hz)	阻尼比 (%)	SSI (Hz)	阻尼比 (%)	SSI (Hz)	阻尼比 (%)	SSI (Hz)	阻尼比 (%)
完整	13.052	3.1	27.457	2.6	51.112	3	95.528	5.3	177.318	3.6
1	12.373	4.6	27.241	2.4	50.806	3.1	95.323	4.6	176.811	2.3
10	12.642	4.2	27.454	2.8	50.636	3.9	92.474	2.5	173.336	3.3
30	11.924	6.4	27.589	2.5	50.743	3.1	92.524	1.6	172.258	2.2
80	12.643	4.7	27.468	3.3	50.276	7.5	92.309	2.9	170.127	3.1
破坏	12.152	4.4	26.718	2.4	49.509	4.5	92.813	6	168.489	3.8

PPCB1 超载梁竖向及纵向振动测试结果 表 55

荷载(kN)	竖向一阶		竖向二阶		竖向三阶		纵向一阶	
	SSI(Hz)	阻尼比(%)	SSI(Hz)	阻尼比(%)	SSI(Hz)	阻尼比(%)	SSI(Hz)	阻尼比(%)
0	41.930	2.4	157.77	3.1	293.888	1.4	27.011	1.9
160(1)	41.377	1.6	158.698	2.4	296.467	2.5	27.286	2.6
160(10)	41.173	1.6	157.328	2.5	295.993	2.8	27.221	4.3
160(30)	41.154	1.5	157.301	2.3	295.367	2.2	27.181	3.6
160(80)	41	1.5	156.397	2.7	295.733	2.9	27.019	2.7
188	40.957	1.5	156.264	2.4	293.788	1.9	27.093	3.2
225	40.72	1.2	156.241	2.4	294.874	3.1	26.98	4
244	39.45	2.1	153.701	1.7	291.689	1.9	26.67	2.5

PPCB1 超载梁横向振动测试结果 表 56

荷载(kN)	横向一阶		横向二阶		横向三阶		横向四阶		横向五阶	
	SSI (Hz)	阻尼比 (%)	SSI (Hz)	阻尼比 (%)	SSI (Hz)	阻尼比 (%)	SSI (Hz)	阻尼比 (%)	SSI (Hz)	阻尼比 (%)
0	13.421	2	28.919	3.5	56.616	4.4	97.614	4.5	191.469	3.5
160(1)	13.328	2.8	28.52	4.4	56.359	4.5	97.148	3.7	189.333	3.4
160(10)	13.221	2.1	28.483	3.9	56.26	4.1	97.208	4	188.51	3.5
160(30)	13.185	2.1	28.624	3.6	56.019	3.7	97.541	3.7	187.344	2.9

续上表

荷载(kN)	横向一阶		横向二阶		横向三阶		横向四阶		横向五阶	
	SSI(Hz)	阻尼比(%)	SSI(Hz)	阻尼比(%)	SSI(Hz)	阻尼比(%)	SSI(Hz)	阻尼比(%)	SSI(Hz)	阻尼比(%)
160(80)	13.142	2.3	28.28	3.7	55.87	3.3	97.434	4	187.661	2.6
188	13.087	2.8	28.176	3.5	55.846	3.5	97.037	1.7	187.002	4
225	13.133	2.3	28.227	3.7	55.822	4.7	96.864	3.1	186.733	3.4
244	12.755	2	26.35	1.9	53.065	4.6	96.766	4.2	178.218	2.7

PPCB2 超载梁竖向及纵向振动测试结果 表 57

荷载(kN)	竖向一阶		竖向二阶		竖向三阶		纵向一阶	
	SSI(Hz)	阻尼比(%)	SSI(Hz)	阻尼比(%)	SSI(Hz)	阻尼比(%)	SSI(Hz)	阻尼比(%)
0	42.911	3.6	171.165	2.7	291.516	2.1	27.349	2.2
177(1)	42.479	1.7	168.969	3	292.473	2.6	27.257	4.3
177(10)	42.29	2.3	168.531	2.4	280.468	1.2	26.967	3.3
177(30)	41.855	1.8	167.682	3.9	289.370	2.8	26.89	2.8
177(80)	41.346	1.7	166.251	2.7	289.252	3.2	26.765	3.1
218	41.315	1.8	166.193	3.6	289.371	2	26.625	3.2
240	39.741	2.2	161.57	2.9	289.285	3.5	26.5	2.1

PPCB2 超载梁横向振动测试结果 表 58

荷载(kN)	横向一阶		横向二阶		横向三阶		横向四阶		横向五阶	
	SSI(Hz)	阻尼比(%)	SSI(Hz)	阻尼比(%)	SSI(Hz)	阻尼比(%)	SSI(Hz)	阻尼比(%)	SSI(Hz)	阻尼比(%)
0	13.669	2.6	28.732	1.9	55.721	4.5	99.638	1.6	180.528	3
177(1)	13.634	2.7	28.568	1.8	55.646	3.1	94.078	3.7	179.643	2.4
177(10)	13.623	2.7	28.422	3.2	55.484	3.7	94.406	2.5	180.881	1.8
177(30)	13.654	3.5	28.394	3.1	55.254	3.2	94.456	3	179.371	1.2
177(80)	13.585	3.5	28.213	1.8	54.867	4.9	94.782	1.5	176.475	4.3
218	13.558	2.7	28.101	4.2	54.799	4.1	93.2	2.4	177.888	1.7
240	12.703	2.8	25.574	1.9	52.193	2.8	90.674	2.4	167.515	2.8

PPCB3 超载梁竖向及纵向振动测试结果 表 59

荷载(kN)	竖向一阶		竖向二阶		竖向三阶		纵向一阶	
	SSI(Hz)	阻尼比(%)	SSI(Hz)	阻尼比(%)	SSI(Hz)	阻尼比(%)	SSI(Hz)	阻尼比(%)
0	39.153	4.1	161.054	5	272.651	2.2	26.081	2.6
94	39.152	3.1	159.404	3	269.364	6.4	26.75	2.1
137	39.028	3.1	158.445	5.5	261.825	1.5	26.733	1.8
180	38.896	3.6	157.491	2.7	262.481	1.4	26.687	2.6

续上表

荷载(kN)	竖向一阶		竖向二阶		竖向三阶		纵向一阶	
	SSI(Hz)	阻尼比(%)	SSI(Hz)	阻尼比(%)	SSI(Hz)	阻尼比(%)	SSI(Hz)	阻尼比(%)
222(1)	37.241	5.7	160.686	3.8	262.011	6.1	26.633	2.6
222(10)	37.024	5.3	161.006	2.9	255.757	6.9	26.571	2.8
222(30)	36.877	5.1	157.789	4.3	259.54	6.6	26.528	3.2
222(80)	37.856	5.9	157.666	4.5	259.699	4.8	26.472	2.5
251	37.281	1.9	155.952	3	258.832	6.8	26.412	3

PPCB3 超载梁横向振动测试结果 表 60

荷载(kN)	横向一阶		横向二阶		横向三阶		横向四阶		横向五阶	
	SSI (Hz)	阻尼比 (%)	SSI (Hz)	阻尼比 (%)	SSI (Hz)	阻尼比 (%)	SSI (Hz)	阻尼比 (%)	SSI (Hz)	阻尼比 (%)
0	12.132	5.3	27.623	3.7	51.736	4.6	95.408	4.2	176.600	3.1
94	11.893	4.0	27.518	2.5	51.958	3.4	95.377	3.5	176.216	4.8
137	11.772	4.0	27.513	3.0	51.724	3.7	94.81	3.9	176.316	3.3
180	11.697	4.7	27.123	3.4	51.903	5.3	94.741	3.1	176.149	2.3
222(1)	11.428	4.0	27.364	3.1	51.721	3.9	94.586	3.5	175.696	3.0
222(10)	11.435	4.3	27.604	2.4	51.619	5.2	92.198	4.3	175.345	3.9
222(30)	11.393	4.6	27.409	2.8	51.497	5.1	93.852	4.7	175.484	3.5
222(80)	11.38	6.1	26.726	2.9	51.451	4.6	92.229	3.9	173.434	3.3
251	11.070	3.2	26.666	2.2	51.689	4.2	90.692	2.9	165.737	1.3

对混凝土简支梁(PPC 及 RC)在各荷载等级损伤、超载及重复超载损伤状态下进行振动测试,对其所测振动数据进行处理分析,主要得出以下结论:

(1)混凝土梁在各荷载等级损伤之后,其竖向、横向及纵向三个方向的振动频率随着荷载的增大而降低,而高阶频率更加敏感,降低也更加明显。对于 PPC 梁,在荷载等级较低的情况下,频率的变化并不明显,而当荷载达到极限荷载的 0.8 左右(梁达到屈服荷载)时,下降幅度开始明显增大。对于普通钢筋混凝土梁,低阶频率在较小荷载损伤下,频率降低不明显,钢筋屈服之后,荷载并不增加,而挠度增长较快,频率降低幅度较大。在达到抗弯极限承载能力而破坏后,部分预应力梁竖向基频降低幅度在 4.78%～7.91%之间;相对来讲,普通钢筋混凝土梁降低幅度较大,降低幅度在 6.24%～12.70%之间。

(2)通过回归分析,得到混凝土梁各阶频率比 β 与荷载等级 α 的一元三次回归方程,该方程能够较好地描述梁各阶频率比 β 随荷载等级 α 提高的变化规律。

(3)超载损伤及重复超载降低了混凝土梁各向各阶振动频率,然而重复超载次数对混凝土梁振动频率的影响并不明显,部分预应力梁振动频率因重复超载作用降低幅度不超过2.64%,而普通钢筋混凝土梁变化相对较大,不过一般不超过 5%。超载幅值对梁的振动频率因重复超载而变化的影响不明显。

(4)阻尼比的测试具有一定的难度,没有识别出其明显的规律性。

5 超载作用下混凝土梁抗弯刚度退化研究

众所周知，钢筋混凝土梁的静刚度是随着荷载作用而变化的，同时又因截面位置不同而不同。对于部分预应力混凝土构件，其出现裂缝后，刚度降低，并会产生较大的挠度变形。在动力作用下，动刚度受到更多、更复杂的因素影响，其值与梁在静力作用下的刚度明显不同。对于这几方面的研究，国内外已有许多科研院所和高等院校做了大量的工作，在动刚度与静刚度关系方面获得了不少成果。然而，对于混凝土结构动静刚度的退化规律，以及在重复超载作用下刚度退化模型，还有待进一步的研究。本文通过部分预应力混凝土及普通钢筋混凝土梁静挠度及振动频率的变化，分析比较了动静刚度随荷载增加而退化的规律。并在此基础上，进一步考查了重复超载作用对混凝土梁动刚度的影响，以及静刚度在重复超载后的退化模型。

5.1 动静刚度退化分析

(1)混凝土梁抗弯静刚度分析

在荷载效应标准组合作用下，参照《公路钢筋混凝土及预应力混凝土桥涵设计规范》(JTG D62—2004)对部分预应力混凝土受弯构件的截面静刚度按下列要求计算：

在开裂弯矩 M_{cr} 作用下

$$B_0 = 0.95E_c I_0 \tag{2}$$

在$(M-M_{cr})$作用下

$$B_{cr} = E_c I_{cr} \tag{3}$$

按照双直线法可由结构挠度计算结构刚度：

$$f = \beta l^2 \left[\frac{M_{cr}}{E_c I_g} + \frac{(M-M_{cr})}{0.85E_c I_{cr}}\right] \tag{4}$$

令：$f_{cr}=\frac{\beta M_{cr} l^2}{E_c I_g}$，$M-M_{cr}=(P-P_{cr})a/2+M_m$，可得开裂后截面刚度为：

$$B_{cr} = \frac{\beta l^2 [(P-P_{cr})a/2+M_m]}{0.85(f-f_{cr})} \tag{5}$$

以上式中：B_0、B_{cr}——静抗弯刚度；

I_0——换算截面惯性矩；

I_g——毛截面惯性矩；

I_{cr}——开裂截面惯性矩；

E_c——混凝土弹性模量(试验值)；

l——计算跨径；

a——加载点到支座的距离；

P——试验加载值；

P_{cr}——试验开裂荷载；

M_{cr}——开裂弯矩；

M——计算挠度的截面弯矩；

f_{cr}——开裂弯矩形成的挠度；

f——实测静挠度；

β——挠度常数，与支承条件、荷载形式及截面位置等有关，此处经计算为0.160 9。

《公路钢筋混凝土及预应力混凝土桥涵设计规范》(JTG D62—2004)规定钢筋混凝土受弯构件的截面静刚度B按下式计算：

$$B=\frac{B_0}{\left(\frac{M_{cr}}{M}\right)^2+\left[\left(1-\frac{M_{cr}}{M}\right)^2\right]\frac{B_0}{B_{cr}}} \tag{6}$$

式中：B——开裂构件等效截面的抗弯刚度；

B_{cr}——开裂构件换算抗弯刚度。

(2)梁振动刚度理论分析

桥梁的振动可分为两类，即自由振动和强迫振动，它们都反映了系统的固有特性，但又存在着差异。自由振动又称固有振动，它是研究一切振动问题的基础，是弹性系统在没有外部动力的作用下形成的振动。自由振动系统在弹性力和惯性力的作用下以其固有频率和相应的固有振型进行往复的固有振动，此时系统的动能和位能往复交换，若存在阻尼，固有振动将随时间衰减。强迫振动又称受迫振动，一般是以结构作为一个多自由度的质体系统，在固定位置以扰动力作用使其振动，如扰动力为周期性，且其频率与系统的固有频率相等时，则发生共振。此时，振幅将随时间逐步增长至一个相当大的数值，并且阻尼越小，其振幅越大。

桥梁的振动是相当复杂的，它是一个分布参数结构，并且桥梁的结构复杂，材料为各向异性，对其进行动力分析只能做一些假定，当这些假定对最终结果影响不大时是可以接受的。

对于无荷载或者带有均布静荷载的等截面梁式桥，其可以看成是一个连续地均布质量弹性系统(图74)。

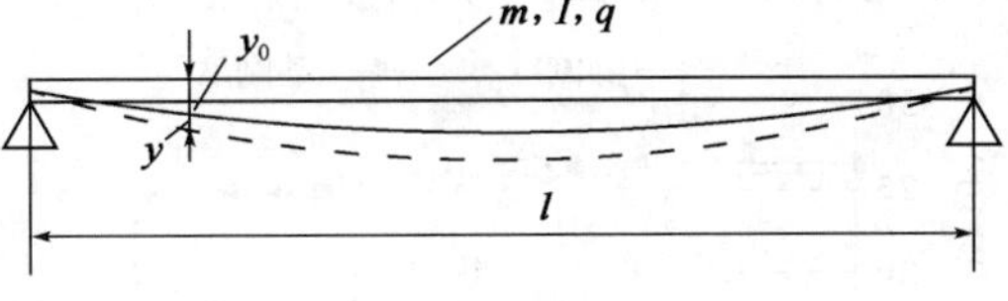

图74 简支梁振动分析示意图

其弯曲振动方程如下：

$$m(x)\frac{\partial^2 y}{\partial t^2}+\frac{\partial^2}{\partial x^2}\left[EI(x)\frac{\partial^2 y}{\partial x^2}\right]=p(x,t) \tag{7}$$

当EI及m均为常量时，令$p(x,t)=0$，得：

$$EI(x)\frac{\partial^4 y}{\partial x^4}+m\frac{\partial^2 y}{\partial t^2}=0 \tag{8}$$

用变量分离法，可解得：

$$y(x,t)=\phi(x)q(t) \tag{9}$$

解相应的齐次微分方程组，可得：

$$q(t)=C_1\cos\omega t+C_2\sin\omega t \tag{10}$$

式中的两个常数C_1及C_2由梁振动的初始条件确定。

$$\phi(x)=A_1\sin ax+A_2\cos ax+A_3\mathrm{sh}ax+A_4\mathrm{ch}ax \tag{11}$$

式(11)中的四个常数$A_i(i=1,2,3,4)$由边界条件确定。对于等截面弹性均质简支梁，由$y(0)=\left.\frac{\partial^2 y}{\partial x^2}\right|_{y=0}=0$，得$A_1=A_3=0$；又$y(l)=\left.\frac{\partial^2 y}{\partial x^2}\right|_{y=l}=0$，两式相加为$2A_2\mathrm{sh}kl=0$，得$A_2=0$，

两式相减为 $2A_4\sin kl=0$，若要 $A_4\neq 0$，则 $\sin kl=0$，即 $kl=n\pi(n=1,2,3\cdots)$。

故满足简支梁边界条件的振型为：

$$\phi_n(x)=A_n\sin a_n x=A_n\sin\frac{n\pi}{l}x\quad(n=1,2,3\cdots)\tag{12}$$

相应的振动固有频率为：

$$\omega_n=\left(\frac{n\pi}{l}\right)\sqrt{\frac{EI}{m}}\quad(n=1,2,3\cdots)\tag{13}$$

根据上式可以看出，对于给定的梁，梁的动刚度是结构竖向基频的函数。其表达公式如下：

$$K_{\mathrm{f}}=\overline{m}(2fl^2/\pi)^2\tag{14}$$

式中：K_{f}——动抗弯刚度；

f——模型梁竖向弯曲基本频率；

l——计算跨径；

$\overline{m}$——质量密度。

(3)梁动静刚度退化对比分析

采用上节对动静刚度的分析，对参考梁动静抗弯刚度进行计算，得到动静刚度随荷载增加而变化的规律，如图 75 所示。

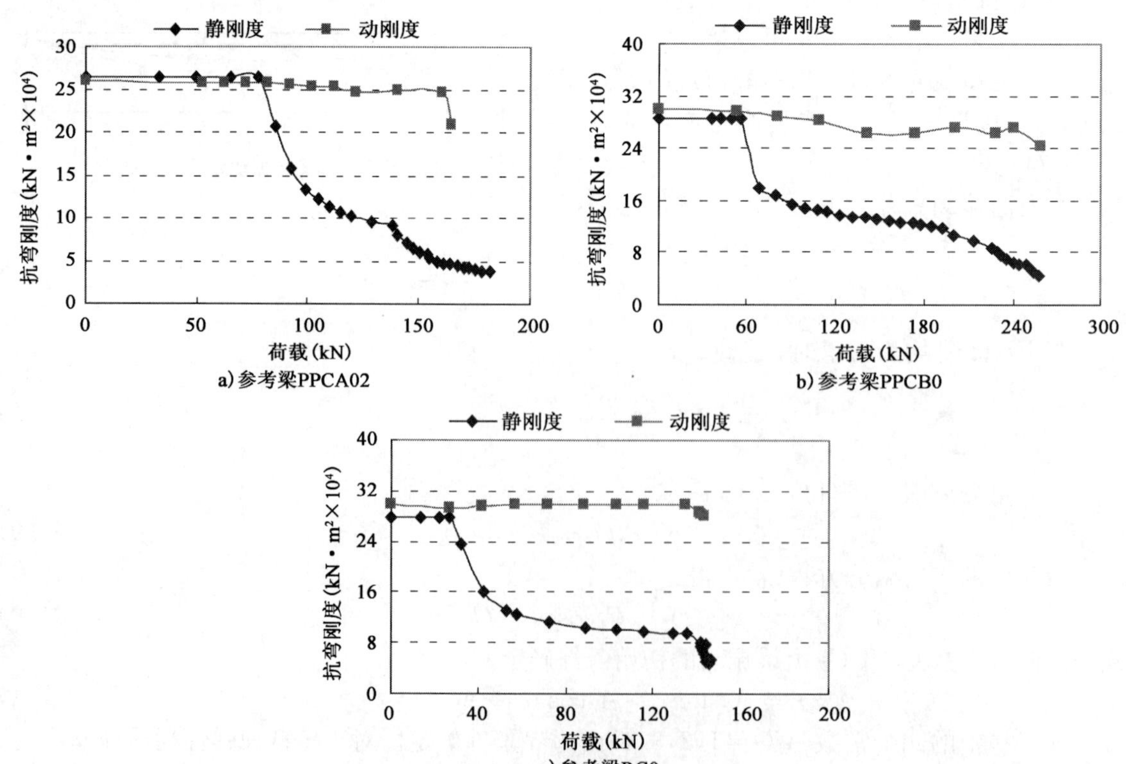

图 75　实测混凝土梁动静刚度随荷载的变化规律及对比

计算结果表明:混凝土梁动刚度 K_f 与抗弯静刚度 B 都随着荷载的增加而不断降低。在梁开裂前,动刚度 K_f 与静刚度 B 相差不大(对于 PPC 梁<5%,对于 RC 梁<7%)。待梁开裂后,静刚度 B 明显随荷载的增加而下降,达到屈服荷载时,静刚度降低幅度可达 70%;而部分预应力混凝土梁的动刚度 K_f 降低幅度为 12%,普通钢筋混凝土梁为 4.2%。在钢筋屈服后,静刚度 B 下降幅度进一步加大,待达到破坏阶段,梁失去承载能力,较小的荷载就能使梁产生较大的静变形,此时静刚度 B 远远小于动刚度 K_f,静刚度降低幅度可达 86%;而部分预应力混凝土梁的动刚度降低幅度为 19%,普通钢筋混凝土梁为 5.9%。在加载过程中,动刚度降低幅度始终很小,变化不是很明显。

5.2 重复超载作用下混凝土梁动静刚度退化分析

试验测得了混凝土梁在超载及重复超载作用下,梁体的频率变化以及挠度变形增长情况。通过上节梁动静刚度的计算方法,可以知道重复超载作用对梁动静刚度产生的影响,如图 76 及表 61 所示。试验结果表明:重复超载对混凝土梁动刚度影响不大,退化幅度一般不超过 5.3%。重复超载导致混凝土梁损伤静刚度进一步退化,并随着重复超载次数的增加而增大,退化逐渐缓慢。对于配筋率较小的部分预应力混凝土超载梁,重复超载 80 次过后,静刚度退化幅度在 11.6%以上,一般随着超载度的增加而增加;而对于钢筋屈服的超载损伤梁,其静刚度退化可达 23.2%。对于配筋率较大的部分预应力混凝土超载梁,静刚度退化幅度一般不超过 9%,且超载度对其影响不明显。对于普通钢筋混凝土梁,静刚度因重复超载作用后,退化幅度一般不超过 7%,超载度对其影响同样不明显。

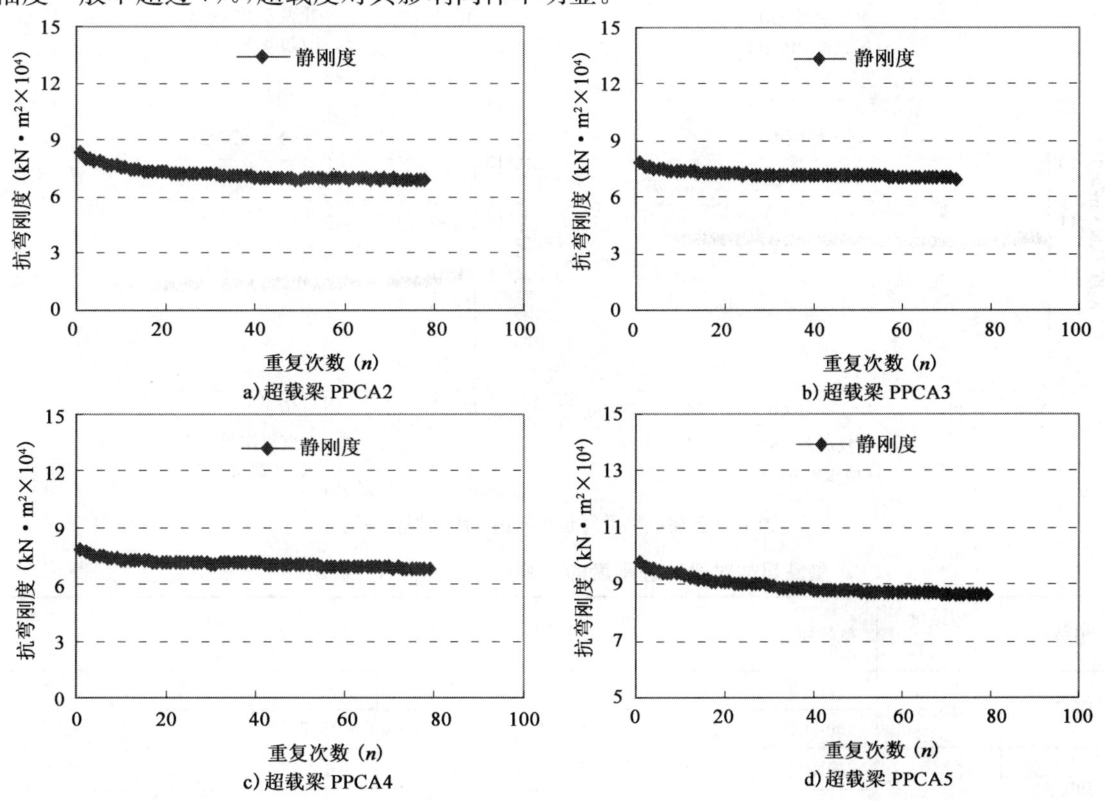

a)超载梁 PPCA2

b)超载梁 PPCA3

c)超载梁 PPCA4

d)超载梁 PPCA5

图 76

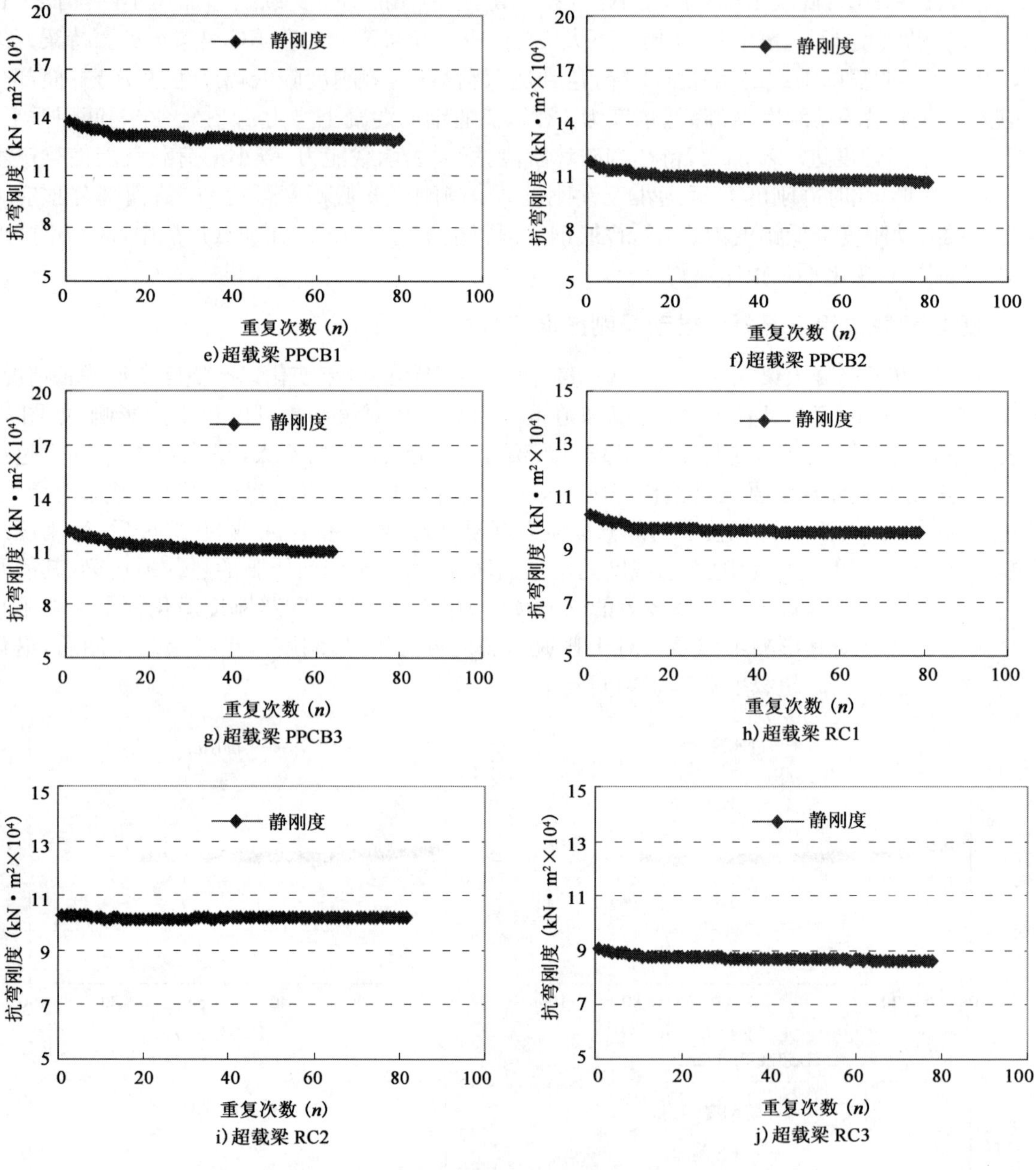

e)超载梁 PPCB1

f)超载梁 PPCB2

g)超载梁 PPCB3

h)超载梁 RC1

i)超载梁 RC2

j)超载梁 RC3

图 76　各超载梁重复超载作用下刚度退化曲线

重复超载对梁动静刚度的影响(单位:kN·$m^2 \times 10^4$)　　表 61

超载梁	超载度(%)	抗弯刚度	第 1 次	第 10 次	第 30 次	第 80 次	第 80 次刚度退化值	退化幅度(%)
PPCA2	18.3	静刚度	8.29	7.60	7.19	6.92	1.37	16.53
		动刚度	24.99	24.94	24.73	25.68	−0.70	−2.79
PPCA3	24.0	静刚度	7.88	7.36	7.19	6.96	0.92	11.68
		动刚度	27.75	27.71	27.70	27.69	0.06	0.22

续上表

超载梁	超载度(%)	抗弯刚度	第1次	第10次	第30次	第80次	第80次刚度退化值	退化幅度(%)
PPCA4	36.1	静刚度	7.86	7.32	7.08	6.85	1.01	12.85
		动刚度	27.70	27.57	27.52	27.32	0.38	1.37
PPCA5	49.5	静刚度	7.11	6.57	5.96	5.46	1.65	23.21
		动刚度	25.87	25.78	24.63	24.54	1.33	5.14
PPCB1	17.6	静刚度	14.05	13.46	13.05	12.95	1.10	7.83
		动刚度	29.38	29.09	29.07	28.85	0.53	1.81
PPCB2	27.7	静刚度	11.74	11.27	10.95	10.69	1.05	8.94
		动刚度	30.97	30.69	29.07	29.34	1.63	5.27
PPCB3	66.9	静刚度	12.05	11.64	11.24	11.00	1.05	8.71
		动刚度	23.80	23.52	23.34	24.59	−0.79	−3.33
RC1	24.4	静刚度	10.33	9.87	9.74	9.64	0.69	6.71
		动刚度	25.38	25.29	25.17	25.03	0.35	1.40
RC2	37.8	静刚度	10.26	10.20	10.12	10.16	0.10	0.99
		动刚度	25.63	25.40	24.99	24.29	1.34	5.23
RC3	54.3	静刚度	9.06	8.86	8.66	8.63	0.43	4.76
		动刚度	26.05	25.58	25.49	25.17	0.88	3.37

对重复超载作用下刚度退化曲线进行回归分析，得到回归方程，作为部分预应力混凝土梁重复超载导致的静刚度退化模型。

$$y = y_0 + A \cdot e^{x/t} \tag{15}$$

式中：y——抗弯刚度；

x——重复次数；

y_0、A、t——方程系数。

每片超载梁刚度退化回归曲线和方程系数如图77和表62所示。

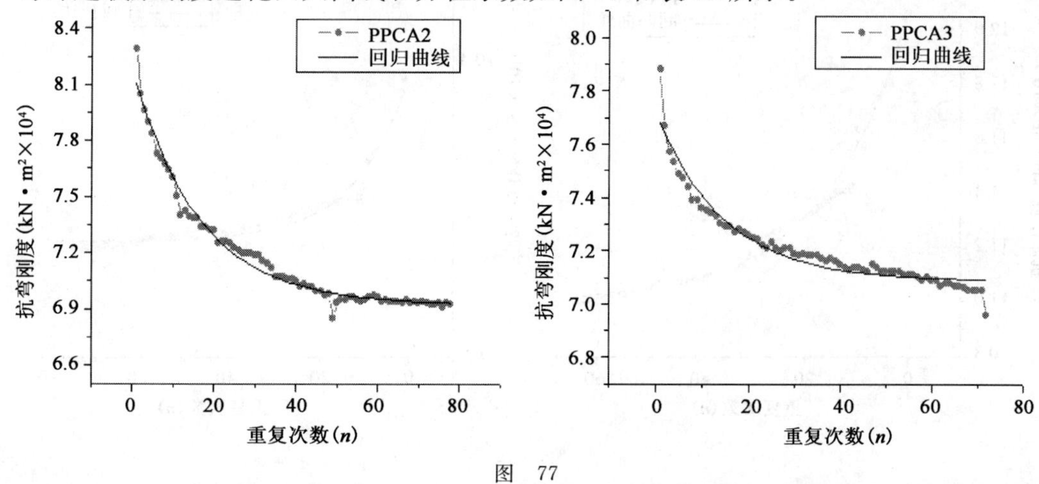

图 77

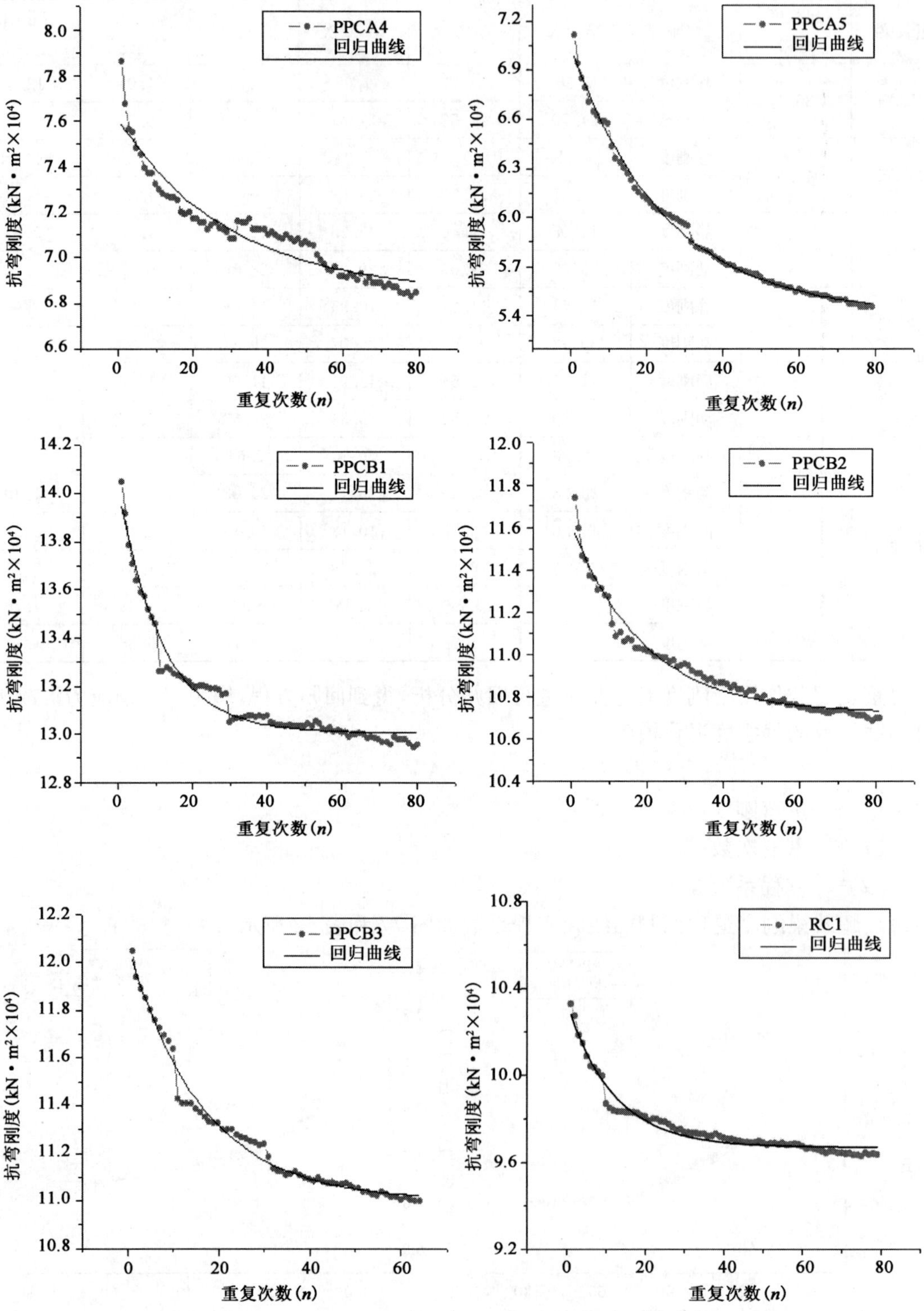

图 77

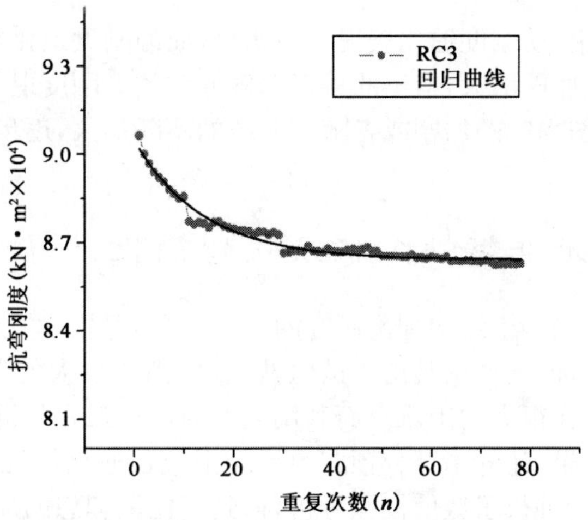

图77 各超载梁重复超载作用下静刚度退化回归曲线

各超载梁重复超载作用下静刚度退化回归方程及其系数 表62

$y=y_0+A\cdot e^{x/t}$，y——抗弯刚度；x——重复次数			
回归方程系数	y_0	A	t
PPCA2	6.9204	1.2630	−16.2709
PPCA3	7.0883	0.6352	−14.4187
PPCA4	6.8455	0.7640	−29.4230
PPCA5	5.4075	1.6392	−24.6357
PPCB1	13.0038	1.0250	−11.6977
PPCB2	10.7186	0.8981	−18.8150
PPCB3	11.0000	1.0752	−16.2829
RC1	9.6704	0.6624	−11.8102
RC3	8.6425	0.4041	−13.9457

5.3 小结

对混凝土简支梁在各荷载等级损伤、超载及重复超载损伤状态下进行振动测试，对其所测振动数据进行处理分析，主要得出以下结论：

(1)混凝土梁动刚度 K_f 与抗弯静刚度 B 都随着荷载的增加而不断降低，而动刚度降低幅度始终很小，变化不明显。在梁开裂之前，动刚度 K_f 与静刚度 B 相差不大(对于 PPC 梁＜5%，对于 RC 梁＜7%)。待梁开裂后，静刚度 B 明显随荷载的增加而下降，达到屈服荷载时，静刚度降低幅度可达 70%；而部分预应力混凝土梁的动刚度 K_f 降低幅度为 12%，普通钢筋混凝土梁为 4.2%。在钢筋屈服后，静刚度 B 下降幅度进一步加大，待达到破坏阶段，静刚度 B 远远小于动刚度 K_f，静刚度降幅可达 86%；而部分预应力混凝土梁的动刚度降低幅度为

19%，普通钢筋混凝土梁为5.9%。

(2)对于重复超载作用，动刚度退化表现并不明显，而静刚度退化较为显著，一般随着配筋率的降低或超载幅值的增加而增大，给出的重复超载导致的静刚度退化模型与实测较为吻合。

(3)动刚度随着梁损伤程度的加剧或者随着荷载的不断加大，逐步退化的规律有待于进一步研究和归纳。

6 混凝土梁有限元非线性分析及抗弯简化计算

模型试验是辅助钢筋混凝土结构理论研究的主要手段，它能够比较真实地反映钢筋混凝土结构或构件的受力情况，但模型试验由于试验费用高，需要较大的人力、物力、设备和场地，进行系统的参数分析也存在很大的困难。而利用大型通用有限元分析程序则很好地解决了这些问题。本章基于试验结果，建立了部分预应力混凝土及普通钢筋混凝土梁的非线性有限元模型，对其非线性力学性能进行了数值模拟分析，得到了比较理想的加载全过程分析结果。并进一步对部分预应力混凝土梁的配筋率、预应力水平等参数进行了比较分析，得出了一些有价值的结论。同时，在有限元分析结果的基础上结合试验结果，推导出了部分预应力混凝土梁极限承载力及刚度的简化计算公式，实现了对PPC梁受力性能从试验、数值计算及理论分析三个方面进行比较分析。

6.1 混凝土梁有限元非线性分析

(1)基本假定

本文在混凝土梁有限元非线性分析中采用了如下假定：

①梁受弯后，截面上的混凝土以及钢筋的应变符合平截面假定。

②钢筋与混凝土充分黏结，无相对滑移，变形协调。

③混凝土的本构关系采用多线性等强化弹塑性模型，混凝土的轴心抗压强度、极限抗拉强度取材料特性试验值。

④不考虑钢筋的初始几何缺陷和残余应力等，假设钢筋的本构关系为双线性随动强化弹塑性模型，钢筋的屈服强度和极限强度均取材性试验值。

(2)梁模型建立

①钢筋混凝土梁模型。

钢筋混凝土有限元模型根据钢筋的处理方式主要分为三种，即分离式、整体式和组合式模型。考虑钢筋和混凝土之间的黏结和滑移，则采用引入黏结单元的分离式模型；假定混凝土和钢筋黏结很好，不考虑两者之间的滑移，则三种模型都可以采用。分离式和整体式模型适用于二维和三维结构分析，整体式对杆系结构分析比较适用。裂缝的处理方式有离散裂缝模型、分布裂缝模型和断裂力学模型，而目前尚处在研究断裂力学模型阶段，主要应用的是前两种。离散裂缝模型和分布裂缝模型各有特点，可根据不同的分析目的选择使用。随着计算速度和网格自动划分的快速实现，离散裂缝模型又有被推广使用的趋势。

本文采用分离式(SOLID65+LINK8)模型来建立钢筋混凝土梁有限元模型，把混凝土和钢筋(预应力筋)作为不同的单元来处理，即混凝土和钢筋(预应力筋)各自被划分为足够小的单元，分开求出两者的刚度矩阵。初始的有限元模型如图78所示。

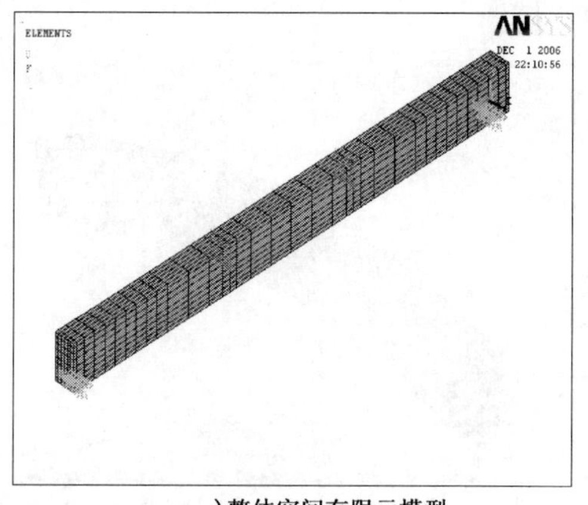

a) 整体空间有限元模型

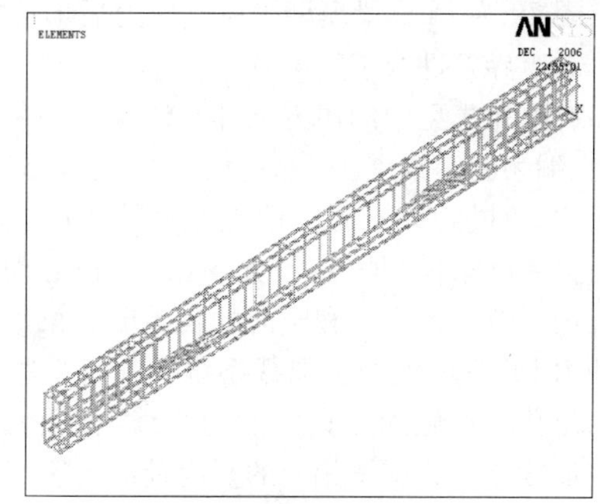

b) 钢筋、预应力筋的模拟

图 78 初始的有限元模型

②PPC 梁预应力的施加。

在 ANSYS 中进行预应力的施加通常有以下三种方式。

a. 等效荷载法:就是用与预应力等效的集中力或均布力进行加载。

b. 初始应变法:通过位移约束进行加载,使结构中产生的应变与预应力加载产生的应变等效。

c. 降温法:这种方法比较常用,在不涉及热分析的结构分析中非常实用。该法是通过设置各向异性的温度应变系数,经过应力-应变关系推算,在给定的温差下就可以获得与预应力产生的应变等效的效果。

这三种方式各自的优缺点如下:

等效荷载法的优点是建模简单,不必考虑力筋的具体位置而可直接建模,网格划分简单,对结构在预应力作用下的整体效应比较容易求得;缺点是无法考虑力筋对混凝土的作用分布和方向,在外荷载作用下的共同作用难以考虑,不能确定力筋在外荷载作用下的应力增量,而且细部不便于模拟,导致计算结果与实际情况误差较大。

降温法是现在应用最多的一种方法。这种方法比较简单,同时可以设定力筋不同位置上的预应力不等,即能够对预应力损失进行模拟。但初应变法通常不能考虑预应力的损失,否则每个单元的实常数各不相等,工作量较大。

模型中预应力筋采用 LINK8 单元进行模拟,对预应力筋单元进行网格划分,而后对其施加温度荷载,使其收缩,达到模拟预应力的目的。施加的温度荷载由下式求得:

$$T = -\frac{N_p}{E_p \times \alpha \times A_p} \tag{16}$$

式中:T——施加的温度;

E_p——钢绞线的材料弹性模量;

α——材料的线膨胀系数;

A_p——钢绞线的截面积;

N_p——预加力的大小。

图 79 为 PPC 梁模型张拉预应力后形成的变形图。

③边界条件及求解设置。

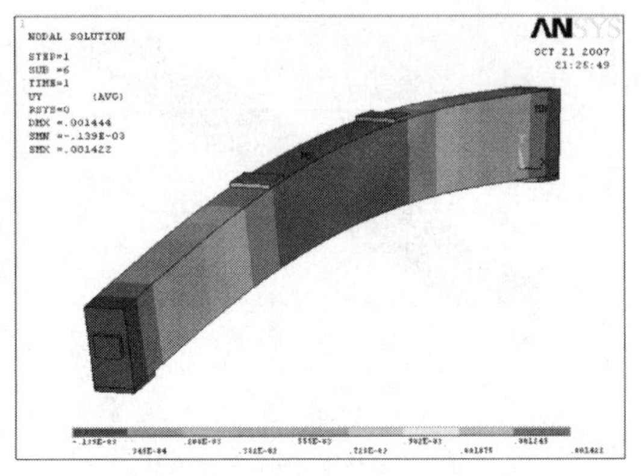

图 79　预应力施加后模型反拱变形图

有限元模型中的边界条件与试验时的装置一致，一端为固定铰支座，一端为滑动铰支座。在有限元中，通过约束梁固定铰支座处节点的三个方向的自由度来模拟固定铰支座，另一侧滑动铰支座仅约束节点的横向和竖向的自由度。梁的加载点处由 MTS 电液伺服加载系统的作动器按照一定的位移步长施加竖直向下的荷载，有限元模型中在加载点位置施加相应的竖向荷载。

本文的有限元模型节点单元规模较大，在非线性求解方面，经过反复的试算后，确定了合适的求解设置。求解器采用程序选择，分级加载，平衡迭代次数设为最大(50 或 100)，自动时间步打开，关闭混凝土压碎开关等技术措施。

(3)有限元非线性计算结果分析

①参考梁有限元计算分析

本文按照以上模拟过程，建立了参考梁的非线性有限元分析模型，并基于动力测试数据(结构频率等)，对有限元模型进行基于动力的模型修正，得到比较精确的有限元模型，从而进行非线性静力计算。

图 80～图 83 给出了参考梁 PPCA01、PPCA02、PPCB0 和 RC0 的有限元计算结果与试验结果的比较图。从参考梁的模拟结果来看，有限元模型能够较好地模拟梁破坏前的受力性能。梁开裂时，开裂荷载及其挠度的有限元计算值与试验值误差不超过 3.7%(表 63)；屈服时，屈服荷载及其挠度的有限元计算值与试验值误差在 5.6%以内(表 64)。然而，当梁屈服之后，有限元模型的抗弯刚度并没有试验梁下降得快，致使梁破坏时，破坏荷载的有限元计算值与试验值误差较大，可达到 6.1%(表 65)。总体来说，有限元模型梁各种受力曲线(荷载—挠度曲线、荷载—钢筋应变曲线、荷载—混凝土压应变曲线、荷载—预应力筋应变曲线等)都可分成三个随外荷载提高而呈线性变化的受力阶段，且与试验结果吻合较好，说明有限元模型的建立，包括单元类型的选择、边界条件的设置等，比较真实地反映了部分预应力混凝土及普通钢筋混凝土梁的实际特征和受力性能。

参考梁抗弯开裂荷载/挠度有限元计算值与试验值对比　　表 63

参考梁	开裂(试验值)		开裂(有限元计算值)		与试验值误差(%)	
	荷载	挠度	荷载	挠度	荷载	挠度
PPCA01	78	3.2	76	3.3	−2.6	3.1
PPCA02	72	3.4	73	3.5	1.4	2.9
PPCB0	68	3.2	70	3.1	2.9	−3.1
RC0	27	0.9	28	0.9	3.7	0

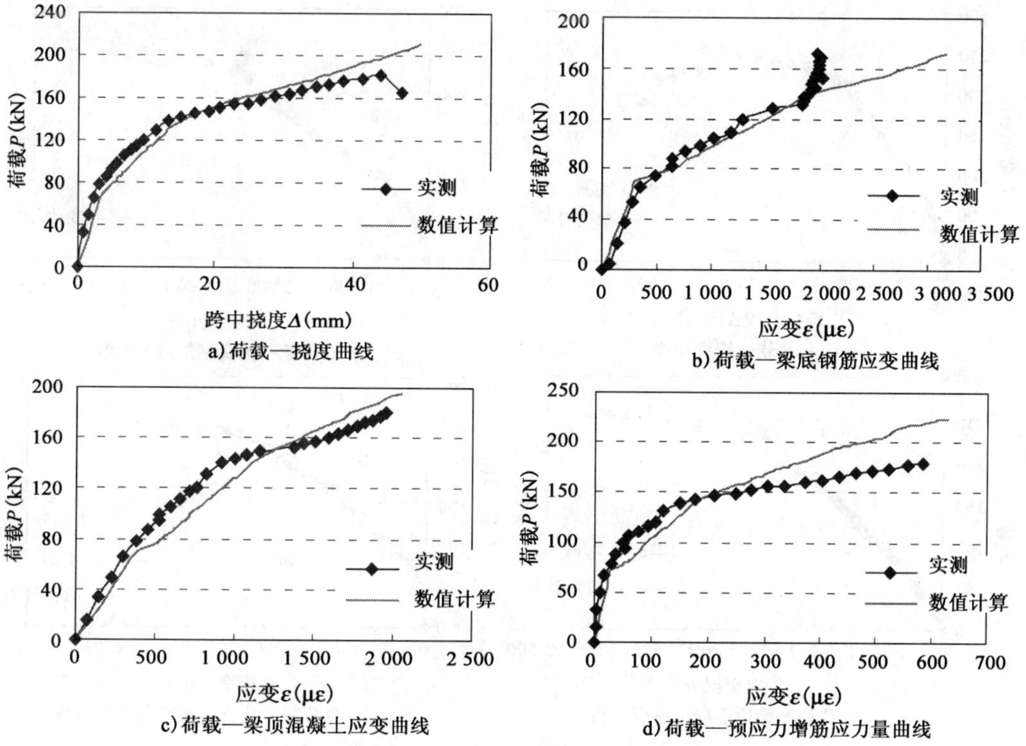

a）荷载—挠度曲线

b）荷载—梁底钢筋应变曲线

c）荷载—梁顶混凝土应变曲线

d）荷载—预应力增筋应力量曲线

图 80　PPCA01 有限元计算结果与试验结果比较图

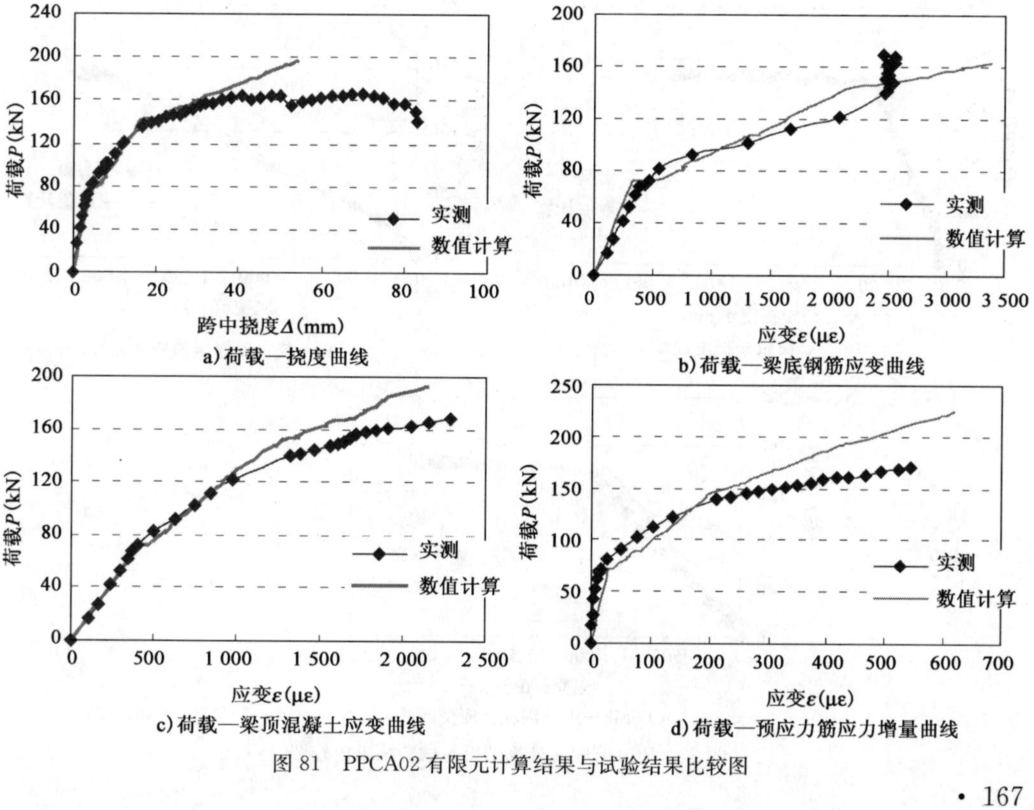

a）荷载—挠度曲线

b）荷载—梁底钢筋应变曲线

c）荷载—梁顶混凝土应变曲线

d）荷载—预应力筋应力增量曲线

图 81　PPCA02 有限元计算结果与试验结果比较图

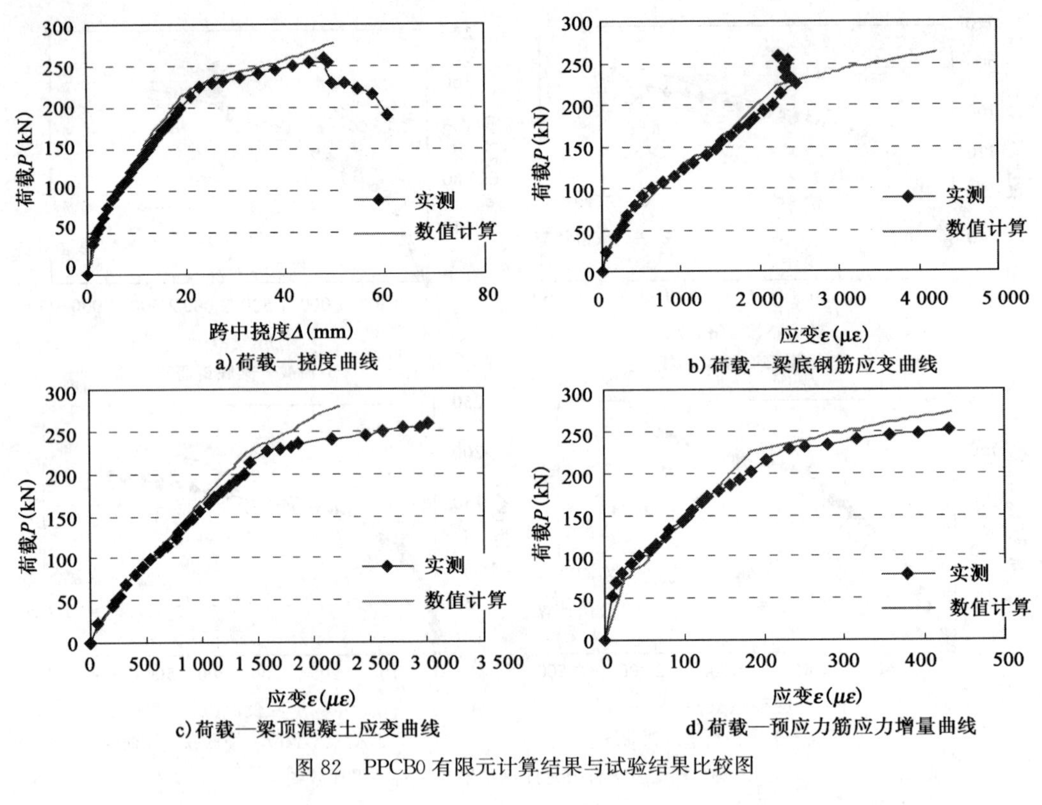

a)荷载—挠度曲线　　b)荷载—梁底钢筋应变曲线

c)荷载—梁顶混凝土应变曲线　　d)荷载—预应力筋应力增量曲线

图 82　PPCB0 有限元计算结果与试验结果比较图

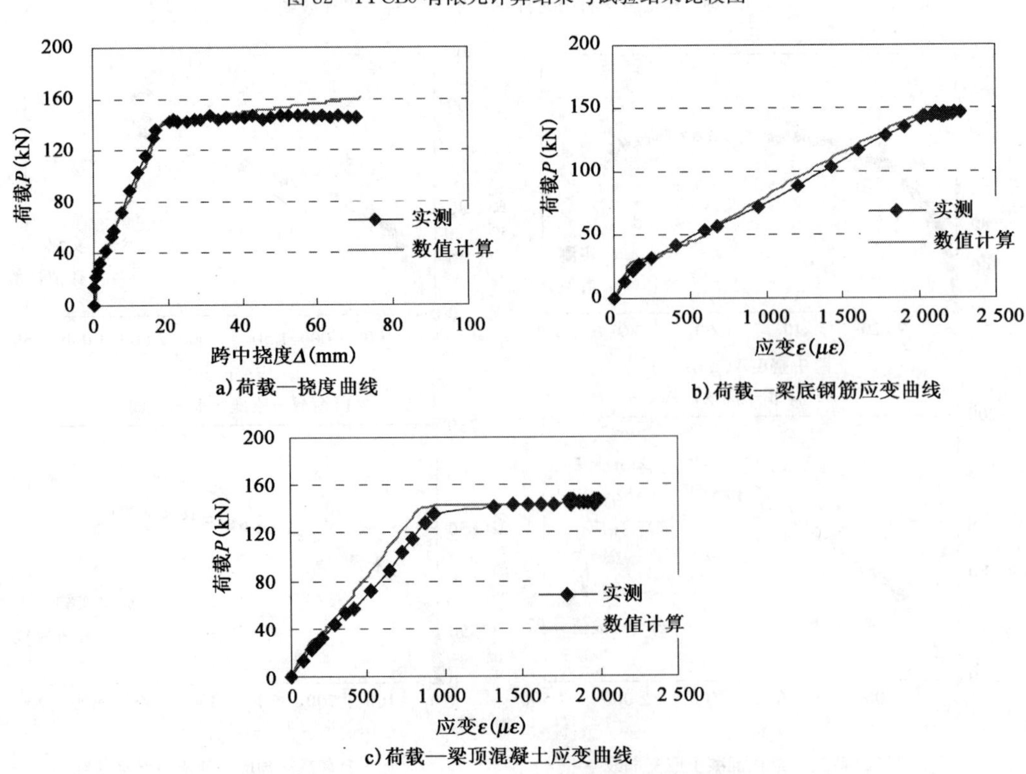

a)荷载—挠度曲线　　b)荷载—梁底钢筋应变曲线

c)荷载—梁顶混凝土应变曲线

图 83　RC0 有限元计算结果与试验结果比较图

参考梁抗弯屈服荷载/挠度有限元计算值与试验值对比 表64

参考梁	屈服(试验值)		屈服(有限元计算值)		与试验值误差(%)	
	荷载(kN)	挠度(mm)	荷载(kN)	挠度(mm)	荷载	挠度
PPCA01	139	14.1	140	14.6	0.7	3.5
PPCA02	136	17.2	138	16.7	1.5	−2.9
PPCB0	226	23.1	223	22.3	−1.3	−3.5
RC0	144	17.4	142.4	17.1	−1.1	−1.7

参考梁抗弯极限承载力/挠度有限元计算值与试验值对比 表65

参考梁	极限(试验值)		极限(有限元计算值)		与试验值误差(%)	
	荷载(kN)	挠度(mm)	荷载(kN)	挠度(mm)	荷载	挠度
PPCA01	182	44.1	193	42.3	6.0	−4.1
PPCA02	165	40.6	175	41.6	6.1	2.5
PPCB0	258	48.2	271	50.2	5.0	4.1
RC0	147	52.5	153.2	5.2	−3.1	−2.0

②超载作用下混凝土梁有限元计算分析。

部分预应力混凝土及普通钢筋混凝土梁因为超载的作用,已经出现了裂缝,并具有较大的宽度和高度,造成了一定的损伤。对于超载损伤梁的模拟,一般可以在加载过程中采用对混凝土弹性模量进行折减的办法来近似模拟结构抗弯刚度的降低,从而得到与试验吻合较好的受力曲线。根据部分预应力混凝土梁的受力特性,本次有限元损伤模拟是在部分预应力混凝土梁达到消压弯矩后,改变其混凝土弹性模量,使梁刚度降低,并通过折减混凝土的抗拉极限强度来近似模拟梁开裂区域截面的受拉区退出工作这一受力特性,从而实现对其损伤的模拟。同样在普通钢筋混凝土梁裂缝开展区进行混凝土弹性模量的折减,从而对其损伤进行模拟。通过提高钢筋屈服强度参数来模拟钢筋屈服产生的钢筋应力强化效果,从而较好地模拟了因超载导致的钢筋屈服的损伤梁。试验超载损伤梁 PPCA3~PPCA5、PPCB1~PPCB3 及 RC1~RC3 重复加载 80 次损伤之后,受力性能的有限元计算结果与试验结果比较如图 84~图 92 所示。从对比结果来看,超载损伤梁的模拟能够达到一定的精度,屈服荷载及其挠度的有限元计算值与试验值相比,误差可达 6.3%(表 66);而破坏荷载及其挠度的有限元计算值与试验值相比,误差可达 6.8%(表 67)。总体来说,超载损伤的模拟相对完整梁的模拟难度加大,精度降低。

而表 68 给出了预应力筋受力过程中梁达到屈服和极限荷载时的应力,由数值计算和试验实测值比较可知,最终得到的预应力筋极限应力与试验值相差不超过 5.3%。这说明有限元对预应力的模拟是比较合理。

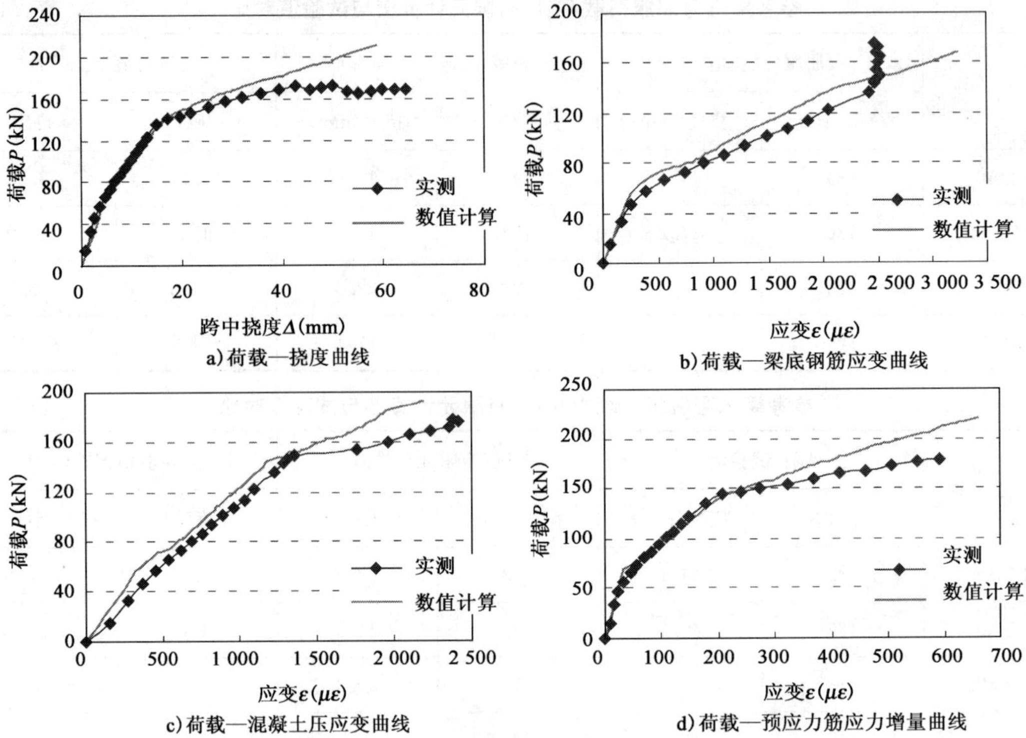
荷载P(kN)
跨中挠度Δ(mm)
实测
数值计算
a)荷载—挠度曲线
应变ε(με)
b)荷载—梁底钢筋应变曲线
c)荷载—混凝土压应变曲线
d)荷载—预应力筋应力增量曲线

图 84 PPCA3 有限元计算结果与试验结果比较图

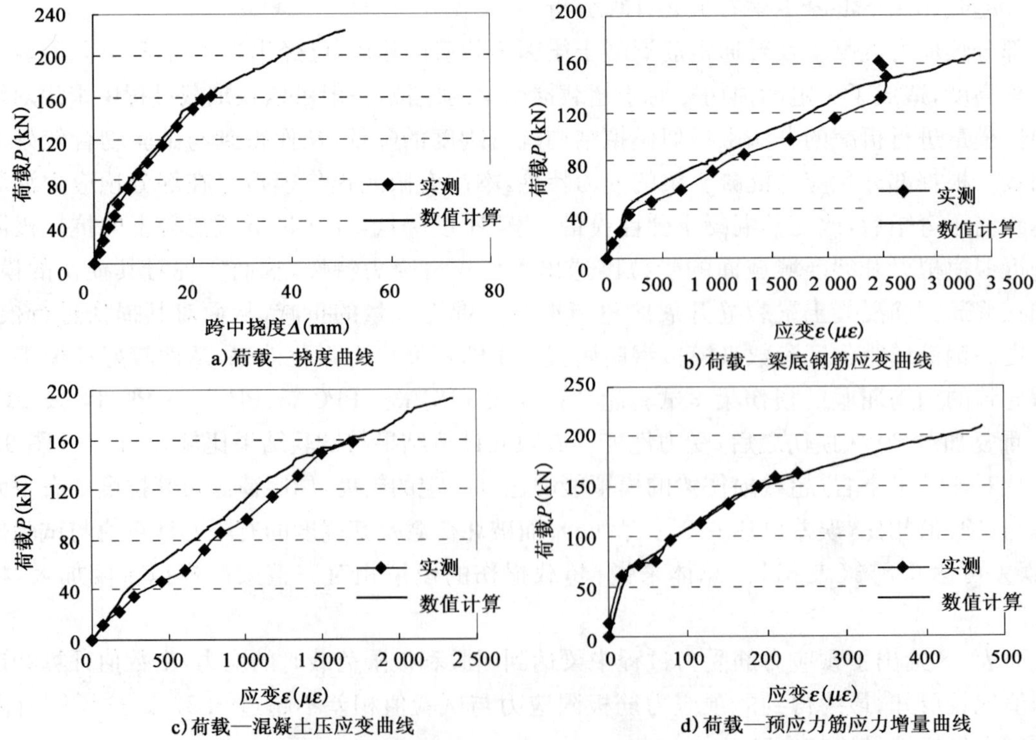
荷载P(kN)
跨中挠度Δ(mm)
实测
数值计算
a)荷载—挠度曲线
应变ε(με)
b)荷载—梁底钢筋应变曲线
c)荷载—混凝土压应变曲线
d)荷载—预应力筋应力增量曲线

图 85 PPCA4 有限元计算结果与试验结果比较图

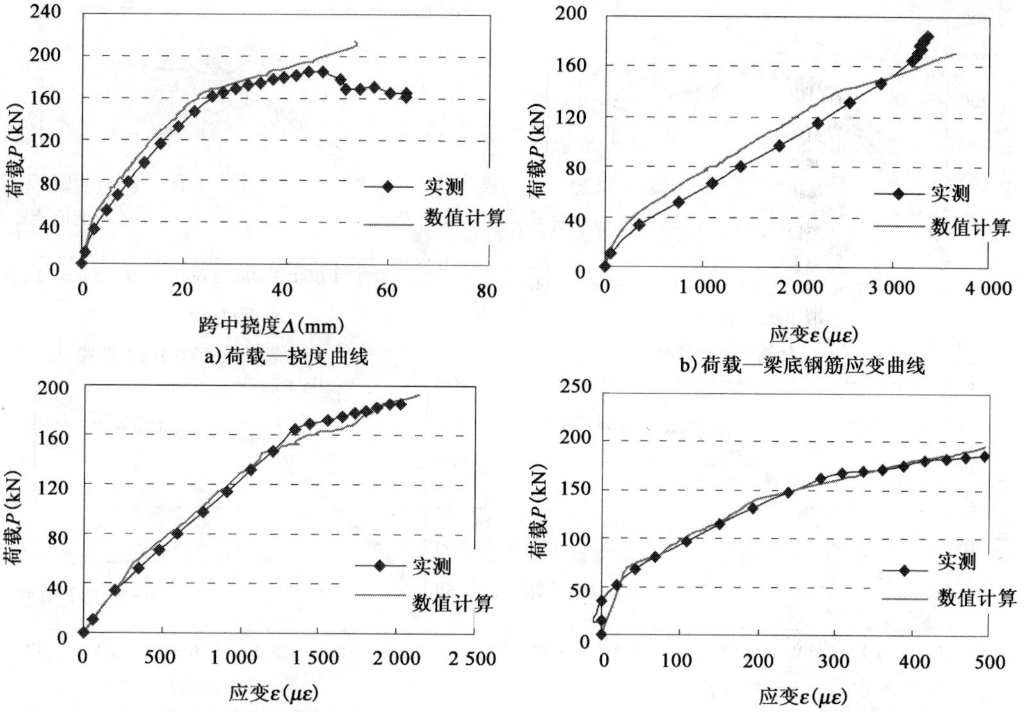

a)荷载—挠度曲线

b)荷载—梁底钢筋应变曲线

c)荷载—混凝土压应变曲线

d)荷载—预应力筋应力增量曲线

图 86 PPCA5 有限元计算结果与试验结果比较图

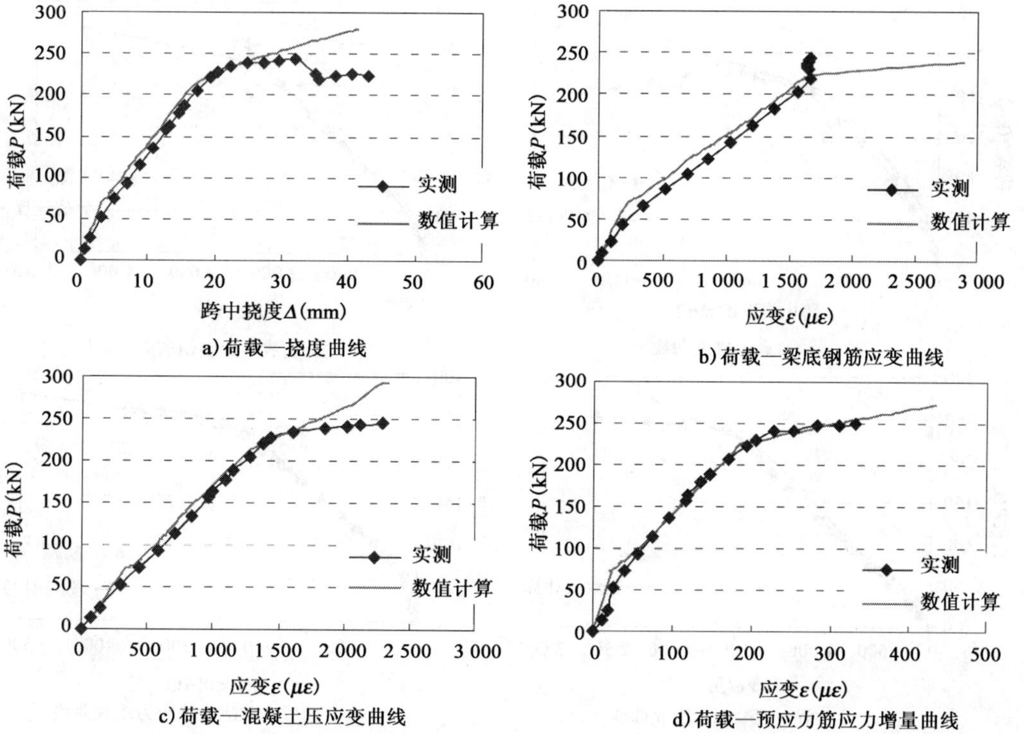

a)荷载—挠度曲线

b)荷载—梁底钢筋应变曲线

c)荷载—混凝土压应变曲线

d)荷载—预应力筋应力增量曲线

图 87 PPCB1 有限元计算结果与试验结果比较图

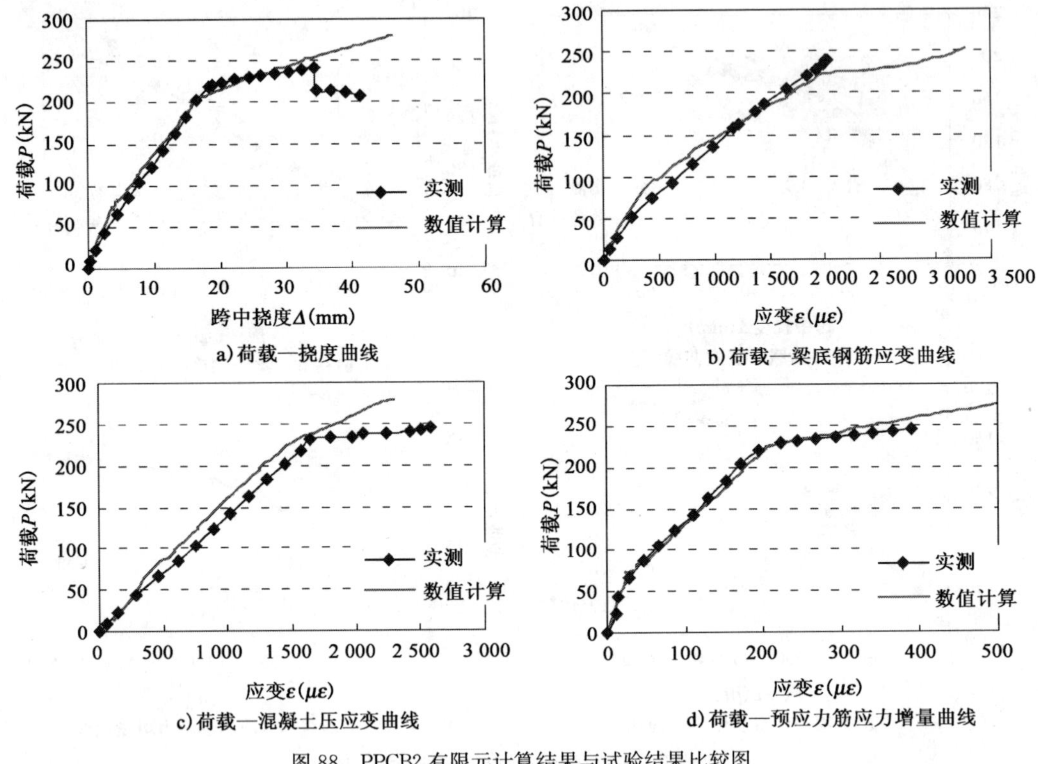

图 88　PPCB2 有限元计算结果与试验结果比较图

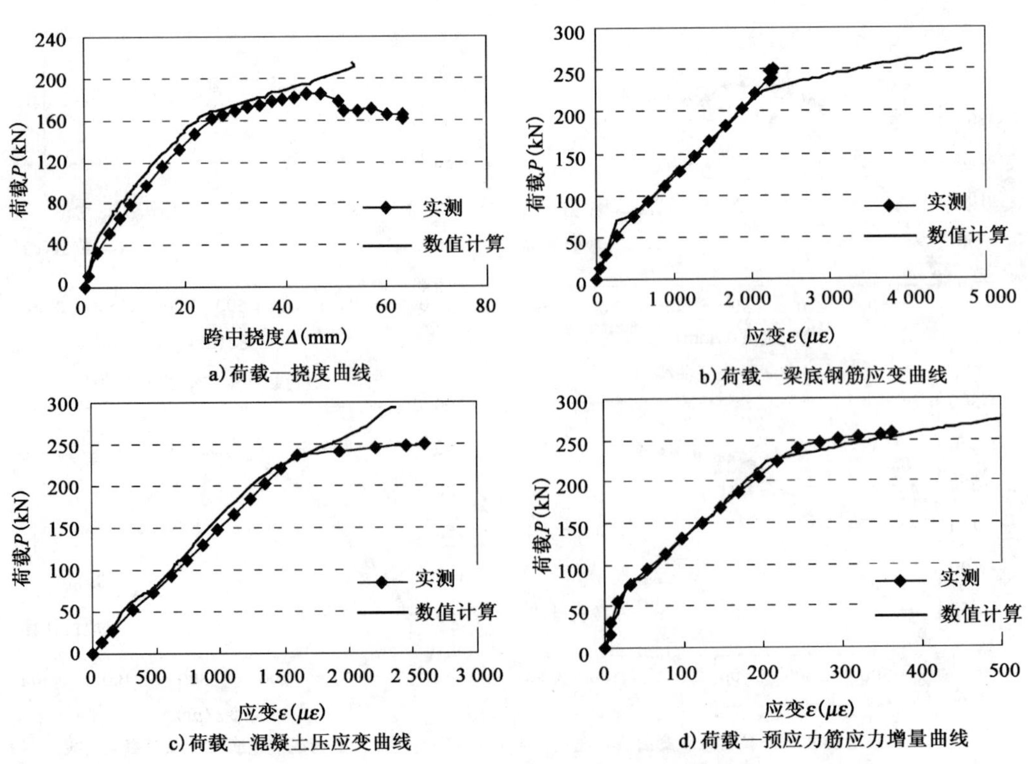

图 89　PPCB3 有限元计算结果与试验结果比较图

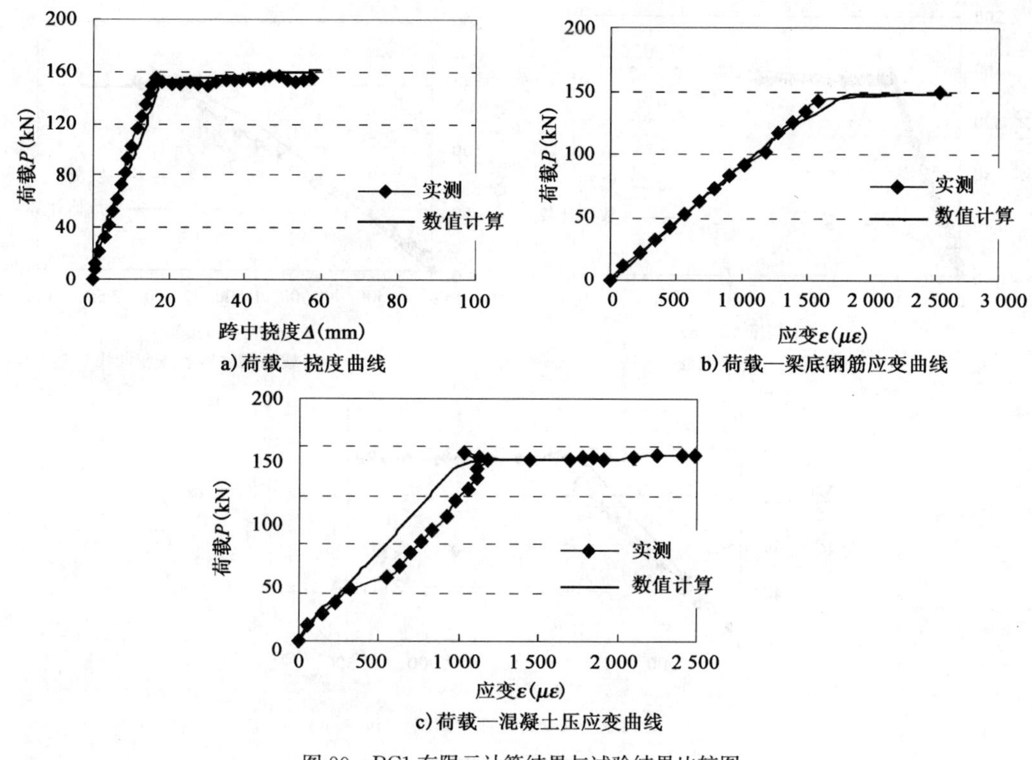

a)荷载—挠度曲线

b)荷载—梁底钢筋应变曲线

c)荷载—混凝土压应变曲线

图 90 RC1 有限元计算结果与试验结果比较图

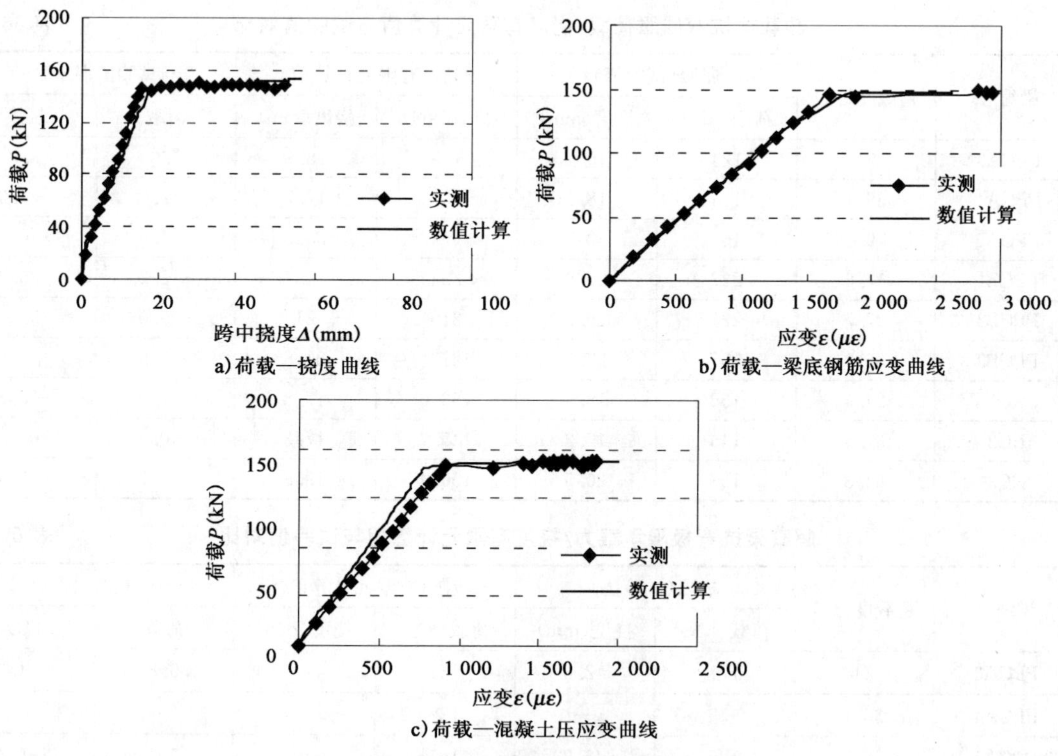

a)荷载—挠度曲线

b)荷载—梁底钢筋应变曲线

c)荷载—混凝土压应变曲线

图 91 RC2 有限元计算结果与试验结果比较图

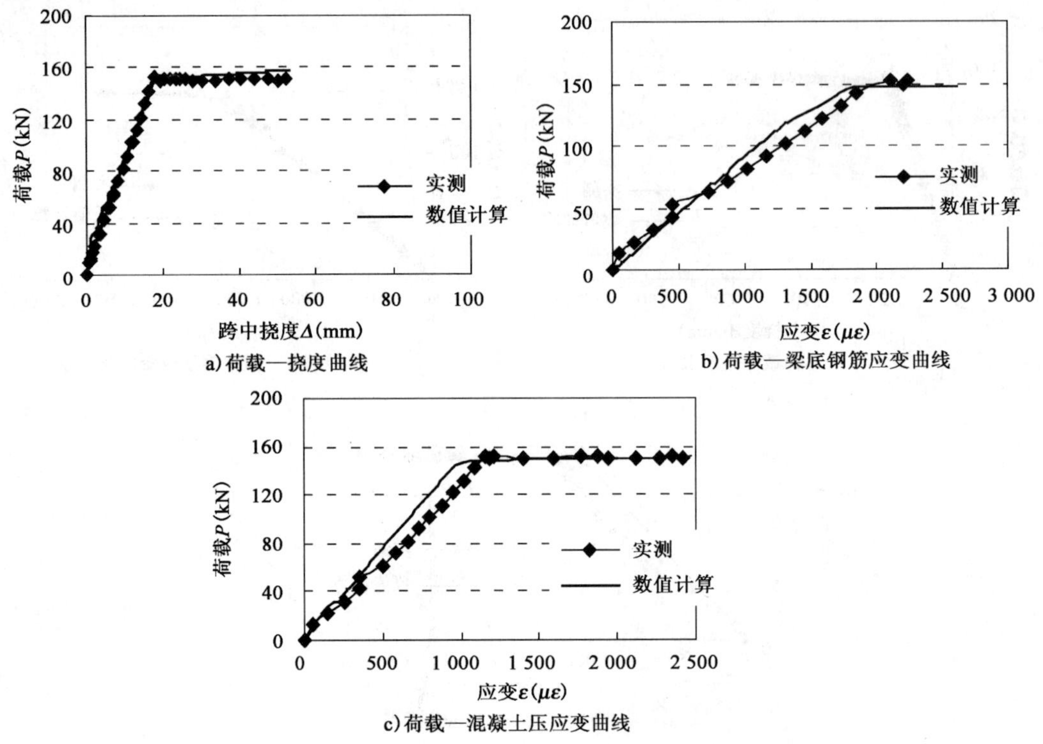

图 92　RC3 有限元计算结果与试验结果比较图

超载梁抗弯屈服荷载/挠度有限元计算值与试验值对比　　表 66

梁编号	超载度(%)	屈服(试验值)		屈服(有限元计算值)		与试验值误差(%)	
		荷载(kN)	挠度(mm)	荷载(kN)	挠度(mm)	荷载	挠度
PPCA3	24	124	15.1	129	15.6	4.0	3.3
PPCA4	36.1	134	18.5	131	17.7	−2.2	−4.3
PPCA5	49.5	161	27	152	25.3	−5.6	−6.3
PPCB1	17.6	227	20.8	222	19.7	−2.2	−5.3
PPCB2	27.7	221	19.9	210	21	−5.0	5.5
PPCB3	66.9	237	27.5	223	25.8	−5.9	−6.2
RC1	24.4	156	18.9	153.0	17.8	−1.9	−5.8
RC2	37.8	146	17.2	145.7	17.3	−0.2	0.4
RC3	54.3	153	20.5	150.4	19.8	−1.7	−3.4

超载梁抗弯极限承载力/挠度有限元计算值与试验值对比　　表 67

梁编号	超载度(%)	极限(试验值)		极限(有限元计算值)		与试验值误差(%)	
		荷载(kN)	挠度(mm)	荷载(kN)	挠度(mm)	荷载	挠度
PPCA3	24	171	42.6	181	41.8	5.8	−1.9
PPCA4	36.1	—	—	182	35.1	—	—
PPCA5	49.5	185	48.8	195	45.7	5.4	−6.4

续上表

梁编号	超载度(%)	极限(试验值)		极限(有限元计算值)		与试验值误差(%)	
		荷载(kN)	挠度(mm)	荷载(kN)	挠度(mm)	荷载	挠度
PPCB1	17.6	244	35.5	259	35.3	6.1	−0.6
PPCB1	27.7	240	35.4	255	37.7	6.3	6.5
PPCB3	66.9	251	37.0	268	38.7	6.8	4.6
RC1	24.4	156	48.7	158.7	47.9	−1.9	−1.6
RC2	37.8	146	51.5	151.9	49.0	−0.2	−4.9
RC3	54.3	151	47.1	156.3	45.8	−0.4	−2.8

注:"—"表示试验数据缺失,下同。

预应力筋各阶段应力增量结果比较 表68

梁编号	结果比较	有效预应力(MPa)	屈服时力量(MPa)	极限应力增量(MPa)	极限应力(MPa)
PPCA01	数值计算值(FEM)	732	136	496	1 228
	试验值(TEST)	727	124	489	1 216
	$\frac{FEM-TEST}{TEST}\times100\%$	0.7%	9.7%	1.4%	1.0%
PPCA02	数值计算值(FEM)	732	218	489	1 214
	试验值(TEST)	719	216	480	1 199
	$\frac{FEM-TEST}{TEST}\times100\%$	1.8%	0.9%	1.9%	1.3%
PPCA3	数值计算值(FEM)	732	162	553	1 285
	试验值(TEST)	730	156	527	1 257
	$\frac{FEM-TEST}{TEST}\times100\%$	0.3%	3.8%	4.9%	2.2%
PPCA4	数值计算值(FEM)	732	262	566	1 298
	试验值(TEST)	780	258	—	—
	$\frac{FEM-TEST}{TEST}\times100\%$	−6.2%	1.6%	—	—
PPCA5	数值计算值(FEM)	732	269	456	1 188
	试验值(TEST)	804	286	451	1 255
	$\frac{FEM-TEST}{TEST}\times100\%$	−9.0%	−5.9%	1.1%	−5.3%
PPCB0	数值计算值(FEM)	732	229	370	1 102
	试验值(TEST)	746	226	365	1 111
	$\frac{FEM-TEST}{TEST}\times100\%$	1.9%	1.3%	1.4%	−0.8%
PPCB1	数值计算值(FEM)	732	193	302	1 034
	试验值(TEST)	795	187	274	1 070
	$\frac{FEM-TEST}{TEST}\times100\%$	−7.9%	3.2%	10.2%	−3.4%

续上表

梁编号	结果比较	有效预应力(MPa)	屈服时力量(MPa)	极限应力增量(MPa)	极限应力(MPa)
PPCB2	数值计算值(FEM)	732	206	376	1 108
	试验值(TEST)	711	200	345	1 056
	$\frac{FEM-TEST}{TEST}\times100\%$	3.0%	3.0%	9.0%	4.9%
PPCB3	数值计算值(FEM)	732	204	357	1 089
	试验值(TEST)	789	226	327	1 109
	$\frac{FEM-TEST}{TEST}\times100\%$	−7.2%	−9.7%	9.2%	−1.8%

(4)混凝土梁参数影响分析

①PPC 梁配筋率。

对于部分预应力混凝土结构,非预应力钢筋的配筋率对其使用性能具有一定的影响,比如对裂缝增长,挠度变形等的影响。本文试图通过对不同配筋率(非预应力钢筋)的部分预应力混凝土梁进行有限元模拟分析,进一步考查非预应力钢筋的用量对结构性能的影响,为结构工作性能的分析评估提供一定的参考。在试验中,受拉钢筋主要有直径为 12mm 和 20mm 两种。在有限元分析中增加了钢筋直径为 16mm 和 25mm 的梁模型,从而对四种配筋率的梁进行数值分析比较,计算结果表明(图 93):非预应力钢筋的适当增加增强了结构的使用性能,提高了梁在第二阶段的承载能力,提高了结构的屈服荷载,挠度变形减小;开裂荷载有所提高,但

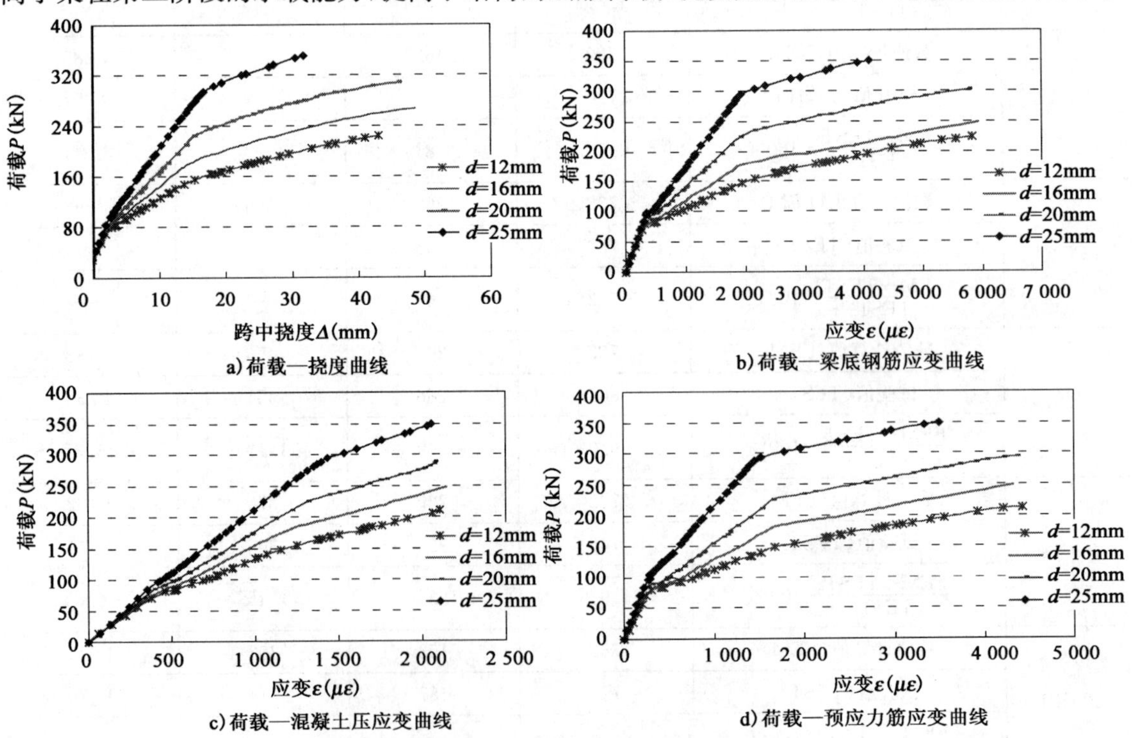

图 93 不同配筋率计算结果比较图(预应力水平为 0.4)

并不明显，这都与试验结果较为一致。部分预应力混凝土梁开裂前，结构刚度基本相等，等到开裂之后，梁抗弯刚度明显随着配筋率的降低而降低。

②PPC 梁预应力水平。

在实际工程中，预应力筋的有效张拉应力或者预应力筋的应力损失对结构的工作性能具有一定的影响。在有限元分析中，可以通过改变结构预应力的预张拉水平，来模拟实际结构中预应力筋有效预应力的张拉控制或者由于各种因素导致预应力筋的应力损失对结构性能所产生的影响，从而实现对具有有效应力参数影响的预应力结构工作性能进行有效的分析评估。由有限元计算结果可知：随着预应力水平的降低，构件提前开裂，且屈服荷载降低，但并不改变梁体前两个受力阶段的抗弯刚度，荷载挠度曲线在前两个受力阶段基本保持平行。在相同荷载作用下，随着预应力水平的降低，梁挠度变形，钢筋、混凝土及预应力的应变都明显增大。当梁底钢筋屈服之后，梁体抗弯刚度随着预应力水平的提高而降低，在相同的荷载增量情况下，挠度增长幅度随着预应力水平的提高而增大。从图 94 可以看出，梁受力的第二阶段受力荷载范围并不会因为预应力水平的变化而变化。当混凝土达到极限应变时，荷载随着预应力水平的提高而略有提高。总体来说，预应力水平的降低对部分预应力混凝土结构使用阶段的性能产生了较大的影响，主要表现在梁体过早开裂，使用阶段的承载能力降低及变形增大。图 94 列出结构在 0、0.2、0.4 及 0.6 预应力筋张拉水平下的有限元计算结果。

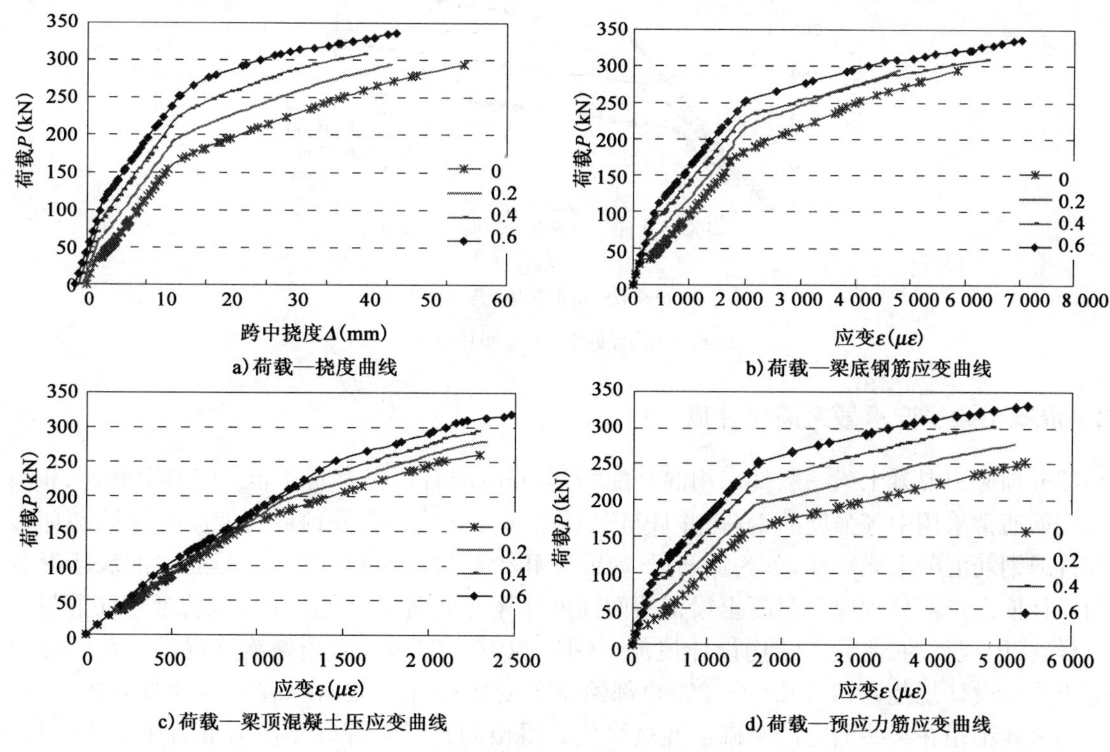

图 94 不同预应力水平计算结果比较图

③RC 梁配筋率分析。

对于普通钢筋混凝土结构，配筋率对其使用性能也具有一定的影响，比如对裂缝增长，挠度变形等的影响。本文试图通过对不同配筋率的普通钢筋混凝土梁进行有限元模拟分析，进一步考查钢筋的用量对结构性能的影响，为结构工作性能的分析评估提供一定的参考。在试验中，受拉钢筋直径为 20mm。在有限元分析中增加了钢筋直径为 16mm、22mm、24mm 的梁模型，从而对四种配筋率的梁进行数值分析比较，计算结果表明(图 95)：钢筋的适当增加增强了结构的使用性能，提高了普通钢筋混凝土梁在第二阶段的承载能力，提高了结构的屈服荷载，挠度变形减小；开裂荷载有所提高，但同样不明显。普通钢筋混凝土梁开裂前，结构刚度基本相等，等到开裂之后，梁抗弯刚度明显随着配筋率的提高而提高。

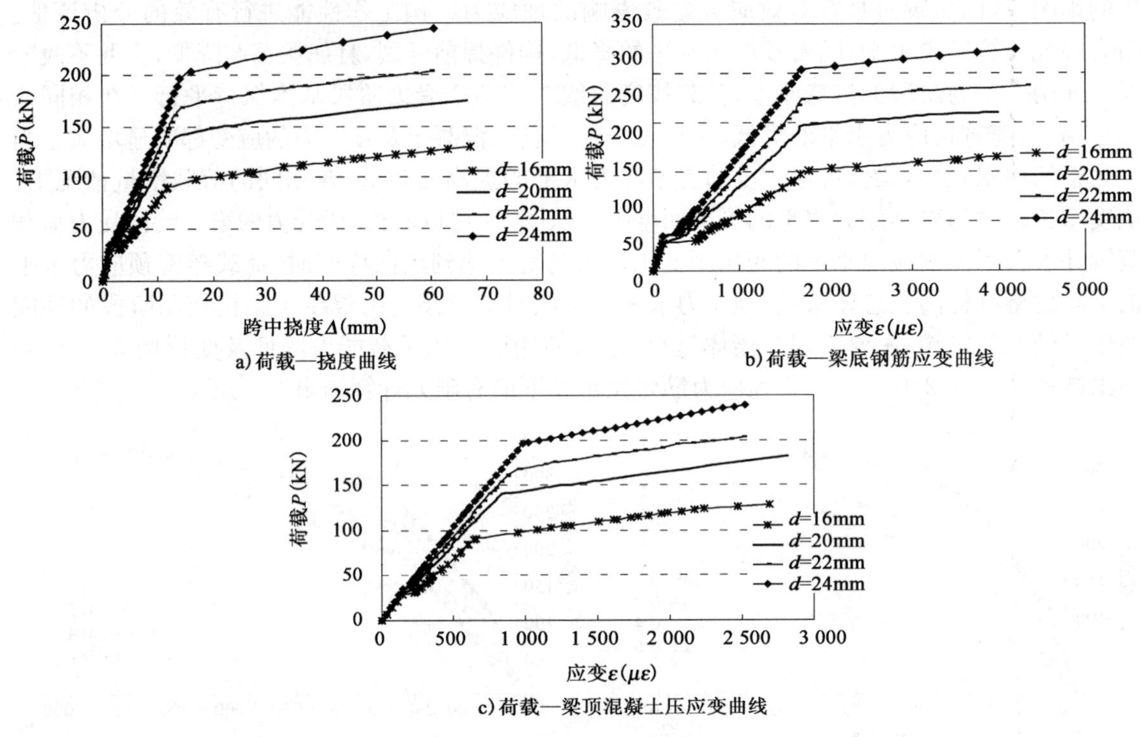

图 95 不同配筋率计算结果比较图

6.2 混凝土梁受弯承载力简化计算

部分预应力混凝土梁一般都采用混合配筋，即同时配有预应力筋和非预应力钢筋，而非预应力钢筋通常采用中等强度的钢材，并且与混凝土都有黏结。部分预应力混凝土梁的破坏形态和普通钢筋混凝土梁一样，分为适筋梁、超筋梁和少筋梁，现行规范都以适筋梁的破坏形态作为设计依据。部分预应力混凝土梁正截面强度计算与全预应力混凝土梁或普通钢筋混凝土梁一样，我国现行的《混凝土结构设计规范》(GB 50010—2010)和《公路钢筋混凝土及预应力混凝土桥涵设计规范》(JTG D62—2004)都给出了受弯构件正截面承载力的计算公式，而这些计算公式都是在某些假定的基础上经过简化后得出的。对于部分预应力混凝土受弯构件，由于同时采用预应力筋和非预应力钢筋混合配筋，要精确计算截面的极限抗弯强度是比较复杂的。本文在作出假定的基础上经过简化，以采用应变协调条件的试凑法，求得无黏结预应力混凝土构件承载力的理论计算值；而预应力筋的极限应力，则采用变形协调系数法求得。此外，还对普通钢筋混凝土梁进行了简化计算，并和试验结果进行了比较。

(1)基本假定

混凝土受弯构件正截面承载力计算以塑性理论为基础,可采用下列五项基本假定。

①截面应变的平截面假定。

平截面假定即沿截面混凝土纤维的应变和离开中性轴的距离成正比。对混凝土受压区来说,平截面假定是正确的;而对于混凝土受拉区,在裂缝产生后,裂缝截面处的钢筋和相邻混凝土之间产生了某些相对滑移,因而在裂缝附近区段,截面变形已不能完全符合平截面假定。然而,如果量测应变的标距较长(跨过一条或几条裂缝),则其平均应变还是完全符合平截面假定。试验还表明:构件破坏时,受压区混凝土的压碎是沿构件长度一定范围内发生的,受拉钢筋的屈服也是在沿构件长度一定范围内发生的。因此,在承载力计算时采用平截面假定是可行的。

②不考虑混凝土的抗拉强度。

由混凝土的特性可知:混凝土的抗拉强度很低,大约只有其抗压强度的十分之一,而钢筋和预应力筋的抗拉强度却很高,因此在部分预应力混凝土构件承受荷载时,混凝土的抗拉强度相对于钢筋和预应力筋的抗拉强度就很小;在裂缝截面处,受拉区混凝土大部分退出工作,仅在中和轴附近还有一小部分混凝土承担着拉应力,且内力臂很短,因此所承担的内力矩不大,可忽略不计。在分析时,为简化计算仅仅考虑钢筋和预应力承受拉力,忽略混凝土的抗拉强度。由此而引起的误差是不大的,能符合工程计算的要求。

③钢筋的本构关系。

考虑到实际构件的受力筋均有明显的屈服点,故将钢筋的本构关系简化为理想弹塑性的应力-应变关系。在钢筋屈服前,钢筋应力和应变成正比;在钢筋屈服后,钢筋应力保持不变,取钢筋极限应变为 0.01。钢筋的拉压应力-应变关系采用同一条曲线,如图 96 所示。

④预应力筋的本构关系。

预应力筋的本构关系如图 97 所示。

⑤混凝土的本构关系。

混凝土的应力—应变曲线分为上升段和下降段,这点已被大家所接受,但对应力峰值点和下降段的取法却存在着不同的意见。本文在进行混凝土梁正截面承载力全过程分析时,采用《混凝土结构设计规范》(GB 50010—2010)推荐的混凝土应力-应变关系式(这一公式最早由德国学者 Rusch 提出,故又称 Rusch 曲线),如图 98 所示。

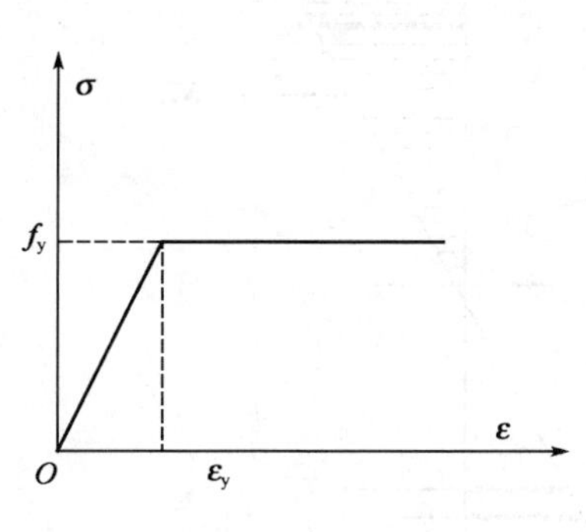

图 96 钢筋应力—应变曲线图

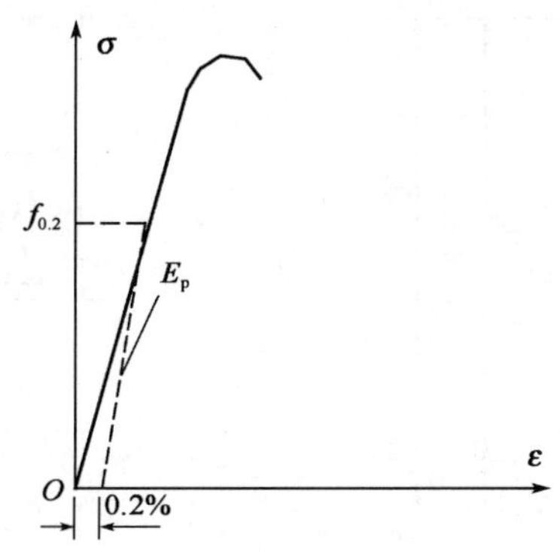

图 97 预应力筋应力—应变曲线图

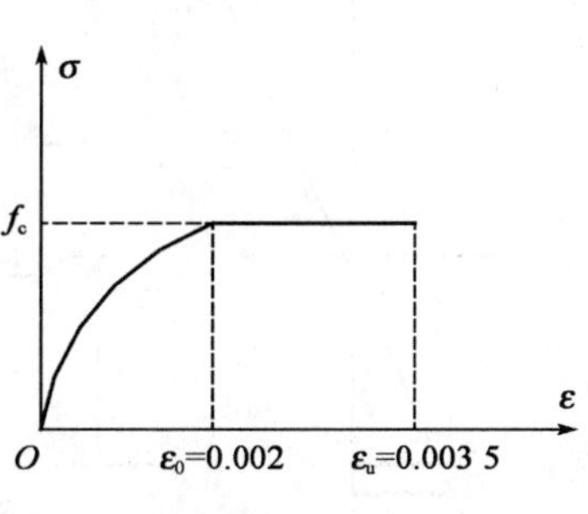

图 98 混凝土应力—应变曲线图

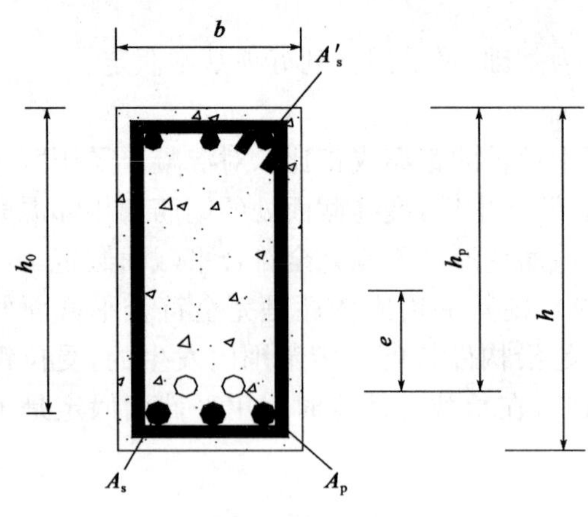

图 99 梁截面图

b-原构件截面宽度；h_0-构件截面有效高度；A'_s-受压区钢筋面积；h-原构件截面高度；A_s-受拉区钢筋面积；A_p-预应力筋面积；e-预应力筋重心至截面形心的距离

截面有关参数如图 99 所示。

(2)PPC 梁抗弯承载力的简化计算

本次试验的部分预应力混凝土构件都是在非预应力钢筋屈服之后，受压区混凝土压碎破坏，而预应力筋还处于弹性阶段。其从加载开始到完全破坏可分成三个受力阶段。

第一阶段，开裂前工作阶段($M \leqslant M_{cr}$)：梁在受荷初期，截面弯矩很小，部分预应力混凝土梁受力特性与全预应力混凝土梁相似。在自重与有效预加力 N_y(扣除相应的预应力损失)作用下，部分预应力混凝土梁具有反拱度 f_{yb}，但其值较全预应力混凝土梁的反拱度 f_{ya} 小；当外荷载作用产生的挠度与预应力反拱度相等时，梁挠度为零，而此时受拉区边缘混凝土的应力并不为零。当荷载继续增加，达到消压弯矩，外荷载产生的梁底混凝土拉应力正好与梁底有效预压应力 σ_{hy} 相互抵消，使梁底混凝土边缘拉应力为零。消压后，继续加载，混凝土的边缘拉应力达到极限抗拉强度，梁底出现裂缝。

第二阶段，带裂缝工作阶段($M_{cr} \leqslant M \leqslant M_y$)：梁体出现裂缝后，受压区混凝土进入塑性阶段，梁截面刚度下降，荷载-挠度曲线出现转折点，挠度增长加剧。随着荷载的增加，裂缝不断向上发展，处于裂缝之间的混凝土拉应变不断减小，逐渐退出工作，拉应力主要由钢筋和预应力筋承担。荷载继续增加，梁底钢筋屈服，梁刚度进一步加剧下降，荷载-挠度曲线再次出现转折点，这时截面所承担的弯矩称为屈服弯矩 M_y。

第三阶段，破坏阶段($M \geqslant M_y$)：进入第三阶段后，梁截面刚度进一步加剧降低，普通钢筋已经屈服，但无黏结预应力筋还处于弹性阶段，荷载与挠度仍呈线性关系，此时受拉区增长的拉应力完全由预应力承担，而应变则迅速增大，促使裂缝急剧开展并向上延伸，中和轴上移，混凝土受压区高度迅速减小，受压区混凝土边缘纤维很快达到极限压应力 f_c，混凝土被压碎，梁达到极限抗弯承载力，宣告破坏，但预应力筋尚未屈服。

PPC 梁的计算简图及计算过程如下(图 100～图 102)。

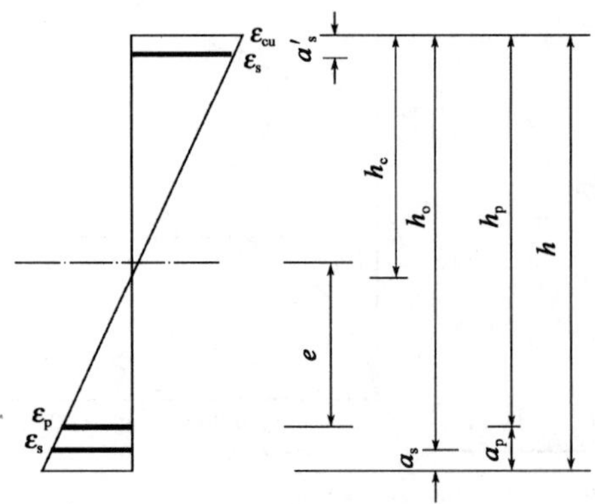

图 100 PPC 梁平截面假定

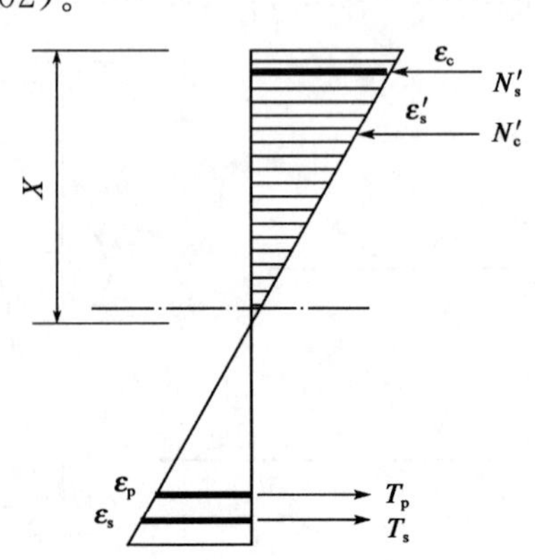

图 101 PPC 梁屈服时截面受力分析

图中：a_s、a_s'、a_p——受拉、受压钢筋及预应力筋的合力点至截面边缘的距离；

h_c——受压区混凝土高度；

h_0——截面有效高度；

h——原构件高度；

ε_s——梁底钢筋应变；

ε_s'——梁顶钢筋应变；

ε_c——梁顶混凝土应变；

ε_{cu}——混凝土极限压应变；

ε_p——预应力筋应变；

e——预应力筋重心至截面形心的距离；

h_p——预应力筋重心位置至梁顶的距离。

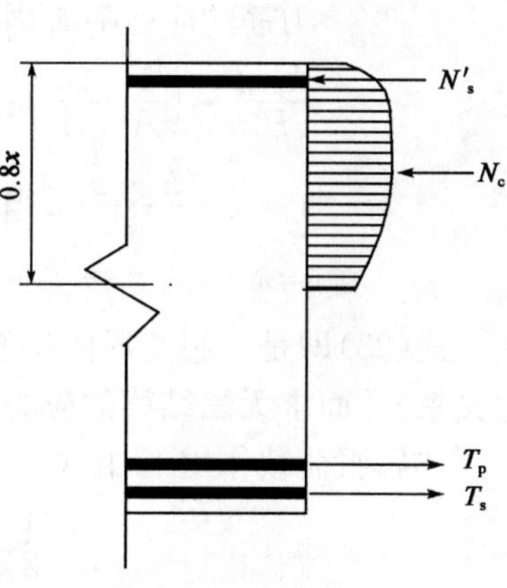

图 102　PPC 梁破坏时截面受力分析

由截面应变几何关系可得：

屈服荷载作用下：

$$\varepsilon_c = \frac{x}{h_0 - x}\varepsilon_s \tag{17}$$

$$\varepsilon_s' = \frac{x - a_s'}{h_0 - x}\varepsilon_s \tag{18}$$

极限荷载作用下：

$$\varepsilon_s = \frac{h_0 - x}{x}\varepsilon_c \tag{19}$$

$$\varepsilon_s' = \frac{x - a_s'}{x}\varepsilon_c \tag{20}$$

列平衡方程得压力之和：

$$C = N_c + N_s' \tag{21}$$

$$T = T_s + T_p \tag{22}$$

其中，由钢筋屈服时应力图(图 101)可知：

$$N_c = \frac{1}{2}\varepsilon_c E_c bx \tag{23}$$

根据梁破坏时等效矩形应力图(图 102)可得：

$$\xi h = \beta x \quad (\text{取 } \beta = 0.8) \tag{24}$$

$$N_c = 0.85 f_c b\xi h \tag{25}$$

此外，

$$N_s' = \sigma_s' A_s' = \varepsilon_s' E_s A_s' (\sigma_s' < f_y', \text{否则}, \sigma_s' \text{取 } f_y' \text{值}) \tag{26}$$

$$T_s = f_y A_s \tag{27}$$

$$T_p = \varepsilon_p E_p A_p = [\varepsilon_{pe} + \varphi_u(\varepsilon_{ce} + \varepsilon_{ct})]E_p A_p \tag{28}$$

式中：ε_{pe}——预应力筋在有效预加力(扣除全部预应力损失后)作用下的拉应变 $\varepsilon_{pe} = \frac{\sigma_{pe}}{E_p}$；

ε_{ce}——预应力筋重心水平处的混凝土压应变，对于黏结性能良好的预应力混凝土，预应力筋的应变随着周围混凝土由预压到消压过程时，预应力筋又被拉伸了 ε_{ce}，$\varepsilon_{ce}=\frac{A_p\sigma_{pe}}{E_c}\cdot\left(\frac{1}{A}+\frac{e^2}{I}\right)$；然后又与混凝土一起产生应变增量 ε_{ct}，当屈服荷载作用时，$\varepsilon_{ct}=\varepsilon_c\frac{(h_p-x)}{x}$，当荷载加到极限弯矩时，$\varepsilon_{ct}=\varepsilon_{cu}\frac{(h_p-x)}{x}$；

φ_u——应变协调系数。

式(28)即是运用变形协调系数法来建立无黏结筋应变增量与相应的黏结筋应变增量之间的关系，从而求无黏结梁的应力增量可以按照黏结梁的方法计算。

在屈服荷载作用下，由 $C=T$ 可得：

$$\frac{1}{2}\varepsilon_c E_c bx+\varepsilon'_s E_s A'_s=f_y A_s+\varepsilon_p E_p A_p \tag{29}$$

解得：

$$x=\frac{f_y A_s+\varepsilon_p E_p A_p-\varepsilon'_s E_s A'_s}{\frac{1}{2}\varepsilon_c E_c b} \tag{30}$$

由力矩平衡可得：

$$M_f=\varepsilon'_s E_s A'_s\left(\frac{x}{3}-a'_s\right)+f_y A_s\left(h_0-\frac{x}{3}\right)+E_p\varepsilon_p A_p\left(h_p-\frac{x}{3}\right) \tag{31}$$

式中：M_f——构件屈服时截面弯矩。

在破坏荷载作用下，由 $C=T$ 可得：

$$0.85f_c b\cdot 0.8x+\varepsilon'_s E_s A'_s=f_y A_s+\varepsilon_p E_p A_p \tag{32}$$

解得：

$$0.8x=\frac{f_y A_s+\varepsilon_p E_p A_p-\varepsilon'_s E_s A'_s}{0.85f_c b} \tag{33}$$

然后求出 ξh，再由力矩平衡可得：

$$M_u=\varepsilon'_s E_s A'_s\left(\frac{\xi h}{2}-a'_s\right)+f_y A_s\left(h_0-\frac{\xi h}{2}\right)+E_p\varepsilon_p A_p\left(h_p-\frac{\xi h}{2}\right) \tag{34}$$

式中：M_u——构件极限弯矩。

由试验结果可知：在梁达到极限承载能力时，受拉及受压钢筋都已屈服，但预应力筋尚未屈服。故不能由式(34)直接求得极限弯矩值，因为预应力筋的极限应力 $\sigma_p=E_p\varepsilon_p$ 还是未知量，必须通过采用应变协调条件的试凑法求得。应用应变协调条件就是应用强度计算的平截面变形假定。

(3)RC 梁抗弯承载力的简化计算

本次试验的钢筋混凝土构件都是在钢筋屈服之后，受压区混凝土压碎破坏。其从加载开始到完全破坏也可分成三个受力阶段。

第一阶段，开裂前工作阶段($M\leqslant M_{cr}$)。

第二阶段，带裂缝工作阶段($M_{cr}\leqslant M\leqslant M_y$)：梁体出现裂缝后，受压区混凝土进入塑性阶段，梁截面刚度下降，荷载-挠度曲线出现转折点，挠度增长加剧。随着荷载的增加，裂缝不断向上发展，处于裂缝之间的混凝土拉应变不断减小，逐渐退出工作，拉应力主要由钢筋承担。荷载继续增加，梁底钢筋屈服，梁刚度进一步加剧下降，荷载-挠度曲线再次出现转折点，这时

截面所承担的弯矩称为屈服弯矩 M_y。

第三阶段，破坏阶段($M \geqslant M_y$)：进入第三阶段后，梁截面刚度进一步加剧降低，普通钢筋已经屈服，荷载与挠度基本呈水平状态的线性关系，钢筋应变迅速增大，促使裂缝急剧开展并向上延伸，中和轴上移，混凝土受压区高度迅速减小，受压区混凝土边缘纤维在梁发生较大竖向位移之后达到极限压应力 f_c，混凝土被压碎，梁达到抗弯极限承载力，宣告破坏。

RC 梁的计算简图及计算过程如下(图 103～图 105)。

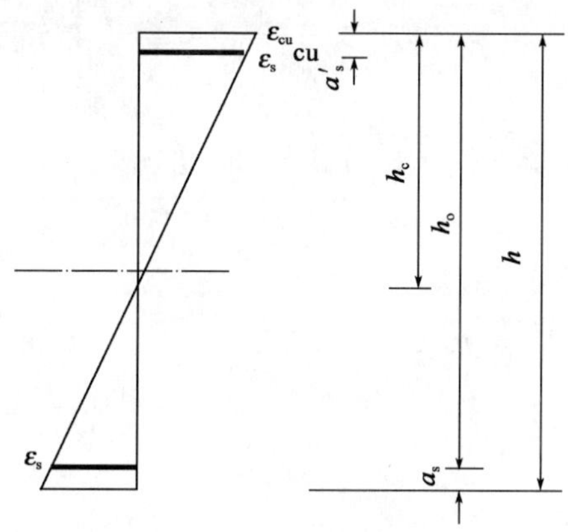

图 103　RC 梁平截面假定

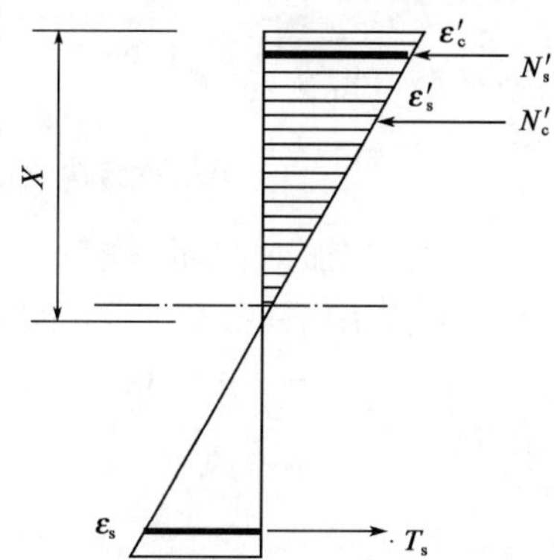

图 104　屈服时 RC 梁截面受力分析

由截面应变几何关系可得：

屈服荷载作用下：

$$\varepsilon_c = \frac{x}{h_0 - x}\varepsilon_s \tag{35}$$

$$\varepsilon'_s = \frac{x - a'_s}{h_0 - x}\varepsilon_s \tag{36}$$

极限荷载作用下：

$$\varepsilon_s = \frac{h_0 - x}{x}\varepsilon_c \tag{37}$$

$$\varepsilon'_s = \frac{x - a'_s}{x}\varepsilon_c \tag{38}$$

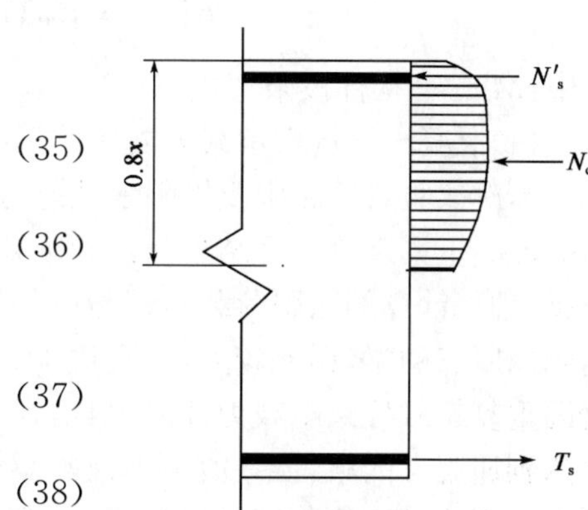

图 105　RC 梁破坏时截面受力分析

列平衡方程得：

$$C = N_c + N'_s \tag{39}$$

$$T = T_s \tag{40}$$

其中，由钢筋屈服时应力图(图 104)可知：

$$N_c = \frac{1}{2}\varepsilon_c E_c b x \tag{41}$$

根据梁破坏时等效矩形应力图(图 105)可得：

$$\xi h = \beta x (\text{取 } \beta = 0.8) \tag{42}$$

$$N_c = 0.85 f_c b \xi h \tag{43}$$

此外，

$$N'_s = \sigma'_s A'_s = \varepsilon'_s E_s A'_s (\sigma'_s < f'_y\text{，否则，}\sigma'_s \text{取 } f'_y \text{值}) \tag{44}$$

$$T_s = f_y A_s \tag{45}$$

在屈服荷载作用下，由 $C=T$ 可得：

$$\frac{1}{2}\varepsilon_c E_c bx + \varepsilon'_s E_s A'_s = f_y A_s \tag{46}$$

解得：

$$x = \frac{f_y A_s - \varepsilon'_s E_s A'_s}{\frac{1}{2}\varepsilon_c E_c b} \tag{47}$$

由力矩平衡可得：

$$M_f = \varepsilon'_s E_s A'_s\left(\frac{x}{3} - a'_s\right) + f_y A_s\left(h_0 - \frac{x}{3}\right) \tag{48}$$

式中：M_f——构件屈服时截面弯矩。

在破坏荷载作用下，由 $C=T$ 可得：

$$0.85 f_c b \cdot 0.8x + \varepsilon'_s E_s A'_s = f_y A_s \tag{49}$$

解得：

$$0.8x = \frac{f_y A_s - \varepsilon'_s E_s A'_s}{0.85 f_c b} \tag{50}$$

然后求出 ξh，再由力矩平衡可得：

$$M_u = \varepsilon'_s E_s A'_s\left(\frac{\xi h}{2} - a'_s\right) + f_y A_s\left(h_0 - \frac{\xi h}{2}\right) \tag{51}$$

式中：M_u——构件极限弯矩。

(4)混凝土梁抗弯承载力简化计算结果分析

本次试验梁的屈服及极限承载能力的理论计算结果见表 69 和表 70。从表 69 及表 70 给出的混凝土梁理论计算结果与试验结果比较来看，理论计算较为保守。对于部分预应力混凝土梁，理论计算的屈服荷载与试验值相比，误差一般在 7.3%以内；而由于超载导致梁底钢筋达到屈服点的梁，误差较大，可高达 11.2%。极限荷载与试验值相比，误差可达 8.2%，而超载梁因重复超载导致承载力性能退化，误差值反而较小，不超过 3.8%；而对于超载导致梁底钢筋达到屈服点的梁，误差值由于极限承载力试验值有所提高而升高，如 PPCA5 梁，其极限承载力的理论计算值与试验值相差 7.0%，PPCB3 梁为 6.8%，都大于其他同类超载梁。理论计算与试验结果的比较分析再次说明：超载确实会给部分预应力混凝土梁的承载力带来不可忽视的影响。对于普通钢筋混凝土梁，理论计算屈服荷载与试验荷载误差较大，可达 13.5%，超载梁的误差一般大于参考梁；理论计算的极限荷载与试验值相比，误差可达 12.2%，同样超载梁的误差一般大于参考梁。

混凝土梁抗弯屈服荷载理论计算值与试验值对比 表 69

梁 编 号	超载度(%)	实测屈服荷载(kN)	理论屈服荷载(kN)	误差(%)
PPCA01	参考梁	139	131	−5.8
PPCA02	参考梁	136	129	−5.1
PPCA3	24.0	124	133	7.3
PPCA4	36.1	134	139	3.7

续上表

梁 编 号	超载度(%)	实测屈服荷载(kN)	理论屈服荷载(kN)	误差(%)
PPCA5	49.5	161	143	−11.2
PPCB0	参考梁	226	212	−6.2
PPCB1	17.6	231	217	−6.1
PPCB2	27.7	223	211	−5.4
PPCB3	66.9	237	215	−9.3
RC0	参考梁	144	135	−6.3
RC1	24.4	156	135	−13.5
RC2	37.8	146	135	−7.5
RC3	54.3	153	135	−11.8

混凝土梁抗弯极限承载力理论计算值与试验值对比 表 70

梁 编 号	超载度(%)	极限荷载(理论计算值)(kN)	极限荷载(试验值)(kN)	与实测误差(%)
PPCA01	参考梁	182	167	−8.2
PPCA02	参考梁	165	163	−1.2
PPCA3	24.0	171	165	−3.5
PPCA4	36.1	—	170	—
PPCA5	49.5	185	172	−7.0
PPCB0	参考梁	258	238	−7.8
PPCB1	17.6	244	236	−3.3
PPCB2	27.7	240	231	−3.8
PPCB3	66.9	251	234	−6.8
RC0	参考梁	147	137	−6.8
RC1	24.4	156	137	−12.2
RC2	37.8	146	137	−6.2
RC3	54.3	151	137	−9.3

6.3 混凝土梁截面刚度简化计算

工程实践中，最经常需要解决的有关问题是：验算构件在使用荷载作用下的挠度值，或者为超静定结构的内力分析提供构件的截面刚度等。一般并不必要进行变形的全过程分析，因而可采用简单实用的计算方法。

这类计算方法的共同特点是：构件的应力状态取为拉区混凝土已经开裂，但非预应力钢筋最多刚刚屈服，即弯矩 $M_{cr}<M<M_y$；裂缝间混凝土和钢筋仍保持部分黏结，存在受拉刚化效应；采用平均应变符合平截面的假定。

本文结合现行的混凝土结构设计规范所提出的混凝土梁的刚度和挠度简化计算公式，对部分预应力混凝土梁及钢筋混凝土梁进行在短期荷载作用下的刚度和挠度理论计算分析，从而与试验结果及有限元计算结果进行对比分析。

对部分预应力混凝土梁进行刚度公式推导，首先将钢筋及预应力钢筋的面积换算成等效混凝土面积：

$$A_{cs}=\frac{E_s}{E_c}A_s \qquad A_{cp}=\frac{E_p}{E_c}A_p \tag{52a}$$

令

$$n_s=\frac{E_s}{E_c} \qquad n_p=\frac{E_p}{E_c} \tag{52b}$$

则换算的总截面为：

$$A_0=bh+(n_s-1)A_s+(n_s-1)A'_s+(n_p-1)A_p \tag{53}$$

受压区高度可根据拉、压区对中和轴的面积矩相等来确定：

$$\frac{1}{2}b(h-h_c)^2+(n_s-1)A_s(h_0-h_c)+(n_p-1)A_p(h_p-h_c)=\frac{1}{2}bh_c^2+(n_s-1)A'_s(h_c-\alpha'_s) \tag{54}$$

求得：

$$h_c=\frac{\frac{1}{2}bh^2+(n_s-1)A_sh_0+(n_p-1)A_ph_p+(n_s-1)A'_s\alpha'_s}{bh+(n_s-1)A_s+(n_s-1)A'_s+(n_p-1)A_p} \tag{55}$$

各部分分别对中和轴求惯性矩得：

$$I_c=\frac{1}{3}b[h_c^3+(h-h_c)^3] \tag{56a}$$

$$I'_c=\frac{1}{3}bh_c^3 \tag{56b}$$

$$I_s=(n_s-1)A_s(h_0-h_c)^2 \tag{56c}$$

$$I'_s=(n_s-1)A'_s(h_c-a'_s)^2 \tag{56d}$$

$$I_p=(n_p-1)A_p(h_p-h_c)^2 \tag{56e}$$

则全截面换算惯性矩形为：

$$I_0=I_c+I_s+I'_s+I_p \tag{57a}$$

开裂截面换算惯性矩形为：

$$I_{cr}=I'_c+I_s+I'_s+I_p \tag{57b}$$

式中：I_c——全截面混凝土对中和轴的惯性矩；

I'_c——开裂截面混凝土对中和轴的惯性矩；

I_s——受拉钢筋对中和轴的惯性矩；

I'_s——受压钢筋对中和轴的惯性矩；

I_p——预应力筋对中和轴的惯性矩。

受拉边缘的截面抵抗矩为：

$$W_0=\frac{I_0}{h-h_c} \tag{58}$$

预加力产生的预压受拉边缘混凝土的压应力为：

$$\sigma_c=A_p\sigma_{pe}\left(\frac{1}{A}+\frac{e^2}{I_0}\right) \tag{59}$$

式中：σ_{pe}——预应力筋扣除全部应力损失后的有效预加力；

A_p——预应力钢筋面积；

A——混凝土构件截面面积；

e——预应力筋重心至截面形心的距离。

构件的开裂弯矩为：

$$M_{cr}=(\gamma f_t+\sigma_c)W_0 \tag{60}$$

式中：γ——截面抵抗矩塑性系数，$\gamma=\left(0.7+\frac{120}{h}\right)\gamma_m$，矩形截面取 $\gamma_m=1.55$；

f_t——混凝土轴心抗拉强度；

σ_c——有效预加力产生的预压受拉边缘混凝土的压应力；

W_0——换算截面预压受拉边缘的抵抗矩。

在荷载效应标准组合作用下，参照《公路钢筋混凝土及预应力混凝土桥涵设计规范》(JTG D62—2004)对部分预应力混凝土受弯构件的截面刚度按下列要求计算：

在开裂弯矩 M_{cr} 作用下

$$B_s=0.95E_cI_0 \tag{61a}$$

在$(M-M_{cr})$作用下

$$B_{cr}=E_cI_{cr} \tag{61b}$$

得到截面刚度之后，按照双直线法对结构挠度进行计算：

$$f=\beta l^2\left[\frac{M_{cr}}{E_cI_g}+\frac{(M-M_{cr})}{0.85E_cI_{cr}}\right] \tag{62}$$

式中：β——挠度常数，与支承条件、荷载形式及截面位置等有关，此处经计算取为 0.160 9；

I_g——毛截面惯性矩。

对钢筋混凝土梁进行刚度公式推导，将钢筋的面积换算成等效混凝土面积：

$$A_{cs}=\frac{E_s}{E_c}A_s \tag{63}$$

令

$$n_s=\frac{E_s}{E_c} \tag{64}$$

则换算的总截面为：

$$A_0=bh+(n_s-1)A_s+(n_s-1)A'_s \tag{65}$$

受压区高度可根据拉、压区对中和轴的面积矩相等来确定：

$$\frac{1}{2}b(h-h_c)^2+(n_s-1)A_s(h_0-h_c)=\frac{1}{2}bh_c^2+(n_s-1)A'_s(h_c-\alpha'_s) \tag{66}$$

求得：

$$h_c=\frac{\frac{1}{2}bh^2+(n_s-1)A_sh_0+(n_s-1)A'_s\alpha'_s}{bh+(n_s-1)A_s+(n_s-1)A'_s} \tag{67}$$

各部分分别对中和轴求惯性矩得：

$$I_c=\frac{1}{3}b[h_c^3+(h-h_c)^3] \tag{68a}$$

$$I'_c=\frac{1}{3}bh_c^3 \tag{68b}$$

$$I_s = (n_s - 1)A_s(h_0 - h_c)^2 \tag{68c}$$

$$I'_s = (n_s - 1)A'_s(h_c - a'_s)^2 \tag{68d}$$

则全截面换算惯性矩形为：

$$I_0 = I_c + I_s + I'_s \tag{69}$$

开裂截面换算惯性矩形为：

$$I_{cr} = I'_c + I_s + I'_s \tag{70}$$

根据公路桥梁常用的计算方法和工程实践，规定对于钢筋混凝土简支梁等静定结构，计算变形时的抗弯刚度为：

$$B = 0.85E_c I_{cr} \tag{71a}$$

则两点对称加载的抗弯构件的挠度可按下式计算：

$$f = \frac{Pa(3l^2 - 4a^2)}{48B} \tag{71b}$$

混凝土试验梁达到屈服荷载时挠度理论计算值见表71。从表中可以看出，理论计算值相对试验结果一般较为保守，对于部分预应力混凝土梁，参考梁的挠度变形误差可到达8.5%；超载梁因为超载而挠度变形增大，往往较大的超载幅值重复作用导致梁挠度变形大于理论计算值，误差可达17.3%；而超载导致梁底钢筋达到屈服点的梁，其挠度变形与理论计算结果相差甚至达到43.3%。可见，超载对PPC梁的挠度变形等使用性能产生了较大影响。对于普通钢筋混凝土梁，参考梁挠度变形误差为2.9%，而重复超载同样导致误差增大，可达17.6%。

梁底钢筋屈服时混凝土试验梁挠度理论计算值与试验值对比 表71

梁 编 号	超载度(%)	屈服荷载(kN)	试验值(mm)	理论计算值(mm)	与实测误差(%)
PPCA01	参考梁	139	14.1	15.3	8.5
PPCA02	参考梁	136	16.7	15.3	−8.4
PPCA3	24.0	124	15.1	15.3	1.3
PPCA4	36.1	134	18.5	15.3	−17.3
PPCA5	49.5	161	27.0	15.3	−43.3
PPCB0	参考梁	226	23.1	21.2	−8.2
PPCB1	17.6	231	22.3	21.2	−4.9
PPCB2	27.7	223	21.4	21.2	−0.9
PPCB3	66.9	237	27.5	21.2	−22.9
RC0	参考梁	144	17.4	16.9	−2.9
RC1	24.4	156	18.9	16.9	−10.6
RC2	37.8	146	17.2	16.9	−1.7
RC3	54.3	153	20.5	16.9	−17.6

本文建立了部分预应力混凝土及普通钢筋混凝土简支梁有限元模型，并对其进行了非线性全过程抗弯受力分析，在试验结果和有限元参数分析的基础上推导了部分预应力混凝土及普通钢筋混凝土梁屈服、极限承载能力及刚度简化计算公式，可以得到如下结论。

(1)选择了适合的单元和较符合实际的边界条件，并对有限元进行了基于动力的有限元模型参数标定,建立的非线性有限元模型能够较好地模拟混凝土梁的抗弯性能。

(2)与试验结果对比分析表明:对于参考梁,开裂荷载及其挠度的有限元计算值与试验值误差不超过3.7%;屈服荷载及其挠度的有限元计算值与试验值在5.6%以内。而当梁屈服之后,有限元模型的抗弯刚度并没有试验梁下降得快,致使梁破坏时,破坏荷载的有限元计算值与试验值误差较大,可达到6.1%。对于超载损伤梁,屈服荷载及其挠度的有限元与试验值相比,误差可达6.3%,而破坏荷载及其挠度计算值与试验值相比,误差可达6.8%。总体来说,有限元模型梁各种受力曲线都可分成三个随外荷载提高而呈线性变化的受力阶段,且与试验结果吻合较好。

(3)从梁参数的数值分析可知:普通钢筋的适当增加增强了部分预应力混凝土梁和普通钢筋混凝土梁的使用性能,提高了梁在第二阶段的承载能力;提高了结构的屈服荷载,挠度变形减小;开裂荷载也有所提高,但并不明显。开裂前,结构刚度基本相等,等到开裂之后,梁抗弯刚度明显随着配筋率的提高而提高。

(4)从PPC梁参数的数值分析可知:预应力水平的降低对部分预应力混凝土梁在使用阶段的性能产生了较大的影响,主要表现在梁体过早开裂,使用阶段的承载能力降低及变形增大。待梁底钢筋屈服之后,梁体抗弯刚度随着预应力水平的提高而降低,在相同的荷载增量情况下,挠度增长幅度随着预应力水平的提高而增大。

(5)提出了预应力混凝土及普通钢筋混凝土梁的屈服及极限承载能力简化计算公式,计算结果表明:对于部分预应力混凝土梁,计算屈服荷载与试验值误差一般在7.3%以内;而由于超载导致梁底钢筋达到屈服点的梁,误差较大,可高达11.2%;计算极限荷载与试验值相比,误差可达8.2%,而超载梁因重复超载导致承载力性能的退化,误差反而较小,不超过3.8%;而对于超载导致梁底钢筋达到屈服点的梁,误差由于极限承载力试验值有所提高而升高,可达7.0%。对于普通钢筋混凝土梁,理论计算屈服荷载与试验荷载误差可达13.5%,超载梁的误差一般大于参考梁;理论计算的极限荷载与试验值误差可达12.2%,同样,超载梁的误差一般大于参考梁。

(6)提出了预应力混凝土梁刚度的简化计算公式,计算结果表明:对于部分预应力混凝土梁,参考梁的挠度变形误差可到达8.5%;超载梁因为超载而挠度变形增大,往往较大的超载幅值重复作用导致梁挠度变形大于理论计算值,误差可达17.3%,而超载导致梁底钢筋达到屈服点的梁,其挠度变形与理论计算结果相差甚至达到43.3%。对于钢筋混凝土梁,参考梁挠度变形误差为2.9%,而重复超载同样导致误差增大,可达17.6%。

7 结论与展望

7.1 主要结论

(1)部分预应力混凝土梁经过重复超载之后,极限承载力有所退化(5.4%~7%),而超载或者重复超载导致梁底非预应力钢筋屈服之后,由于钢筋应力强化的作用,梁极限承载力得到一定的提高,提高幅度可达1.6%。普通钢筋混凝土梁极限承载力退化不明显。混凝土梁正常使用极限承载力在重复超载作用下进一步退化,对于部分预应力混凝土梁,退化幅度达16.2%~26.6%,超载幅值越大,其降低幅度越大。普通钢筋混凝土梁退化幅度达2.4%~

12.2%。

(2)超载损伤使梁具有更大的裂缝宽度,并随着超载幅值的增加而加剧,梁体裂缝更加密集。对于部分预应力混凝土梁,由于预应力的存在,梁体残余裂缝宽度较小,甚至闭合,重复超载对其影响不大;当梁底钢筋因超载屈服后,裂缝则显著增长,残余裂缝宽度无法闭合,甚至超过规范规定的限值,也超过了结构正常使用的要求,使梁失去了正常使用承载能力。而钢筋混凝土梁,裂缝并不完全闭合,且在重复超载作用下,梁残余裂缝宽度有所增加。

(3)普通钢筋配筋率的增大增强了梁抗弯能力,纯弯段裂缝增长变得缓慢,说明较多的非预应力钢筋对重复超载引起的刚度下降具有一定的削弱作用。梁弯剪段出现了较多显著的斜裂缝,条数随着超载幅值的提高和重复超载次数的增加而增多,宽度和高度也随之而增长。

(4)重复超载导致混凝土受弯梁挠度变形进一步增长,且随着超载次数的增加和超载幅值的提高而增大。对于部分预应力混凝土梁挠度增幅超过10%,梁底钢筋一旦在超载或者重复超载作用下屈服,则其挠度变形就具有显著的增长趋势,挠度增长可达5.14mm,增长幅度达24.9%。对于普通钢筋混凝土梁,在重复超载作用下,挠度增长较小,超载幅值对其影响不明显。

(5)配筋率对混凝土梁挠度变形也会产生一定的影响。配筋率增大,在重复超载作用下,梁挠度变形增长降低,说明较多的非预应力钢筋对重复超载引起的刚度下降具有一定的削弱作用。

(6)对于部分预应力混凝土梁,重复超载导致钢筋拉应变和混凝土压应变有所增长,并随着超载次数的增加和超载幅值的提高而增大。配筋率增加,钢筋应变增长幅度相对较小,增长幅度在3.3%~8.5%之间,混凝土应变增长幅度在10.8%~11.6%之间;而配筋率较小的超载梁,其钢筋应变增长幅度在14.9%~30.0%之间,混凝土应变增长幅度可达20.3%。对于普通钢筋混凝土梁,重复超载对钢筋应变增长及混凝土压应变的影响并不明显。超载及重复超载会导致梁中和轴上升,受拉区混凝土进一步退出工作。

(7)超载损伤及重复超载降低了混凝土梁各向各阶振动频率,且高阶频率更加敏感。对于PPC梁,在荷载等级较低的情况下,卸载后裂缝闭合,频率的变化并不明显,而当梁底钢筋达到屈服后,下降幅度开始明显增大。对于普通钢筋混凝土梁,低阶频率在较小荷载损伤下,频率降低不明显,而钢筋屈服之后,荷载并不增加,挠度增长较快,频率降低幅度较大。在达到抗弯极限承载能力而破坏后,部分预应力梁竖向基频降低幅度在4.78%~7.91%之间;相对来讲,普通钢筋混凝土梁降低幅度较大,降低幅度在6.24%~12.70%之间。建议的一元三次回归方程能够较好的描述各阶频率比β随荷载等级α提高而变化的规律。重复超载次数对混凝土梁振动频率的影响并不明显,部分预应力梁振动频率因重复超载作用而降低幅度不超过2.64%,而普通钢筋混凝土梁变化相对较大,但一般也不超过5%。

(8)部分预应力混凝土梁动刚度K_f与抗弯静刚度B都随着荷载的增加而不断降低。在整体受力阶段,动刚度K_f与静刚度B相差不大($<5\%$)。待梁开裂后,静刚度B明显随荷载的增加而下降,达到屈服荷载时,刚度降低幅度可达70%,而动刚度K_f降低幅度却为12%。在钢筋屈服后,静刚度B下降幅度进一步加大,待达到破坏阶段,静刚度B远远小于动刚度K_f,静刚度降低幅度可达86%,而动刚度降低幅度却为19%。

(9)对于重复超载作用,动刚度退化表现并不明显,而静刚度退化较为显著,一般随着配筋率的降低或超载幅值的增加而增大，提出的重复超载导致的静刚度退化模型与实测较为吻合。

(10)建立的非线性有限元模型能够较好地模拟部分预应力混凝土梁的抗弯受力性能，特别是梁屈服前的受力性能；有限元模型梁各种受力曲线都可分成三个随外荷载提高而呈线性变化的受力阶段，且与试验结果吻合较好。

(11)提出了预应力混凝土及普通钢筋混凝土梁的屈服及极限承载能力简化计算公式，计算结果表明：对于部分预应力混凝土梁，计算屈服荷载与试验值误差一般在7.3%以内；而由于超载导致梁底钢筋达到屈服点的梁，误差可高达11.2%；计算极限荷载与试验值误差可达8.2%，而超载梁因重复超载导致承载力性能的退化，误差反而较小，不超过3.8%；而对于超载导致梁底钢筋达到屈服点的梁，误差由于极限承载力试验值有所提高而升高，可达7.0%。对于普通钢筋混凝土梁，理论计算屈服荷载与试验荷载误差可达13.5%，超载梁的误差一般大于参考梁；理论计算的极限荷载与试验值误差可达12.2%，同样，超载梁的误差一般大于参考梁。

(12)提出了预应力混凝土梁刚度的简化计算公式，结果表明：对于部分预应力混凝土梁，参考梁的挠度变形误差可到达8.5%；超载梁因为超载而挠度变形增大，往往较大的超载幅值重复作用导致梁挠度变形大于理论计算值，误差可达17.3%，而超载导致梁底钢筋达到屈服点的梁，其挠度变形与理论计算结果相差甚至达到43.3%。对于钢筋混凝土梁，参考梁挠度变形误差为2.9%，而重复超载同样导致误差增大，可达17.6%。

7.2 研究展望

混凝土桥梁性能退化还有很多问题亟待解决，如：

(1)混凝土桥梁损伤演化与刚度退化的关系。

(2)混凝土桥梁动刚度退化与静刚度退化的内在关系。

(3)混凝土桥梁刚度退化与承载力退化的模型。

(4)混凝土桥梁损伤后振动特性，特别是振型和阻尼比的变化。

(5)建立基于静力响应面的有限元模型修正方法，识别损伤位置和程度。

(6)推演不同超载状态下的刚度退化规律。

(7)桥梁在超载作用下的抗剪性能退化及退化指标。

(8)超载对桥梁使用寿命的影响和耐久性评价。

(9)超载作用下实桥结构的损伤指标及损伤识别等。

(10)工程界关心的其他问题。

参考文献

[1] 王有志，王广洋，任锋，等. 桥梁的可靠性评估与加固[M]. 北京：中国水利水电出版社，2002.

[2] 中华人民共和国行业标准. JTG D62—2004 公路钢筋混凝土及预应力混凝土桥涵设计规范[S]. 北京：人民交通出版社，2004.

[3] 邹雪英. 福建省重载交通水泥混凝土路面结构性能研究[D]. 福州：福州大学，2007.

[4] 孙国明. 梁结构裂缝分析及加固技术处理[D]. 沈阳：辽宁工程技术大学，2001.

[5] Fryba L. Journal of Sound and Vibration[J]. 1980,70(4):527-541.

[6] David B Beal. Strength of concrete T-beam bridges[J]. ACI,1985.

[7] Takeshi Oshiro,Sumio Hamada. Structural performance and bending test of deteriorated reinforced concrete bridges[J]. ACI,1985.

[8] E G Burdete,D Wgoodpasture,Correlation of bridge load capacity estimates with test data[R]. National Cooperative Highway Research Program Report 306,USA,June,1988.

[9] Perdikaris,Philip C,Beim,Sergio. RC bridge decks under pulsating and moving load[J]. Journal of Structural Engineering,1988,114(3):591-607.

[10] Matsui S,Muto K. Rating for evaluation of deteriorated reinforced concrete slabs of highway bridges. 2nd International Conference on Bridge Management. Guildford, UK:Publ by Thomas Telford Services Ltd, London, Engl, Apr 18-Apr 21,1993. p75.

[11] Jamshid Mohammadi1,Ramakishna Polepeddi,Bridge rating with consideration for fatigue damage from overloads[J]. Journal of Bridge Engineering,2000,5(3).

[12] Z X Li,J M Ko,T H T. Chan. Modelling of load interaction and overload effect on fatigue damage of steel bridges[J]. Fatigue Fracture of Engineering Materials and Structures,2001,24 (6):379.

[13] Changqing Z,Yucheng J,Guangli Y. Effect of a single peak overload on physically short fatigue crack retardation in an axle-steel[J]. International Journal of Fatigue, 1997,10(19):722-735.

[14] Darvish,Mahmood,Johansson,etal. Fatigue crack growth studies under combination of single overload and cyclic condensation environment[J]. Engineering Fracture Mechanics,1995,2(52):295-319.

[15] Tanaka T. Reliability analysis of structural components under fatigue environment including random overload[J]. Engineering Fracture Mechanics,1995,3(52):423-431.

[16] 钱永久.既有钢筋混凝土桥梁的评估与诊断[D].成都:西南交通大学,1992.

[17] 魏连雨.车辆超载运输对路面的破坏作用[J].内蒙古公路与运输,1996,1:18-19.

[18] 邹小理,樊蔚勋,刘英卫.随机超载下疲劳裂纹扩展寿命的计算[J].应用力学学报,1997,2(14):89-94.

[19] 李巧茹,李国强,魏连雨.超载车辆弯沉等效换算方法研究[J].重庆交通学院学报,1998,1(17):62-68.

[20] 孙建诚.车辆超载对路面结构的影响及对策研究[D].天津:河北工业大学,2000.

[21] 刘洪瑞,周俊锋.超载作用下刚架拱桥的病害分析与防治[J].广东工业大学学报,2003,20(2).

[22] 孙晓燕.服役期及加固后的钢筋混凝土桥梁可靠性研究[D].大连:大连理工大学,2004.

[23] 李万恒.浅谈超载运输对公路桥梁的危害[J].公路交通科技,2004,4(21):130-132.

[24] 李永清.浅谈车辆超载的危害及治理对策[J].山西高等学校社会科学学报,2004,4(16):81-83.

[25] 李剑,孙建渊.超载对大型公路桥梁结构的损伤评估及诊断方法研究[J].重庆交通学院

学报,2006.25(6):19-21.

[26] Cawley,R D Adams. The location of defects in structures from measurements of the natural frequencies[J]. Journal of Strain Analysis,1979,14(2):49-57.

[27] Norris Stubbs,Taft H Broome,Roberto Osegueda. Nondestructive construction error detection in large space structures[J]. AIAA,1990,28(11):146-152.

[28] H J Salane,Jow Baldwin Jr. Identification of modal properties of bridges,journal of structural engineering[J]. ASCE,1990,116(7).

[29] G Hearn,R B Testa. Modal analysis for damage detection in structures,journal of structural engineering[J]. ASCE,1990,117(10).

[30] Jorg F Unger,Anne Teughels,guido DE Roeck. Syetem identification and damage detection of a prestressed concrete beam[J]. Journal of structure engineering,2006,132(11):1691-1698.

[31] 吴启宏.钢筋混凝土简支梁动力与静力特性对比试验[J].公路交通科技,1990,(2):36-39.

[32] 袁向荣.梁的破坏对频率及振型曲率的影响[J].振动、测试与诊断,1994,2(14):40-44.

[33] 邵旭东.钢筋混凝土和预应力混凝土桥梁承载能力的系统识别和计算[J].中国公路学报,1997,10(3).

[34] 戴公连,吕海燕,曾庆元.25吨轴重荷载下铁路中、小跨度混凝土桥刚度研究[J].长沙铁道学院学报,1997,15(2):88-94.

[35] 宋一凡,周彦军,贺拴海.钢筋混凝土梁的动刚度分析[J].西安公路交通大学学报,1998,18(4):137-141.

[36] 胡大琳,王克鸿,罗丁.钢筋混凝土梁桥破损模态分析及承载力评定[J].西安公路交通大学学报,1999,19(2):31-35.

[37] 周敉.基于裂缝特征和结构基频的混凝土桥梁性能评估技术及其应用[D].西安:长安大学,2004.

[38] 李士彬,汤红卫,朱慈勉.钢筋混凝土构件损伤演化的分形行为[J].石家庄铁道学院学报,2006,19(1):54-57.

[39] 中华人民共和国国家标准.GB 50010—2010 混凝土结构设计规范[S].北京:中国建筑工业出版社,2011.

[40] 中华人民共和国行业标准.JTG D60—2004 公路桥涵设计通用规范[S].北京:人民交通出版社,2004.

[41] 中华人民共和国国家标准.JTG H11—2004 公路桥涵养护规范[S].北京:人民交通出版社,2004.

[42] H J Salane,J W Baldwin Jr,John T De Wotf. Experimental study of bridge monitoring technique[J]. Journal of Structural Engineering,1990,116(9):2532-2549.

[43] John B Kennedy. Prestressed continuous composite bridge under dynamic load [J]. Journal of Structural Engineering,1990,116(6):1660-1678.

[44] 郭国会.桥梁结构动力损伤识别的动态研究[D].长沙:湖南大学,2001.

[45] 禹丹江.桥梁损伤识别的动态方法研究[D].郑州:郑州大学,2002.

[46] De Roeck G,Peeter B. MACEC2.0-Modle analysie on civil engineering constructions. Belgium: Department of civil Engineering,Catholic University of Leuven,1999.

[47] Sukhvarsh Jerath,Milad M Shibani. Dynamic stiffnees and vibration of reinforce concrete beams. ACI, 1985:196-202.

[48] 蒋泽汉,等.用动态法快速测定桥梁的承载力[C]//92全国桥梁结构学术大会论文集.北京:人民交通出版社,1992.

[49] 吴启宏.钢筋混凝土简支梁动力与静力特性对比试验[J].公路交通科技,1990(2):36-39.

[50] 吕西林,金国芳,吴晓涵.钢筋混凝土结构非线性有限元理论分析与应用[M].上海:同济大学出版社,1996.

[51] 郝文化.ANSYS在土木工程应用实例[M].北京:中国水利水电出版社,2005.

[52] 刘敏.粘钢加固钢筋混凝土梁结构的有限元分析[D].重庆:重庆大学,2003.

[53] 刘涛,杨凤鹏.精通ANSYS[M].北京:清华大学出版社,2002.

[54] 宗周红,阮毅,任伟新.基于动力的预应力混凝土独塔斜拉桥承载力评估[J].铁道学报,2004,26(6):86-94.

[55] 夏樟华.基于静动力桥梁结构的有限元模型修正[D].福州:福州大学,2006.

[56] 东南大学,天津大学,同济大学.混凝土结构[M].北京:中国建筑工业出版社,2001.

[57] 房贞政,宗周红.无粘结预应力筋极限应力的变形协调系数法[J].土木工程学报,1995,28(1).

[58] 过镇海,时旭东.钢筋混凝土原理和分析[M].北京:清华大学出版社,2003:257-267.

[59] 孙训方,方孝淑,关来泰.材料力学[M].3版.北京:高等教育出版社,1994.

[60] 房贞政.预应力结构理论与应用[M].北京:中国建筑工业出版社,2005.

后　　记

福建“八山一水一分田”，境内山峦起伏、溪谷纵横，有“闽道更比蜀道难”之称。这种交通状况严重制约了福建经济、社会的发展，给百姓的生活与出行带来了极大的不便。“修路致富”，成为父辈们共同的期盼，也在我心中深深扎下了根，使我后来毅然选择了公路这个行业。

1987 年从福建交通学校公路与桥梁专业毕业后，我就投身到了家乡的公路建设事业中。恰逢经济发展、交通先行的大好机遇，我参与了一系列先行工程、重点工程的建设。二十多年来，我有幸亲历了交通事业的蓬勃发展，同时也深切认识到发展建设中存在诸多问题，逐渐开始注重对关键技术问题的思考和研究，并向高校和科研院所的专家学者们请教，收获颇多。闲暇之余，我便将所得经验与体会整理成章，以供他人借鉴。

本书收集了我工作以来的科技项目研究成果，桥梁隧道建设技术，路面改造的新材料、新设备、新工艺等。我在长乐公路分局工作期间，依托沥青道路建设养护工程，开展了两项课题的技术攻关，成果均获得市科技进步奖，感谢胡玉柳、杨振俤、陈坤诚等同志在科研上给予支持。在福州机场二期高速公路建设期间，感谢同济大学夏才初教授和福州大学郑振教授对隧道桥梁施工安全与监控等关键技术的指教，让我受益匪浅。本书编写还得到了福州大学林青与宗周红等教授的热心指导，友人王鸽的无私帮助，在此一并深表谢意！

交通事业，维系百姓民生。作为一名普通公路人，我将自己的青春和热血投入到公路事业的建设和发展中，不畏山高路远，不惧海阔水深，只愿“天堑变通途”。吾生有涯，而知也无涯，于工作之暇编此草创之作，疏漏之处在所难免，敬请读者不吝赐教。